中国近现代史卷

浙大史学精粹

陈红民 主编

浙江大学出版社
ZHEJIANG UNIVERSITY PRESS

代　序

检视 · 总结 · 再出发

陈红民

　　展现在读者面前的,是浙江大学历史学系 2011 年底前在职教师的研究论文精选集粹。

　　浙江大学历史学系源远流长,其前身是 1928 年 8 月浙江大学文理学院创设的史学与政治学系(1936 年改称"史地系")。建系以来,有一批蜚声海内外的著名学者如张荫麟、陈乐素、谭其骧、向达、贺昌群、刘节、沈炼之、钱穆、方豪、张其昀、谷顾宜等先后在此执教,为历史学系的发展打下了良好的基础。

　　20 世纪 50 年代初期的高校院系调整,使浙江大学成为一所以工科为主体的学校,杭州大学历史系遂执浙江历史学科之牛耳,其综合实力位居全国地方高校前列,涌现出一批优势学科与知名学者。

　　中国古代史学科 1978 年获硕士点,1986 年获博士点,包括宋史、隋唐史、中西关系史、史学史以及中国历史地理等研究方向。宋史研究始终处于国内学术界的前列,为南方的宋史研究中心,先后有陈乐素、徐规、梁太济、杨渭生、龚延明、何忠礼、包伟民等学者,其中有五人担任过宋史研究会副会长。黄时鉴的元史和中西关系史研究影响很大,成果获教育部优秀成果二等奖。仓修良为中国历史文献学会资深副会长,在史学史研究、方志学研究方面享有盛誉。孙达人的农民史研究、李凭的魏晋南北朝史研究、卢向前的隋唐史研究、倪士毅的浙江古代史研究、李志庭及阙维民的历史地理研究,均在史学界有较大影响。

　　中国近现代史学科 1982 年获硕士点,1993 年获博士点。其中郑云山、汪林茂、郭世佑等人的中国近代史研究,尤其是在浙江近代地方史、辛亥革命史方面的研究,成果卓著。金普森对于中国现代史、经济史(内外债)方面的研究,杨树标关于中华民国史、蒋介石、当代台湾史的研究,均具有较大影响,在史学界居领先地位。

世界史学科 1979 年获硕士点。世界地区国别史方面的法国史和德国史在国内史学界享有盛誉,其中法国史的研究实力雄厚,先后有沈炼之、楼均信、戴成均、郑德弟、沈坚、吕一民等学者,其中多人担任过中国法国史研究会副会长和秘书长,是国内有名的法国史研究中心之一。在德国史研究方面,丁建弘担任过中国德国史研究会会长。世界史前史研究在国内独树一帜,毛昭晰为这方面的知名专家,龚缨晏的研究也得到古代史学界的认可。王正平在史学理论研究、王渊明在欧洲人口史研究、杨杰在英国史研究方面所取得的成就,也为史学界所公认。

1998 年,四校合并,以杭州大学历史系为主体组建了新的浙江大学历史学系,历史学科的发展进入新的阶段。

从 1928 年算起,浙江大学历史学系已走过 80 余年的历程,其间有春风得意的顺境,也有艰难曲折的逆境。然而,历史学系的教师们始终坚守学术本位,辛勤耕耘,教书育人,努力钻研,使历史学系形成了务实创新的鲜明特色。1994 年被批准为国家文科基础学科人才培养和科学研究基地,2005 年获得历史学一级学科博士点(下属的各二级学科均有博士授予权)和五个硕士点,并设有历史学博士后流动站,多年来为国家培育了大量史学研究的高级人才与社会各界的中坚力量。

目前,历史学系师资队伍精干,现有的 33 位专任教师均毕业于国内外名牌大学,不少人具有在国外著名高校或科研机构访问、进修的经历。本系教师的国际交流活动频繁,学术视野开阔,研究成果丰富,不仅承担了包括国家社科基金在内的多项科研项目,而且不少研究成果在学术界产生了重大影响,并获得了国家及省部级奖励。

中国史(包含古代史、近现代史)是浙江省重点学科。浙江大学是国内获得中国古代史博士点较早的高校,宋史、隋唐史、中西关系史以及中国历史地理等研究方向为本系的传统重点。尤其是本系学者利用地处杭州的区位优势,长期以来在宋史研究方面辛勤耕耘,拥有雄厚的研究实力,培育出了一大批优秀成果及研究人才,在全国处于同类研究的前列。近年来,中国古代史方向的教师在保持传统优势项目的基础之上,又从海外引进人才,开拓出江南区域明清史的新研究方向,组成创新团队,成果可期。

中国近现代史学科点主要包括中国近代史、中华民国史、中华人民共和国史等研究方向。在中国近代史方向,侧重于近代浙江社会的转型、学术史的研究。民国史研究方向,近年来,集中科研力量研究蒋介石及其与近代中国的关联课题,建立了国内唯一以蒋介石为研究对象的学术机构——蒋介石与近代中国研究中心,成为本学科点的优势特色之一。该中心成功举办了大陆地区第一次以蒋介石为主题的国际学术研讨会,在海内外产生很大的影响。中华人民共和国史研究方向,以浙江省为基点,主要着眼于当代中国"三农"(农业、农村、农民)问题、乡村社会变迁史等方面的研究。最近,历史学系又利用所收集的珍稀地方史料,建立了地方文献研究中心,将致力于对保存完整的晚清至民国期间司法档案进行综合研究,成果将陆续问世。此外,我们还有其他基于第一手资料的新增长点:五万卷绍兴商会档案的整理工作也已着手进行;知名美籍社会活动家陈香梅女士已将其全部中文档案捐献给浙江大学。

世界史获一级学科博士点,也是浙江省重点学科,主要包括法国史、美国史、日本史等研究方向。其中,法国史的研究始终是本学科的传统重点,研究实力雄厚,是国内有名的法国史研究中心之一。近年来,在法国近现代史方面,研究成果尤为显著。随着人才的引进,美国对外关系史、东亚区域史、西方史学理论与史学史等方向,成为世界史新的增长点。

为检验近年来的研究成果,我们特意选编了这套《浙大史学精粹》,分为中国古代史、中国近现代史、世界史三册,收入老师们近年来公开发表的学术论文。这套论文集虽然不够全面,但可以"管中窥豹",它能展示最近十年来历史学系老师们的关注重点与努力方向,看到他们是如何在保持传统优势学科的基础之上,不断与时俱进,发掘新史料、运用新方法、开拓新的研究领域的。

我们也正好利用编辑出版论文集,展示成果的机会,对历史学系近年来的科研做一个整体的检视,总结经验教训,砥砺前行,作为未来发展的坚强基石。

"沉舟侧畔千帆过,病树前头万木春。"我们相信,依靠全系教师自力更生,奋发图强,辅以学校有关繁荣人文社会科学的措施,浙江大学历史学系重振雄风、人才辈出、重大成果层出不穷的辉煌时刻,定在不远。

目　录

汪林茂

汪林茂,1949 年出生,浙江开化人,毕业于杭州大学历史系。现任浙江大学历史学系教授,博士生导师。主要研究方向为晚清史,其中对晚清文化史、浙江区域史、辛亥革命史的研究尤为深入。在《近代史研究》、《学术月刊》、《史学月刊》等学术刊物上已发表论文 40余篇;正式出版论著有《中国走向近代化的里程碑》(重庆出版社,1998 年)、《潮起潮落:浙江辛亥革命史》(浙江大学出版社,2001 年)、《晚清文化史》(人民出版社,2005 年)、《浙江通史·晚清卷》(浙江人民出版社,2005 年)等8 种;另有编校《汪康年文集》(浙江古籍出版社,2011 年)等 2 种。

清末文字改革:民族主义与文化运动

　　清末,在全面的民族文化革新和建设的历史大背景下,中国语言文字也经历了一场颇有深度也颇有规模的变革运动。这场运动虽不似当时的兴办学堂活动那样的喧腾,但其意义之深刻、影响之深远、牵涉面之宽广和复杂则远远超过后者。这是因为,语言文字绝不仅仅是人们常说的那样只是工具、符号,作为民族文化的载体同时也是一定文化之产物的语言文字,它的发达的根系深扎于所自生长的民族文化的土壤之中,与我们民族文化、以至于整个民族生活的筋脉紧密联系。尤其是在晚清时期急迫的民族危机阴影下,任何领域都不能不与"富强"、"救国"挂上钩,任何兴废改革行动都不能不置于民族复兴和国家发展的政治视野下加以考察或定位,由此,语言文字的改革也就决不单纯是语言文字本身的问题,而是一个政治性的文化运动。因而,研究清末语言文字改革绝不可能自外于席卷于那个时代各个领域的民族主义思潮和运动;同理,研究清末的民族主义思潮和运动,也不可能置民族文化重要表征的语言文字及其改革运动于不顾。必须把清末的语言文字改革运动置于清末民族主义思潮及运动的大视野下,才能更深入地认识清末民族主义和民族文化建设的运动,真正地弄清近代语言文字改革的科学与本体问题。

一　"民族振兴"驱动下的"切音为字"方案

　　甲午前后,在更为深重的民族危机、更为沉重的民族耻辱感的刺激下,民族振兴思潮勃然高涨。在这一思潮的推动下,启蒙主义者对此前的"求强"运动成败教训作了深入的总结,批评了器物求"强"路线是"仅袭皮毛"、"补苴罅漏",而对于前此已经出现的以"学"求"强"的路线则大力张扬:"中国之弱由于学之不讲";[①]"泰西所以富强,在于有学";[②]"兵战不如商战,商战不如学战"。[③] 即"学"——近代学术或知识体系的建设才是从根本上实现民族振兴的关键。

必须看到的是,甲午以后启蒙主义者所强调的"学",与此前已有非常大的不同。

其一,甲午以后启蒙主义者所阐扬的"学",不只是简单地将它作为强国之根本,而是将它作为民族振兴系统工程中的一环,即"学"的发达——人的理性本质的觉悟——民族振兴的实现。因为,甲午以后的启蒙主义者已是自觉地将"学"看做是"智"——人的理性本质的外在表现,"智"是"学"的内化,而且认为"智"是人之所以为人的最重要表征,是人应当具备的基本素质:"同是物也,人能学则贵,异于万物矣;同是人也,能学则异于常人矣。"[④]即人只有通过"勉强为学"而具备"学"(知识),才能成为具有"智"之本性的人,即完整意义的人;而且"学"越高深,越是能达到人生的崇高境界。

其二,"学"的主体已不是几个精英人物(诸如士大夫、洋务专才等),而是芸芸大众。甲午以后,启蒙主义者确认"民"是国家政治的主体,而且把民族振兴的希望寄托在"民"的普遍的理性觉醒、达到"智"的境界之基础之上,进而呼吁"开民智"。他们的目标是:"必使全国四万万民皆出于学,然后智开而才足。"[⑤]而且被他们列为文化启蒙对象的"民",并非抽象的概念,而是具体的"农、工、商、兵"等下层民众,主张让他们都有受教育的机会,即使是"贫贱贩负之家,工农樵牧之侣"的子弟,也应"及时教以义

---

① 《上海强学会章程》,载中国近代史资料丛刊《戊戌变法》第4册,上海人民出版社,1957年,第389页。

② 《山东道监察御史杨深秀片》,载国家档案局明清档案馆编:《戊戌变法档案史料》,中华书局,1958年,第446页。

③ 《兵战不如商战 商战不如学战论》,《湘报》第145号,1898年9月3日。

④ 康有为:《长兴学记》,载《康有为全集》第1册,上海古籍出版社,1990年,第547—548页。

⑤ 康有为:《请饬各省改书院淫祠为学堂折》,载汤志钧编:《康有为政论集》上册,中华书局,1981年,第311—312页。

方,敦以实学,破其愚蒙,启其智慧"。① 因此,与传统时代的科举精英教育、洋务时期培养"专才"教育的指导思想不同,无论是兴办学堂或报刊、出版、学会等文化活动,都是致力于"学"的普通化、普及化。

这就逻辑性地引出了对"学"之载具的语言文字问题的思考——启蒙主义者从对中西落后与先进的对比和探讨中看到,国家的先进与落后,取决于国民的"智"——文化素质,而其中最为基本的问题则是一国之民识字人数的多寡。他们看到了这一事实:"白种之国,男女识字者多乃过十之九,少亦几十之二。……(中国)计今之识字者,男约百之一,女约四万得一。"②"民"的普遍文盲,是"学"的普及化、普通化的最大障碍。一些有识之士进一步指出,造成中国之民识字率低的主要原因,是汉字的繁难。而汉字的繁难则是由其文字制度造成的,其中最根本的是"泰西(文字)切音,中国(文字)象形"。③ 由此又带来了汉字的一系列的问题:一是因为汉字"象形",所以字数庞大,总字数达四万余,常用字也有四千多,士子非读完"十三经"、非耗费十余年功夫不可能掌握,"人生可用者几次十年?因是读书者少,融洽古今、横览中外者更少";而泰西文字甚为简易,"以二十六字母相生,至于无穷,中人之才,读书数年,便能诵读挥写,故通国男女,鲜不学之人"。④ 二是因为汉字"象形",所以字形复杂,笔画繁多,一个个"如峨冠博带,古物庞然",⑤难认、难记、难书写。其三,也由于汉字是表意文字,致使书面语言(当时人称为"文字")与口头语言(当时人称为"语言")日渐疏离,不仅差距太大,而且造成分化:"语言为四民所同有之事,文字乃为士林所独有之事。"⑥贵族化的书面语言"文义太深",导致民

---

① 栗万钟:《蒙学堂宜立章程说》,《湘报》第142号,1898年8月31日。
② 宋恕:《六字课斋卑议》,载胡珠生编:《宋恕集》,中华书局,1993年,第135页。
③ 沈学:《〈盛世元音〉序》,载《盛世元音》,拼音文字史料丛书本,文字改革出版社影印,1956年。
④ 王炳耀:《〈拼音字谱〉序》,载《拼音字谱》,拼音文字史料丛书本,文字改革出版社影印,1956年。
⑤ 沈学:《〈盛世元音〉序》,载《盛世元音》,拼音文字史料丛书本,文字改革出版社影印,1956年。
⑥ 张鹤龄:《文敝篇》,载郑振铎编:《晚清文选》,上海书店,1987年,第522页。

"不通古今,不知中外,不解字义,不晓文法"。① 由此,有种种缺陷的汉字便被指为中国落后的罪魁:"夫中国之所以得为中国者,在于文字;而中国之所以为中国者,亦在于文字。文网之密,字学之繁,实为致弱之基。"实现民族振兴目标的希望,自然寄托在语言文字的改革之上。晚清最早发表文字改革方案的卢戆章就是从便于民众学习新知识以及国家富强的角度提出文字改革主张的。他说:

> 窃谓国之富强,基于格致;格致之兴,基于男妇老幼皆好学识理;其所以能好学识理者,基于切音为字;则字母与切法习完,凡字无师能自读;基于字话一律,则读于口随即达于心;又基于字画简易,则易于习认,亦即易于捉笔。省费十余载之光阴,将此光阴专攻于算学、格致、化学以及种种之实学,何患国不富强也哉!②

即语言文字的改革是国家富强、民族振兴的前提条件,这是当时文字改革主张者共同的思路。于是,语言文字改革便成为甲午以后新文化运动的重要内容。

还必须看到,19 世纪末,中国人思考语言文字问题有着外在的历史背景和时代潮流:其一,孙中山所倡扬的"振兴中华"是那个时代的主题;在此主导下,进化(进步)几乎成为普遍的、绝对的价值,改革("变法")是所有领域的必然,古老的汉字也不可能例外。而且,包括文字改革在内的所有文化革新活动都必然地被置于救亡图存的政治视野之下;在进化成为绝对的价值观下,急欲进步的中国人结合近代中国的种种不幸,日益扩大地反省、批判民族既有的文化,把学习西方确立为中国近代文化运动的基本途径,富强之西方的几乎所有的事物都被视为中国各领域改革的权威性标准,语言文字也不例外。其二,语言文字改革所从属的近代文化运动,已深入到关注"民"和"智"的阶段。所谓关注"民",即启蒙主义者看到

---

① 裘廷梁:《无锡白话报序》,《时务报》第 61 册,1898 年 5 月。
② 卢戆章:《〈一目了然初阶〉自序》,载《一目了然初阶》,拼音文字史料丛书本,文字改革出版社影印,1956 年。

了"民"是国家富强的主体，在国家经济和政治生活中应居于主导地位。对"智"的关注已如上述。而对"民"和"智"的地位和作用的肯定，又直接导向"开民智"口号的提出及其活动的开展。其三，自晚清"经世致用"思潮以来，文化上工具主义盛行，"用"——工具化成为当时中国人观察和思考文化问题的几乎固定化的视角。正是在这样的历史背景、时代潮流和文化视角下，首先是那些了解西方文字的知识分子，把中国古老的汉字作为文化批判的对象，不仅是批评指摘，甚至是妖魔化，文字改革被上升到民族生存和发展的高度，成为非常重要而急迫的文化革新任务。所谓"开民智"，就是以"农、工、商、兵"等下层民众的识字和学知识为导向。可见，这一时期语言文字（文化）改革的指向并不是语言文字（文化）的自身，而是外于此的民族振兴。

所有这些——语言文字只是工具，必须以此为方向进行改革；语言文字改革的方向是便于民众快速、容易地识字学知识以增"智"，使"民"能真正发挥国家经济和政治生活的主导作用；语言文字改革的参照系是西方的"切音"（即拼音）文字；文字的"象形"、表意代表着落后，表音则代表着先进等——从各个方向决定了当时的语言文字改革者的必然选择，即卢戆章所提"切音为字"（即汉字拼音）、"字话一律"（即口头语与书面语一致）、"字画简易"（即文字简化）。而这三项改革主张的关键是第一项——"切音为字"。因为，既然西方国家的富强是因为文字简易，中国的落后是由于文字"象形"而繁难，那么，西方的"切音为字"即表音文字自然被树为中国文字改革的方向；既然文字的主要功能被确定为如何便于民众识字学知识，其价值的高低取决于难易快慢，那么，创制字数很少、笔画简约的切音字（表音符号），以两个或数个字母拼合为一音一字，"以音求字，字即成文，文即为言"，①即用拼音字符来拼字读文、甚至代字成文，自然是最好的方案。这样，切音字被改革者赋予了两大功能：一是拼读、拼写汉字的功能，即用数十个笔画简单的拼音字符"相切相拼"、"传音达意"，既易

---

① 《都察院代奏工部郎中林辂存请用切音字呈》，转引自力捷三：《闽腔快字》，拼音文字史料丛书本，文字改革出版社影印，1956年。

于学("字母与切法习完,凡字无师能自读"),学了就能懂("基于字话一律,则读于口遂即达于心"),也便于书写("字画简易,则……易于捉笔"),①由此可以一举解决因汉字繁难而造成的民众识字读文和书写艰难的问题;二是在传统的追求"文"("畸于形"的、"美观而不实用"的"文家言")的文字体系之外,打造一个追求"质"("畸于声"的"宜于妇人孺子、日用饮食")的文字体系。② 这个文字体系用于拼读、拼写白话文,"拼音成字,书出口之音,运之入心;不由耳而由目,使目见者即明;犹以口宣言,使耳闻者即达;声入心通,别无难义也"。由此可以解决因汉字的表意性质造成的"语言与文字离"的问题,实现"语言与文字合",亦即书面语言口语化。总之,是通过汉语拼音的途径,来减轻或消除识字读文的难度,为民众的新知识学习创造最基本、最良好的工具,"庶几极难之学业变为极易,而四百余兆人民无不知学,则我国富强,安知不从此致也"!③

正因为切音字被人们视为语言文字改革的关键,并且被提到国家富强、民族振兴的高度,所以当时有众多的有识之士参与或关注此事。甲午前后,不仅那些启蒙思想家如康有为、梁启超、谭嗣同、宋恕、马建忠等提出了语言文字改革的主张,更值得注意的是那些懂外语的、有志于语言文字改革的知识分子提出的具体的改革方案,其中大部分人都主张以切音字拼读汉语。从 1892 年至 1897 年的六年间,就有五位学者的切音字方案刊行问世:

(1)1892 年,福建人卢戆章著《一目了然初阶》,创制了 55 个字母(其中包括拉丁字母和拉丁字母变体字)作为切音字,拼写厦门音、漳州音、泉州音,自称为"中国第一快切音字"。这是中国第一个切音字方案。

(2)1896 年,福建人蔡锡勇著《传音快字》,根据他在驻美国使馆任职时看到的西方国家使用的速记符号,创制出 56 个字母(包括 24 个声母、

---

① 卢戆章:《〈一目了然初阶〉自序》,载《一目了然初阶》,拼音文字史料丛书本,文字改革出版社影印,1956 年。

② 梁启超:《〈沈氏音书〉序》,载《饮冰室合集·文集》之二,中华书局,1989 年重版,第 1 页。

③ 《都察院代奏工部郎中林辂存请用切音字呈》,转引自力捷三:《闽腔快字》,拼音文字史料丛书本,文字改革出版社影印,1956 年。

32 个韵母),拼写官话音白话,以使"妇孺可学"。

(3)1896 年,江苏吴县人沈学发表《盛世元音》,也采用速记符号作字母。符号有 18 种,以吴音为语音标准,被称作"天下公字"。

(4)1896 年,福建人力捷三著《闽腔快字》,所采用的字母与蔡锡勇的《传音快字》一样,所不同的是《闽腔快字》用于拼写福州音。

(5)1897 年,广东人王炳耀的《拼音字谱》出版。采用速记符号与拉丁字母相结合的办法,创制出 22 个声母、53 个韵母,用以拼读福州方言或"北音"(即普通话)。

据梁启超说,这一时期还有汪康年、曾广钧等人"皆有志于是业",只是尚未形成完整的方案。康有为也曾创制切音字,但未曾向外界公布。① 据说 1895 年吴稚晖曾采用独体篆文创制出"豆芽字母",也没有公布于世。②

这些方案是在同一政治和社会背景下提出来的,并且都是近代文化运动之整体的组成部分,所以它们具有许多共同的特征。主要有二:

其一,这一时期所提出的切音字方案,主要是学习西方的产物。文字改革者所创制的各种切音字,虽然仍植根于本民族的语言文字,但已根本不同于中国的以象形表意为特征的方块字。在上述五个已面世的方案中,一种是拉丁字母及其变体字,四种是采自西方国家的速记符号,西方文字的符号特征完全取代了本民族文字的外在特征,这是以西方文字作为文字改革之权威标准、文化上向西方看齐以使国家富强之思路的必然结果。但是,这并不能说文字改革者在文化革新中不坚守民族立场。他们痛感本民族文字落后,钦羡西方国家文字先进,决心以西方文字作为改革之楷模,但民族立场并没有移易。这不仅表现在他们的语言文字改革活动始终着眼于民族振兴目标上,更表现为他们的语言文字改革活动中始终贯注的民族主义情结,始终坚守民族的边界。例如,提出《盛世元音》方案的沈学认为,中国文字"最拙",欧洲列国之富强是因为有"罗马之切

---

① 梁启超:《〈沈氏音书〉序》,载《饮冰室合集·文集》之二,中华书局,1989 年重版,第 2 页。
② 黎锦熙:《国语运动史纲》,商务印书馆,1935 年,第 21 页。

音字",因而中国的文字"有不得不变之势";但同时又认为,决不能"遽变"(即废除汉字而尽用洋文)。因为,"余恐中国风气一变,……不百年而读汉文者无矣。国中一有变更,将弃如敝屣,如此则富强未得,中国之方音灭矣……千古之精英尽失,良可叹矣"![①] 提出《拼音字谱》方案的王炳耀,主张语言文字方面应学习西方,但主要是学习其理念和方法,所以他反对采用外国字母来拼读汉文:"以别国字体写本国土音,虽事势或易行,然国基易转移。故思强国脉者,欲于文字转难为易,宜知固国基者,当于字体自别不群,夫然后能屹立不移,此《拼音字谱》所以参求本国字体为体,变于己不变于人,而不失我中土之本然也。"[②] 即汉字必须改革,使之"转难为易",但为了坚守"国基","汉文"仍应存,"方音"不能灭,以"参求本国字体为体,变于己不变于人"为改革之方针。这正是戊戌时期先进中国人所主张的"中西会通"文化运动方针的产物——文化运动绝不是全盘照抄"西学",而是坚持以"中学"(民族文化)作为文化选择的母体,基于此而从"西学"中汲取其内在的精神(包括价值观、方法论等)。在此基础上使"中学"、"西学"融为一体,形成以民族文化体系为母体、以西方文化精神和方法论为指导的"新学"。

其二,在启蒙主义精神的指导下,这一时期的语言文字改革运动是以"开民智"为导向,着眼于"农夫贩竖"、"妇人孺子"的识字学知识,所以文字改革们完全是以世俗的眼光看待文字的。于是,文字不再被贵族所垄断,而是交给了大众;文字不再是"一点一画无非天经地义",而是要大刀阔斧地加以改革;文字不再是"俗目不许窥觇"的"圣物",即贵族垄断文化的保障,而是大众的"智器",即学知识的工具。文字既然脱离了神圣而成为一种文化工具,那么文字中"音"的因素自然被置于"义"的因素之上:"西字不作字义,只以字音连句读,通行天下,是证字音胜字义,字义难载字音,字音尽载字义",是以字音"更要于字义,何止千倍"![③] 作为汉字内

---

① 沈学:《〈盛世元音〉序》,载《盛世元音》,拼音文字史料丛书本,文字改革出版社影印,1956年。
② 王炳耀:《〈拼音字谱〉序》,载《拼音字谱》,拼音文字史料丛书本,文字改革出版社影印,1956年。
③ 沈学:《〈盛世元音〉序》,载《盛世元音》,拼音文字史料丛书本,文字改革出版社影印,1956年。

在的表意特性被许多人视为累赘,如何弥补中国文字所欠缺的表音功能成为改革者思虑的中心问题,因而"传音达意,以音不以字"①成为文字改革的取向,只以记录语音为功能的切音字也就成了文字改革者共同的选择;文字既然是一种"器"(工具),功用价值便成了最大追求——"器惟求适于用",②"以愈利为愈妙",③"至灵至浅,至简至易"④遂成为创制切音字的最高目标。所以,所有的切音字方案提出者都无例外地强调他的切音字方案具有"易"(如卢戆章的"新字","虽一生未入孔子门,亦能无师自识汉字"),⑤"简"(如王炳耀的"拼音字谱","以最简之笔画作字……声母一笔,韵母一笔,每字独二笔"),⑥"捷"(如蔡锡勇的"传音快字","一笔连书,可代数字","一人可兼数人之力,一日可并数日之功")⑦的优点。这种工具主义的追求是当时急迫的民族危机下完成启蒙使命所无法避免的,是不得不然。但也造成了文化和学术内涵浅薄——只有外在的民族主义追求而缺乏民族文化内涵的缺憾。

二 "东""西"分岔口上的语言文字改革

戊戌政变中断了甲午以后的新文化运动潮流,文字改革运动自然也处于停顿状态。但不几年,整个社会、文化潮流便发生了大转折——"庚子事变"使"世风"随之剧变,守旧普遍遭世人的憎恶,进一步学习西方以

---

① 蔡锡勇:《〈传音快字〉凡例》,载《传音快字》,拼音文字史料丛书本,文字改革出版社影印,1956年。

② 《都察院代奏工部郎中林辂存请用切音字呈》,转引自力捷三:《闽腔快字》,拼音文字史料丛书本,文字改革出版社影印,1956年。

③ 沈学:《〈盛世元音〉字谱》,载《盛世元音》,拼音文字史料丛书本,文字改革出版社影印,1956年。

④ 蔡锡勇:《〈传音快字〉凡例》,载《传音快字》,拼音文字史料丛书本,文字改革出版社影印,1956年。

⑤ 卢戆章:《〈新字初阶〉序》,转引自倪海曙:《清末汉语拼音运动编年史》,上海人民出版社,1959年,第28页。

⑥ 王炳耀:《〈拼音字谱〉序》,载《拼音字谱》,拼音文字史料丛书本,文字改革出版社影印,1956年。

⑦ 蔡锡勇:《〈传音快字〉序》,载《传音快字》,拼音文字史料丛书本,文字改革出版社影印,1956年。

实行变革成为整个社会普遍而日趋强烈的要求,并且已形成为高闸放水般急速向前的社会潮流。可资证明的是,延续了半个多世纪的"夷夏"、"中西"之争已基本消失,文化争论的中心已不是西学应不应该进入中国文化体系,而是中国要不要全盘"欧化","国粹"值不值得保存的问题。旧学身价大跌,不仅"六经视同刍狗",甚至所有的"中国固有之学"也被一些人视如"苴土","竞相唾弃"。[①] 而西学则急剧升值,普遍地被人们看做是国家生存发展、以至于人生所必需,不只是"走四方以求师,争购西书惟恐不及",[②]而是"言非同西方之理弗道,事非同西方之术弗行"。[③] 一些激进主义者甚至将这一趋势推向极端,不仅提出"欧化主义"口号,甚至将"欧化之速率"作为"国势之速率"的标尺。[④]

就是在这个急速向"西"走的文化潮流下,1900 年后重新兴起了语言文字改革运动,更多的学者提出了切音字方案。从 1900 年至 1911 年,已知的切音字方案有 20 个:

(1)1900 年,王照创制"官话字母",次年撰成《官话合声字母》。该方案的字母形体采用汉字偏旁,以官话(京话)音作为拼音标准,实行双拼制。此方案影响很大,曾推行至 13 省,印书达 6 万册。

(2)1901 年,田廷俊的《数目代字诀》在湖北江陵刊行。此方案采用数码字作为切音字符,拼写湖北音。

(3)1902 年,力捷三的《无师自通切音官话字书》出版,该方案实际上是《闽腔快字》的修订本,仍采用速记符号,但拼音标准已改为官话音。

(4)1903 年,陈虬的《新字瓯文七音铎》、《瓯文音汇》在温州印行(前者为课本,后者为常用字汇),采用近似蝌蚪文的汉字笔画为字母,拼写温州音。

(5)1904 年,李元勋的《代声术》在河南信阳成稿,采用汉字笔画为字母。

---

① 《国粹学报发刊词》,《国粹学报》第 1 期,1905 年 2 月;蕴照:《论中国有救弊起衰之学派》,《东方杂志》1904 年第 6 期。

② 贺涛:《复吴辟疆书》,载徐世昌编:《贺先生文集》卷 3,1914 年刊本。

③ 鲁迅:《文化偏至论》,载《鲁迅全集》第 1 册,人民文学出版社,1980 年,第 38 页。

④ 《论中国与日本欧化速率之比例》,《东方杂志》1904 年第 10 期。

(6)1904年,刘孟扬的《天籁痕》成稿,字母形体为汉字笔画式,拼写官话音。

(7)1906年,劳乃宣《增订合声简字谱》(宁音谱)、《重订合声简字谱》(吴音谱)在南京出版。1907年,又出版《简字全谱》(京音、宁音、吴音、闽广音简字的汇编)。该方案实为王照《官话合声字母》的方音方案,试图以方音拼音作为官音拼音之准备。曾在南方推行五六年后,统称为"官话简字"向各地推广。

(8)1906年,杨琼、李文治的《形声通》在日本出版,字母形体采用汉字笔画。

(9)1906年,卢戆章将他第二个切音字方案("中国切音新字")整理成《中国字母北京切音教科书》、《中国字母北京切音合订》在上海出版。字母形体已改为汉字笔画式,以拼官话音为主,兼拼泉州、漳州、福州、广州音。

(10)1906年,朱文熊的《江苏新字母》在日本出版,采用拉丁字母为切音字,拼写吴音。

(11)1906年,田廷俊的第二种切音字方案《拼音代字诀》、《正音新法》出版,字母形体采用汉字笔画式(有拉丁字母对音方案),拼写湖北音。

(12)1906年,沈韶和的《新编简字特别课本》在上海出版,采用数码为切音字母。

(13)1908年,江亢虎的《通字》发表,采用拉丁字母为字母。

(14)1908年,刘孟扬的第二种切音字方案《中国音标字书》出版,字母形体为拉丁字母,拼写官话音。

(15)1908年,马体乾的《串音字标》成稿,以甲骨文式的汉字笔画为切音字,拼写官话音。

(16)1908年,章太炎发表《驳中国改用万国新语说》,提出汉字笔画式汉语拼音方案,共58个字母,其中有15个字母为1913年的注音字母方案所采用。

(17)1908年,宋恕撰《宋平子新字》,字母采用汉字笔画式。

(18)1909年,刘世恩的《音韵记号》出版,字母系自造符号,拼官话音。

（19）1909 年，黄虚白的《汉字音和简易识字法》和《拉丁文臆解》成稿。前者为汉字笔画式，后者为拉丁字母式，均拼写官话音。

（20）1910 年，郑东湖方案的《切音字说明书》成稿，字母为汉字笔画式。

这 20 个方案，从形式到内涵都是前一时期创制切音字活动的延续，但又有发展。从整体看，它们所代表的本时期语言文字改革活动表现出这样三个特点：一是随着人们对文化以及文化与"强国"的关系之认识不断深化，语言文字改革在这一时期主要被置于民族新文化建设的框架下进行，因而语言文字改革的思考和活动已从过去更多的着眼于其外在的政治、社会等方面作用和功能（"富强"之"用"）的发挥，转移到越来越多的致力于语言文字体系本身的改革和进步，说明改革者们对语言文字改革的文化思维已趋成熟。二是切音字的形体设计呈现出两极，出现了四个拉丁字母方案，但更多的是汉字笔画式方案，这两类方案分别代表了语言文字改革是进一步向"西"走还是保留"东"的特质这两个致力方向。三是用切音字拼"官话"音已成为拼音标准的主流。这三个特点又表现出这样两个趋势：一是这一时期的切音字运动在文化内涵方面已有很大的超越。尽管这种超越并不是全都值得肯定的，但明显可以看到的是，语言文字（文化）革新者的改革指向已透过表层（即语言文字的功用）深入到语言文字（文化）的本身，因此对语言文字的本质及其规律的认识已更清楚，对字母形体和切音字的设计更为合理，所以对切音字母不再是一味追求简、易、捷，首先考虑的是语言文字本身的规律。对切音字的推广也取得了相当大的成就。二是这一时期语言文字改革运动正是 20 世纪初年中国近代文化运动中心内容的反映：戊戌时期提出的"中西会通"已成为这一时期文化运动的主流，但这股主流在 20 世纪初年已开始呈现出分流的趋势——趋向"东"的民族本位（"国粹"）论与趋向"西"的"欧化主义"。因此，语言文字改革运动也已被推进到了一个岔路口，等待改革者作出回答和选择：是再往"西"走，使中国文字完全"西化"？还是往"东"前行，建设新的民族语言文字？

从内涵看，往"西"走这一分流，正是前一时期的两个指导思想——进化(进步)观、工具主义在这一时期不仅仍起指导作用，并被进一步强调且绝对化的结果。例如，在进化(进步)观的主导下，这一时期许多文字改革者继续批评汉字的落后及不适时、不适用，以至把汉字贬为"没有用场的文字"。①

而西方文字的优越性则被进一步宣扬，甚至片面夸大。被宣扬或夸大的主要方面仍是拉丁文字的表音特性，并且把文字由表意到表音视为必然的进步趋势，进而把表音文字作为中国文字改革的方向。所以，前一时期的关于汉字与切音字应有分工的主张此时被一些改革者进一步明确化：中国语言应区分为三类——"国文"(即文言文)、"普通话"、"俗语"(方言)，前者仍用汉字，后两种应采用"新文字"(即拼音文字)。② 更有人主张在汉字之外"别作简易之文"(拼音文字)供实用，汉字则"别设为专科"作为学术研究之对象。③ 这实际上是在实用领域中摈弃汉字。所以，在这一时期切音字方案的字母形体设计中出现了一个很值得注意的现象——在汉语笔画式成为主流的同时，也出现了四个方案(另有一个附案)是拉丁文式。虽数量不多，但必须注意他们是有意识地采用拉丁文字作为"新字"之字母的。如《江苏新字母》的创制者朱文熊就明确主张采用拉丁文字作字母，认为"与其造世界未有之新字，不如采用世界所通行之字母"。④ 即文字改革应以"世界所通行"为方向，表现出世界主义的文化取向。

与此密切相关的是工具主义观念仍然在文字改革活动中起指导作用，文字只是工具、是"记号"，工具、"记号"的功能只是"用"，因而唯"取其适用而已"的观点被一些改革者进一步强调，甚至也被绝对化。在这种文化理念下，文字中"音"的因素被过分强调，"有音便有字"、"由音生义，音

---

① 陈虬：《新字瓯文学堂开学演说》，转引自倪海曙：《清末汉语拼音运动编年史》，上海人民出版社，1959年，第108页。
② 朱文熊：《〈江苏新字母〉序》，转引自倪海曙：《清末汉语拼音运动编年史》，上海人民出版社，1959年，第150、159页。
③ 杨琼：《〈形声通〉序》，载《形声通》，拼音文字史料丛书本，文字改革出版社影印，1956年。
④ 朱文熊：《〈江苏新字母〉序》，转引自倪海曙：《清末汉语拼音运动编年史》，上海人民出版社，1959年，第150、159页。

辨而义自明"[1]成为文字功能的全部,"改良文字,使文字悉统于声音"[2]被作为文字改革的原则,或曰方向。从这个角度说,表意的汉字被指责为"没有用场",以至主张采用"世界所通行"之拉丁文字也就理所当然。而当这个文字应是表音的、文字只是表音之符号的工具主义思路被推向极致时,文字也就无所谓"人己之别",也不存在"忘本"与否。[3] 文字上的族界和国界问题、今人与传统的文化连结问题等,自然不在他们的考虑之列。

当然,这些文字改革实践者的观点与当时思想界已出现的无政府主义的主张还是有区别的。因为他们并不主张完全废弃汉字,还是把握住了民族文化的底线。但必须看到,他们只是在功能层次上坚守民族立场,在文化内涵层次却指向与民族立场相背离的方向——当他们在文字改革问题上将激进主义路线推行至此时,距离欧化主义、以至于民族虚无主义已经非常接近了。或者说,文字改革实践者与全盘否定民族文化的无政府主义者在关于文字改革问题的思想根源上有相同之处,如进化论、工具主义。

三 "种性"与"大同"论争下的汉字存废之争

无政府主义是 20 世纪初传入中国的思想流派,其中又有"新世纪派"、"天义派"之别。这两派的共同点是:都崇尚(比欧化主义更激进的)世界主义,以无政府主义(无政府、无国家的世界大同)作为普世价值,都认为他们那套价值体系是超国家、超民族的全人类共同的选择。所不同的是,以李石曾、吴稚晖等人为代表的"新世纪派",是用进化论来说明破除国界、种界的必须,和实现无政府主义的必然。亦即进化原则是绝对

---

① 刘孟扬:《〈中国音标字书〉自序》,转引自倪海曙:《清末汉语拼音运动编年史》,上海人民出版社,1959 年,第 178、179 页。

② 杨琼、李文治:《〈形声通〉宗旨》,载《形声通》,拼音文字史料丛书本,文字改革出版社影印,1956 年。

③ 刘孟扬:《〈中国音标字书〉自序》,转引自倪海曙:《清末汉语拼音运动编年史》,上海人民出版社,1959 年,第 178、179 页。

的,在此原则下,文化"固无分于东西,更无区于黄白种也",即文化不存在国家和民族的界分。民族历史对于社会前进来说是"以巨石自系",当此"万事以进化为衡之世,是种种(中国之国粹)者当在淘汰之列"。① 因此,民族性、民族传统、民族历史均应当割弃。

作为文化之一部分的文字当然也是这样。"新世纪派"的无政府主义者认为,中国的汉字乃"野蛮之符号"、"野蛮之笔画"、"野蛮时代之名物","今日救支那之第一要策,在废除汉文";②"中国现有文字不适于用,迟早必废。……既废现有文字,则必用最佳最易之万国新语"。③ 其理论依据之一,是汉字不适于社会进步。因为社会已进入"科学之世界","以非科学世界之文字,欲代表科学世界之思想与事物,皆牵强附会,凑长截短……徒为修学之魔障,自画其智识,不能与世界共同进化而已"。④ 其理论依据之二是,落后者向先进者学习是绝对原则,"学问之事,譬之个人与个人,彼之胜我者,我效法之而已。中国文字为野蛮,欧洲文字为较良,万国文字淘汰欧洲文字之未尽善者而去之,则为尤较良。弃吾中国之野蛮文字,改习万国新语之尤较良文字,在如脱败絮而服轻裘,固无所用其更计较。所当问者,如何能改用而已"。⑤ 即由汉字改用先进的欧洲文字、或改用更为先进的"万国新语"是确定无疑、毋庸置辩的方向。其理论依据之三是,文字只不过是一种工具。因为,在进化理论和既定的"大同"目标的框架下,文字的民族文化内涵已被视为"支离于其相互之职务外"的东西、"不相干之连带感情"⑥而全被掏空,所剩下的只有纯然的工具和技

① 《国粹之处分》,载张枬、王忍之编:《辛亥革命前十年间时论选集》第3卷,生活·读书·新知三联书店,1977年,第192—193页。
② 吴稚晖:《书苏格兰君废除汉文议后》,载《吴稚晖全集》卷2,群众图书公司,1927年,第123页。
③ 吴稚晖:《评前行君之中国新语凡例》,载《吴稚晖全集》卷2,群众图书公司,1927年,第102页。按:这里所说的"万国新语",即今天所称的世界语(Esperanto)。
④ 吴稚晖:《书神州日报东学西渐篇后》,载《吴稚晖全集》卷2,群众图书公司,1927年,第82—83、96、99页。
⑤ 笃信子语,引自吴稚晖:《新语问题之杂答》,载《吴稚晖全集》卷2,群众图书公司,1927年,第114—115页。
⑥ 吴稚晖:《书驳中国用万国新语说后》,载《吴稚晖全集》卷2,群众图书公司,1927年,第131页。

术层面的优和劣的思考。所以,文字的改换,直如弓矢换快枪、帆樯换汽舟般的简单、容易:

> 文字者,不过器物之一。如其必守较不适用之文字,则武器用弓矢可矣,何必采用他人之快枪? 航海用帆樯可矣,何必采用他人之汽舟? 文字所以达意,与弓矢、快枪、帆樯、汽舟之代力,非同物欤? 何为不宝祖宗之弓矢与帆樯,而必宝其呆滞朴塞之音,板方符咒之字哉! 是真所谓以伪传伪,习焉不察者也。①

按照这一失于偏颇的思路去和欧洲文字相比较,汉字的确有许多不便、不易"使用"之处,如"可别不可名"(吴稚晖自注:"不可名,犹云不识之字无从就状而得其读音也")、"不便于排印"、"不便于检字"等。总之是不便"实用"。② 所以,署名"苏格兰"的无政府主义者责问持"汉字甚好"观点的学者说:汉字"于实用上有丝毫之价值乎"?③ 于是,那个既是产自欧洲、又符合世界"大同"方向,而且据说是简单、容易、二三月便可学成使用的"万国新语",自然成为取代汉字的最好的选择。但更重要的原因是无政府主义者的世界主义文化取向,即世界必将走向"大同",国界、种界将不复存在,"若惟知保持中国人固有之种性,而不与世界配合,别成新种生,岂非与进化之理正相反?"而要造就"新种性","先当废除代表单纯旧种性之文字"。④

今人批判这种思想主张为民族虚无主义,这当然是有道理的。但除此以外我们还应当看到另一层,即:这不只是无政府主义这一思想流派的问题,也不只是汉字遭遇的厄运,而是当时中国近代文化运动必然会出现

---

① 吴稚晖:《书神州日报东学西渐篇后》,载《吴稚晖全集》卷2,群众图书公司,1927年,第82—83、96、99页。

② 吴稚晖:《书神州日报东学西渐篇后》,载《吴稚晖全集》卷2,群众图书公司,1927年,第82—83、96、99页。

③ 苏格兰:《废除汉文议》,转引自倪海曙:《清末汉语拼音运动编年史》,上海人民出版社,1959年,第197页。

④ 吴稚晖:《书苏格兰君废除汉文议后》,载《吴稚晖全集》卷2,群众图书公司,1927年,第127页。

的一种现象——在近代以来日益凸显的中国事事都不如西方的现实刺激下,在甲午以来火烧眉毛般的民族危机的逼迫、和同样是火烧眉毛般的追求民族振兴之社会心理的驱动下,文化革新潮流很自然地被激进主义社会思潮推往极端处,告别传统、甚至彻底告别传统,向"西"走、甚至全面而彻底向"西"走,以"欧化主义"、甚至"世界主义"为追求,成为许多中国人的选择,从而呈现出上述的文化上矫枉过正的现象。而这一现象又使中国人面临另一个更为深刻的民族危机:中国人在半个多世纪以来接连不断地兵败签约、赔款、割地、失去各项国家权益,并且从器物到制度都在快步西化,从而表明中国人在"天下万国"形而下层面的民族竞争中已告失败。就在国人失望、失落之时,在所剩下的最后可独立自主的形而上层面的竞争中,又有人要自毁长城、全盘西化,那么,中国还是"国"吗? 在其他民族仍牢牢保住、甚至在强化"种性"的世界上,中国人还能继续生存下去吗? 这的确是中国人在几千年来从没有遭遇过的最为深刻的民族危机。

趋向"东"的民族本位主义者首先看到并高度重视这一危机。

我们应当看到,在 20 世纪初年"欧化主义"、甚至"世界主义"成为一些文化激进主义者的选择之同时,民族本位主义则被更多的知识分子们所接受和坚持。他们把国家和民族的独立和发展树为最高价值目标,在坚持新文化方向的同时,对来自外国、外族的各种形式的侵略保持着高度警惕和坚决抵制的态度。尤其是那些有着浓厚的民族主义情感的知识分子们,更是把民族文化的危机看做是更为本质、更为深刻的危机,发出了"学亡"即民族文化——民族和国家危亡的警告:

> 中国自古以来,亡国之祸叠见,均国亡而学存。至于今日,则国未亡而学先亡。……户肄大秦之书,家习劫卢之字,宿儒抱经以行,博士倚席不讲,举凡三仓之雅诂,六艺之精言,九流之坠绪,彼嬴秦、蒙古所不能亡者,竟亡于教育普兴之世,不亦大可哀邪! 故国学之厄,未有甚于今日者也。夫国于天地,必有与立,学也者,政教礼俗之所出也。学亡则一国政教礼俗均亡;政教礼

俗均亡,则邦国不能独峙。①

在民族本位主义者看来,文化亡则族与国必随之而亡。因为没有文化的民族,与没有"元气"的人一样,是不可能在这个生存竞争的世界上生存下去的。而作为民族文化的重要组成部分、也可以说是作为一定的民族文化之载体的文字,与民族生存、发展的关系更为密切、更为根本。因为,没有本民族文字的民族文化是不可能存在的,这就和没有本民族文化的民族是不可能存在的道理是一致的。这不仅仅是理论,当时的民族本位主义者已经从近代世界历史上一再重演的强国灭弱国的事实中看到了这一道理:"(欧美列强)其亡人国也,必先灭其语言,灭其文字,以次灭其种性,务使其种如坠九渊,永永沉沦。"②强国吞灭弱国必先灭其文字,那么,弱小民族要生存下去更要保卫自己民族的文字。这不只是历史,对中国来说更是非常重要而现实的民族生存的问题。因为民族语言文字问题在中国国家、民族生存的现实中尤为突出:

> (中国)人心故涣散,主之者又适为异族政府,令民志不辐辏区中;挽以国文,犹惧不蔪,又随而夋夷之,民弃国语,不膺沐于旧德,则和悦不通,解泽不流,忘往日之感情,亦愈杀其种族自尊之念,焉得不比昵白人而乐为其厮养耶?③

没有了本民族的语言文字,民族就丧失了认同感和向心凝聚力,这是非常危险的。因此,当时民族本位主义者对无政府主义者文字理论的批驳,就不仅仅是两个思想流派论争的问题,而是捍卫本民族语言文字——捍卫"国学"(民族文化)——捍卫民族生存的大是大非问题。

这并非危言耸听,也没有夸大其辞。

任何民族的文字,都有着植根于民族历史与文化的血肉联系。同时,文字又承载着这个民族历史所延续的文化。汉字更是如此。因为,汉字

---

① 《拟设国粹学堂启》,载张枬、王忍之编:《辛亥革命前十年间时论选集》第2卷,下册,生活·读书·新知三联书店,1977年,第630页。
② 邓实:《鸡鸣风雨楼独立书·人种独立》,《政艺通报》1903年第23号。
③ 章太炎:《规新世纪》,《民报》第24号,1908年10月。

绝不是像无政府主义者所说的那样只是简单的、纯粹任意的符号。正如章太炎所指出的：

> 语言者，不冯虚起。呼马而马，呼牛而牛，此必非恣意妄称也。诸言语皆有根。先征之有形之物，则可睹矣。何以言雀？谓其音即足也。何以言鹊？谓其音错错也。何以言雅？谓其音亚亚也。……此皆以音为表者也。何以言马？马者，武也（古音马、鱼同在鱼部）。何以言牛？牛者，事也（古音牛、事同在之部）。何以言羊？羊者，祥也。何以言狗？狗者，叩也。何以言人？人者，仁也。……此皆以德为表者也。……乃至天之言颠，地之言底，山之言宣，水之言准（水在脂部，准在谆部，同类对转）。火之言毁（古音火、毁同在脂部）。土之言吐，金之言禁，风之言氾，有形者大抵皆尔。[①]

即汉字从一开始就承载着我们民族的心智系统和特征，是一种承载着我们先民心灵印象的符号，一种"象"的符号。因此，汉字与西方国家的表音文字不同，自产生以后就具有音、形、义之间的必然联系。它从先民的原始图画、图画文字发展演变而来后，始终保持着象形、表意的因素，以形表义、或由形索义的功能；它通过以形表义的方式，即用不同的笔画构成大量的表意符号来记录汉语的单音节语素，从而使每一个汉字都含有它独特的"义"。而正是在它独特的"义"当中，蕴涵着深厚的民族历史和文化内容，成为我们丰富的民族文化、民族精神的资源。

所以，章太炎、刘师培都很强调汉字的这种不可替代、不可或缺的承载民族历史和文化的功能。如当时的刘师培就以西方的社会学研究为例，认为中国历史上的"群治之进、礼俗之源"，均可"以中土文字为根据"。因为，"中土之文，以形为纲，察其偏旁，而往古民群之状况，昭然毕呈"。他举例说，从"畜"、"私"、"积"三字的偏旁可知，中国的"民私其财，始于农

---

① 章太炎：《国故论衡》，载刘梦溪主编《中国现代学术经典：章太炎卷》，河北教育出版社，1996年，第28页。

牧起兴之后";"姚"、"姬"、"姜"、"嬴"等姓氏之字均从女旁的事例,"则古为女统,益以有征";"君"、"父"二字皆从又,又"象持杖之形",可知"国家起源,基于家族"等。① 因此,民族本位主义者一再强调,废弃了汉字,就等于是断绝了民族的历史和文化统绪及传承,是"令历史不燔烧而自断灭,斯民无感怀邦族之心"。②

而且从文字本身的功能说,汉字也是绝不可替代的。章太炎曾有一段直白通俗的语言,以中国的国情说明了这个道理:

> 有说中国字何不改成拼音,我说这个是全不合情理的话。欧洲各国,本来地方不大……一国的说话,声气自然一样,所以可用拼音。那个印度就不然,地方和中国本部差不多大,说话分做七十余种,却还要用拼音字,这一处的话,写成了字,到那一处就不懂了。照这样看来,地方小的,可以用拼音字,地方大的,断不能用拼音字。中国不用拼音字,所以北到辽东,南到广东,声气虽然各样,写一张字,就彼此都懂得。若换了拼音字,莫说辽东人不懂广东字,广东人不懂辽东字,出了一省,恐怕也就不能通行得去,岂不是令中国分为几十国吗? 况且古今声气,略有改变,声气换了,字不换,还可以懂得古人的文理;声气换了,连字也换,就不能懂得古人的文理。且看英国人读他本国三百年前的文章,就说是古文,难得了解。中国就不然,若看文章,八百年前宋朝欧阳修、王安石的文章,仍是和现在一样。懂得现在的文章,也就懂得宋朝的文章。若看白话,四百年前明朝人做的《水浒传》,现在也都懂得。就是八百年前宋朝人的语录,也没有什么难解。若用了拼音字,连《水浒传》也看不成,何况别的文章?③

因此,没有了汉字,我们民族就失去了区域间的沟通、联结的文化纽

---

① 刘师培:《论中土文字有益于世界》,载赵慎修编著《清末民初文人丛书:刘师培》,中国文史出版社,1998年,第165—166页。
② 章太炎:《规新世纪》,《民报》第24号,1908年10月。
③ 张勇编:《章太炎学术文化随笔》,中国青年出版社,1999年,第6—7页。

带，也失去了上下几千年文化传承的渠道，那么，就真的会出现无政府主义者所主张的种界、国界和历史都归于消灭的局面。但历史和文化传统是绝不能完全废弃的。"人类所以异鸟兽者，正以其有过去未来之念耳。若谓过去之念当令扫除，是则未来之念亦可遏绝，人生亦知此瞬间已耳，何为怀千岁之忧而当营营于改良社会哉？"①同时，世界上的任何人都不可能脱离具体的"种界"、"种性"而存在，更何况在那个民族竞争残酷、激烈的时代，列强正在为扩张国界、扩张权益而强化"种性"，严划"种界"，中国人如果自弃"种性"、自平"种界"，也就是自甘灭亡。所以，章太炎又说："评弹国粹者，正使人为异种役耳！"②

有意思的是，力主废弃汉字的吴稚晖当年向章太炎等人气壮如牛地抛下了这样一句话："试悬我等二说于方来，遭后人瘟臭之毒骂者为谁！"③但过了二十三年后，吴氏自己下了结论：汉字"必不能废"，"摩登学士想用字母造拼音汉文，皆不过陋与妄耳"！④

四　民族新文化目标下的"国语"建设

当然，此次汉字存废争论的结论并非 20 多年后才得出，争论的影响当时即已呈现：语言文字改革运动的主流没有继续往"西"走，而是往"东"前行——建设民族新文化的方向。或者说，随着汉字存废争论的展开和深入，语言文字改革的目标日益明确：建设民族新语言。

首先必须了解，民族新语言建设是在 20 世纪初年民族新文化建设的大框架下进行的。整个中国近代文化运动当时都经历了"欧化主义"与"国粹保存主义"的争论，偏于"西"的"欧化主义"、欲消泯种界的"世界主义"受到

　　① 章太炎：《驳中国用万国新语说》，载《章太炎全集》第 4 册，上海人民出版社，1985 年，第352 页。
　　② 章太炎：《印度人之论国粹》，载《章太炎全集》第 4 册，上海人民出版社，1985 年，第 366 页。
　　③ 吴稚晖：《书驳中国用万国新语说后》，载《吴稚晖全集》卷 2，群众图书公司，1927 年，第132 页。
　　④ 吴稚晖：《三十五年来之音符运动》，载《最近三十五年之中国教育》卷下，商务印书馆，1931 年，第 36 页。

了多数人的批判和抵制,清末新文化运动中占主流地位的思想主张是坚持民族本位的"中西会通"论,在此基础上建设民族新文化。启蒙主义者对所要建设的民族新文化既强调其"新",即文化的现代性(包括科学性、民主性);更强调其民族性,即它是"一国所自有","与有国以俱来,本乎地理,根之民性,而不可须臾离"的、[①]且为"合同种、异异种,以建立民族的国家"[②]服务的"一国之学"。它应当是现代民族国家所必需的民族整合和民族认同的文化资源。它包括语言文字在内,很多人把它称为"国学"。

其次必须了解,在20世纪初新文化运动已深入本体的大背景下,语言文字改革运动也发生了一个变化:传统的文字中心观已向语言中心观演变。我们从庚子年(1900年)前后的文字改革活动中可以看到这样一个现象:庚子前,改革者在主要是追求外在功利目标的动机下提出的切音字方案,所关注和讨论的基本上是因识字而来的文字问题,极少能把创制切音字方案的目标上升到语言层面;庚子年后的文字改革活动,在淡化了外在的功利追求而更关注语言文字本身的建设问题,并加深了语言文字的现象、本质、规律及其不同地位、作用的探讨后,语言遂取代文字成为改革者关注和讨论的重心,"正语言"已成为文字改革活动的中心目标,语言文字改革活动已从过去比较狭隘的只着眼于"看"(识字读文)的层面提升到"正语言",即着眼于更为宽广的社会沟通和交流需要的语言(包括书面语言和口头语言)层面。如郑东湖的切音字方案就清楚地阐述道,由于人类"有知觉斯有嗜欲,有种族斯有交游",同时也因为"有意思、情感"需要宣泄,而产生了语言。而语言发为声音,"第声音之托于虚,不如形象之征于实",故"依类象形"、"形声相益",产生了文字。"是先有语言,而后有文字。文字为语言之代表,亦足以助语言之不逮也,明矣。"[③]从语言的产生及其地位、作用等方面,论证了语言是中心、文字只能是记录和表述语言之符号的观点。传统的文字中心观一变为语言中心观,其意义不仅仅是

---

① 邓实:《国学讲习记》,《国粹学报》第19期,1906年8月。
② 余一:《民族主义论·民族主义之定义》,《浙江潮》第1期,1903年2月。
③ 郑东湖:《切音字说明书》,拼音文字史料丛书本,文字改革出版社影印,1956年。

改革指向"言文合一"，因为语言问题进入改革者的视野中心，必将直接引导人们对构筑新型的民族共同语的重视。这就从内（对语言文字本身的关注及研究的深入）、外（建设民族新文化的需要）两个方向，推动改革者提出了"国语"建设的问题。

"国语"即统一的民族新语言。自庚子年以后，"统一天下之语言"已成为朝野（从清朝学部到从事文字改革理论和实践的学者）一致而强烈的呼声。因为，语言的统一——建设民族共同语，既是中国从政治、经济等领域向现代型民族国家迈进的需要，而且对于这个地域辽阔且拥有多民族的、正面临民族生存危机的中国来说，更是那个时代和民族所急需的民族向心凝聚力、文化整合力的资源，是民族统一的重要象征。

中国历史上并非完全没有共同语，所谓"雅言"、"天下通语"、"官话"等就是历史上共同语的称谓。明清两代通行"官话"，一直到近现代，官话仍是各地流行的共同语的一种代称。但官话并非现代意义上的民族国家共同语，它与现代意义的民族国家共同语相比较，至少有两点不同：其一，它没有严格的标准语音；其二，它是传统时代贵族文化的产物，所谓的"官"，即代表了这种语言的社会属性，因此它并不要求在全体人民中普及，主要通行于上层社会。官话的这种局限造成了在社会生活实际中、尤其是在平民阶层中方言歧出，语言很不统一的状况。显然，官话不符合20世纪初的中国政治变革、社会和文化发展，以及建设和整合现代民族国家的需要。有识之士也逐渐意识到这一点。1902年，京师大学堂总教习吴汝纶赴日本考察教育，他不仅从日本学者那里得到了欲统一国家必先统一语言的启发，还在给管学大臣张百熙的信中把"国语"一词带到中国。① 此后，在有识之士的推广下，"国语"概念逐渐被中国人所接受。1910年，资政院议员江谦等32人联名提出说帖，要求把"官话"正名为"国语"。1911年，在清朝学部的"中央教育会议"上，通过了王邵廉等人提出的《统一国语办法案》。"国语"从民间到官方，成为正式确定的名称。

---

① 吴汝纶：《上张管学书》、《东游丛录》，转引自王照：《官话合声字母》，拼音文字史料丛书本，文字改革出版社影印，1956年。

它标志着一种面向新时代、面向全民族、面向各个阶级和阶层的、全新的民族国家共同语初步建设成形,并被定名为"国语"。此后,"国语"在中国流行了数十年。

"国语"并不只是一个简单的"新语词",更是一个现代民族语言概念。仅从国语的"国"字和官话的"官"字的字义区别上即可看出,它们分属于两个文化"阵营":一个洋溢着启蒙主义、甚至可以说是当时流行的"国民主义"的精神,一个是宣示贵族文化、甚至还有蒙昧主义文化的精神;一个代表了强化民族和国家统一以及文化整合的进步趋势,一个代表了对小农社会分散性现状的保守。因此,以"国语"取代"官话",是近代民族主义、民权主义成为语言文字领域主导观念的标志:一个是强调了语言的民族性,一个是要突出语言的社会等级区分。

当然,更重要的并非是概念,而是它的本质。

其一,国语是以现代性为核心价值的民族新语言。正如当时政治领域中民权主义与民族主义是携手一致的道理一样,在语言文字改革领域,国语是融现代性和民族性于一身的民族新语言。国语所强调的是民族性,因为建设中国民族共同语——国语是服从、服务于建设民族新国家("民族建国主义")、建设民族新文化("国学")这一大目标的;但它的指向是现代性,因为在当时,没有现代性就不可能真正有民族性,没有现代性的国语是不可能存在的。而这里所说的现代性,不仅是指改革者竭力要使国语紧跟当时中国各领域急速变革的步伐,适应正在形成中的新的政治、经济、社会、文化格局的需要,也是指国语的民主、科学本质。所谓民主性本质,即在当时正昂扬着的"国民主义"的大方向下,语言文字开始从贵族性的转变成全民性的,"人民外无政治,教育外无人民"[①]被一些语言文字改革者作为纲领。"大众"、"亿万众"、"多数人"、"人人"等,是语言文字改革运动确定不移的指向。所谓科学本质,即在当时科学被作为普世的、永恒的价值之大背景下,语言文字改革活动不再是盲目的、随意的和

---

① 王照:《挽吴挚父先生联语并序》,载《官话合声字母》,拼音文字史料丛书本,文字改革出版社影印,1956年。

简单化的,而是被作为一门科学,并且自觉地奉科学观念和科学方法为指南。如章太炎在此期间的语言文字学研究,不仅以唯物论的观点深入探讨了中国文字和语言的起源、演变和发展的历史及其规律,并力主在对各地方言科学调查的基础上实行语言文字改革。① 杨琼、李文治所提出的《形声通》方案,就力图以"格致之学"方法,"就人口发声自然之法象推究之,以合于声音之本原","将有组织成一科学,以便世用"。②

其二,国语也是以启蒙主义精神为内核的世俗化语言。在 19 世纪末兴起的张扬人的理性本质之启蒙主义大方向下,有识之士们极力要使语言文字服务于人的求知活动。而且在"开民智"思想的指导下,他们更注重语言文字改革为下层民众的求知活动服务。他们认为,改革者的心目中更应当有"千中九百九十九之农工百业毫未学问之人",③文化建设的重点应是"教凡民"。因为,"天下秀民少而凡民多……积亿兆无教之民于天下,欲世之治也难矣。且今天下大势,方以智竞不以力竞,以合群在下之众庶竞,而不以出群在上之俊杰竞。一二之奇才,不能敌千万人之常识"。④ 即"凡民"才是社会的主体,提高"凡民"的文化和知识水平是中国社会能否发展的关键,是文化运动的主要任务。因此,他们的语言文字改革,主要致力于"造就下流社会之利器",⑤为此而力求文字易认易识,语言通俗易晓,书面语与口头语相一致,利于"普通"民众学习"普通"知识,便于社会各个阶级、阶层之间的信息、感情的沟通和交流。

其三,国语更是以民族主义观念为指导思想的民族共同语。20 世纪初,民族主义兴起、并盛行于知识界。民族主义者提出了"民族建国主义"

① 章太炎:《博征海内方言告白》,《民报》第 21 号,转引自汤志钧:《章太炎年谱长编》,第266 页。

② 杨琼、李文治:《〈形声通〉宗旨》,载《形声通》,拼音文字史料丛书本,文字改革出版社影印,1956 年。

③ 王照:《普通字义辩》,载《官话合声字母》,拼音文字史料丛书本,文字改革出版社影印,1956 年。

④ 劳乃宣:《上学部尚书唐景崇书》,转引自倪海曙:《清末汉语拼音运动编年史》,上海人民出版社,1959 年,第 212 页。

⑤ 沈凤楼在半日学堂开学典礼上的演说,转引自倪海曙:《清末汉语拼音运动编年史》,上海人民出版社,1959 年,第 127 页。

的口号,主张"今欲存支那者,不可不集合支那民族以自相提携,自相固著"。① 即为了建设民族国家,必须加强民族认同感和民族凝聚力。而民族认同的核心是民族的文化认同,民族向心凝聚的主要途径是民族的文化整合。而语言文字是文化的重要内容,通过建设新型的民族国家共同语——国语来强化民族认同感和民族凝聚力,实现在新的政治(即新型的民族国家形式)基础上的民族整合,成为语言文字改革者的主要思路和追求。所谓"国人所赖以相通相结者,语言也,言不类则心易疑,此涣散之本也",②正表明了改革者已把民族共同语视为民族认同的重要资源、民族整合的主要途径。所以,他们对中国语言现状最为之心忧的是"中国民间各操土音,致一省之人,彼此不能通语,办事多扞格",③也即同国如异域的方言歧异现象;以及因此而造成的"蒙、藏、准、回等二千万里之地,语言全别,感情何由而合"?④ 也即一国之内,"各省语言不一,隐然互视为异族"⑤的后果。因而,他们在语言文字改革活动中所孜孜追求的,是民族"相通相结"目标下的"统一天下之语言"。换一个角度说,是建设作为强化民族认同和凝聚之重要资源的"天下统一之语言",也就是工部郎中林辂存早就作为语言文字改革目标而提出来的一种超越方言的民族国家共同语:"黄灵所及之地,无论蒙古、西藏、青海、伊犁以及南洋数十岛,凡华民散居处所,不数年间书可同文,言可同音,而且妇孺皆能知书。"⑥因此,所谓的国语——民族共同语,也就是不论地域、阶级、种族都能流行通用的新语言。

可见,现代性、世俗化和民族主义视野下的语言统一,是当时有识之

---

① 《民族主义之教育》,载张枬、王忍之编:《辛亥革命前十年间时论选集》第1卷,上册,生活·读书·新知三联书店,1977年,第405页。

② 王用舟、何凤华:《上直隶总督袁世凯书》,载王照:《官话合声字母》,拼音文字史料丛书本,文字改革出版社影印,1956年。

③ 《直隶学务处复文》,载王照:《官话合声字母》,拼音文字史料丛书本,文字改革出版社影印,1956年。

④ 《资政院特任股员会报告书》,转引自倪海曙:《清末汉语拼音运动编年史》,上海人民出版社,1959年,第229页。

⑤ 王用舟、何凤华:《上直隶总督袁世凯书》,载王照:《官话合声字母》,拼音文字史料丛书本,文字改革出版社影印,1956年。

⑥ 《都察院代奏工部郎中林辂存请用切音字呈》,转引自力捷三:《闽腔快字》,拼音文字史料丛书本,文字改革出版社影印,1956年。

士所着力打造的民族新语言——国语的本质特性。但在民族主义盛行于思想界的 20 世纪初,最受人们(从清政府到在野士人)重视、并被确立为20 世纪初年中国语言文字改革主要方向的是语言统一,其内涵就是上述林辂存提出的"书可同文,言可同音,而且妇孺皆能知书"。其中最为关键的则是"言可同音"。因为在当时的中国,所谓语言统一,在很大程度上是语音的统一。而为了实现全国"言可同音",改革者提出了这样几项主张:

一是选择统一的语音标准。语言不统一及语音杂乱,根源在于没有一个全国统一的标准音。从事文字改革的马体乾提出了"国音"概念,主张"应择全国公有之音定为国音,各地特有之音定为方音"。① 这里所说的"国音"就是标准音。关于"国音"之标准,大多数语言文字改革者都主张以"京话"、"京音"、"京音官话"作为标准音,以"使天下语音一律"。② 因为他们都认为,北京是全国的政治中心,"凡京师所在,人皆趋之,千百年荟萃磨练,而成此一种京话"。同时,北京话有很好的推广基础,"原与京语大略相同者,已有直隶、奉天、吉林、黑龙江、山东、河南、甘肃、云南、贵州、四川、陕西十一省,及安徽、江苏之两半省矣",因此京语可以成为"全国人共有之语"。③ 这就使国语有了一种统一语音的活的、自然的语言作为基准。

二是主张采用切音字(或曰简字)来统一全国语音。庚子年以后,国语建设成为语言文字改革运动的中心,切音字的主要效用也发生了转移——庚子年以前,切音字主要是为了便于并加快民众识字之用;庚子年以后则发生了变化:"简字者,国语之留声机器也,无简字则国语之音无所寄,有简字而后国语之音有所凭。"即切音字(简字)主要是语言的标音字

---

① 马体乾:《谈文字》,转引自倪海曙:《清末汉语拼音运动编年史》,上海人民出版社,1959年,第 86 页。

② 吴汝纶《上张管学书》、《东游丛录》,长白老民《推广京话至为公议论》,王照《官话合声字母》,朱文熊《〈江苏新字母〉附论各省音之变迁及举例》,刘孟扬《〈中国音标字书〉自序》,均引自倪海曙:《清末汉语拼音运动编年史》,上海人民出版社,1959 年,第 152 页;卢戆章:《颁行切音字书十条办法》,载《北京切音教科书》,拼音文字史料丛书本,文字改革出版社影印,1956 年。

③ 庆福:《陈请资政院颁行官话简字说帖》,转引自倪海曙:《清末文字改革文集》,文字改革出版社,1958 年,第 125—126 页。

母。正因为如此,它可以发挥统一全国语音之用。很多改革者都强调了切音字的这一效用:"由切音字以统一语言,易如反掌。"①"以字母定口音,则南北一致。"②并且有众多的改革者为"公有之音"设计出标音字母。不少改革者还要求由政府制订并颁布统一的"拼音字"、"合声字母"、"音标",以取代当时各是其是、各行其是的数十种切音字方案,使全国"字母划一"。③

值得注意的是,其中刘孟扬所设计的字母不再沿用传统的"切音字"名称,而索性称之为"音标字",曰:"用此音标字注成京音,一则易于识字,一则各地读法亦可划一,并可为统一全国语言之导线。"④刘孟扬在这里所用的"注"字,与章太炎的主张是不谋而合:"余谓切音之用,只在笺识字端,令本音画然可晓,非废本字而以切音代之。"⑤即"切音字"(或曰"简字"、"合声字母"等)的主要作用已从"拼写白话"转变为"标注读音";其地位被确定为只能服从于、服务于汉字,而不是单独存在的文字,更不能取代汉字。这实际上是代表了语言文字领域出现的告别切音字与汉字相辅而行、并行使用的切音字阶段,张臂迎接注音字母新阶段的大趋势。

三是实现口头语言与书面语言的统一。早在甲午战争前,有识之士就提出了"言文一致"的主张,只是那个时期所强调的是书面语的改革。20世纪初年的语言文字改革运动既以语言为中心,对"言文一致"的关注重点也就从书面语言上升到整个语言层次。因此,改革者对传统语言现象的批评的重心也发生了变化:

① 卢戆章:《〈北京切音教科书〉颁行二益》,载《北京切音教科书》,拼音文字史料丛书本,文字改革出版社影印,1956年。
② 王用舟、何风华:《上直隶总督袁世凯书》,载王照:《官话合声字母》,拼音文字史料丛书本,文字改革出版社影印,1956年。
③ 《韩德铭等递资政院说帖》,出自《资政院特任股员会报告书》,转引自倪海曙:《清末汉语拼音运动编年史》,上海人民出版社,1959年,第218、229页;卢戆章:《颁行切音字书十条办法》,载《北京切音教科书》,拼音文字史料丛书本,文字改革出版社影印,1956年。
④ 刘孟扬:《〈中国音标字书〉凡例》,转引自倪海曙:《清末汉语拼音运动编年史》,上海人民出版社,1959年,第179页。
⑤ 章太炎:《驳中国用万国新语说》,《章太炎全集》第4册,上海人民出版社,1985年,第354页。

后世文人,欲借此(文言文)以饰智惊愚,于是以摩古以为高,文字不随语言而变,二者日趋日远,而因无文字为语言之符契也。百里或岁不相通,千里世不相通,其口音迁流愈速,离而不可复合,同国如异域矣。[①]

造成书面语与口头语日趋日离,进而导致各地口音迁流歧异,其原因是统治者要垄断文化,使文字不能很好地承担"语言之符契"的职能,并且使书面语言脱离了其本然的复制有声语言的作用和地位。因此,当时的语言文字改革者对此状况所提的主张是:"以字母定口音,则南北一致;以语言传文字,则上下相通。""以语言济文字之穷,又得音标为统一之助,其于中流以下之人民,需求最切;而于蒙藏准回等之教育,效用尤宏。"[②]即实行以语言为中心的改革,通过汉语拼音使文字发挥"语言之符契"的作用,进而使书面语回复到复制口头语言的作用和地位,实现"言文合一",以及全国语言统一。这个统一,是全方位的统一。所谓全方位,不仅是指国语是各个区域、各个种族、各个阶级和阶层统一使用和通行的共同语,也是指在使各地口头语归于统一的同时,也使书面语与口头语实现统一,从而勾画出了中国民族国家共同语的形貌。

当然,改革者们绝不只是作理论的勾画,国语建设的实际活动在清末已比较全面地展开。如前所述,改革者们提出了 20 个切音字方案,这些方案都明白而强烈地表现出强调文字的民族性、统一民族语言要求的趋势。而且国语拼音方案越来越成熟,自觉地朝着"统一国语"目标行进。为了推广国语,有志者在各地纷纷创办简字学堂、简字官话学堂、官话字母学堂、官话字母师范学堂等。还编写简字课本,组织"官话拼音教育会",创办《拼音官话报》,甚至在城镇街衢的墙壁上也书写官话字母,大力推广汉语拼音。在民间力量的强劲推动下,1909 年,清朝学部将推广"官

---

① 王照:《〈官话合声字母〉序》,载《官话合声字母》,拼音文字史料丛书本,文字改革出版社影印,1956 年。

② 王用舟、何凤华:《上直隶总督袁世凯书》,载王照:《官话合声字母》,拼音文字史料丛书本,文字改革出版社影印,1956 年。

话"写上了《分年筹备立宪事宜清单》。1910 年,资政院在议员、地方团体和个人的强烈要求下,决议推行国语,其办法是:简字改名音标,审择修订一种拼音字钦定颁行。规定音标用法为:范正汉文读音、拼合国语,定于宣统三年试办。1911 年 7 月,学部召开了"中央教育会议",并通过《统一国语办法案》,决议由学部成立"国语调查总会",进行语音、词法、词汇等调查,以审定"国音";审定音话之标准,音"以京音为主",话"须合乎名学",即合乎语法;将确定音标字,拼音法须合乎公例,音标字以简、美、便为要则;设立"国语传习所"推广国语;[①]等等。一个新型的民族共同语——国语的雏形已经产生。

通过对清末语言文字改革运动的考察,是否可以这么认为:近代以后的中国渐渐走出闭关独处而融入"万国",民族、国家渐成为一种界说而日益清晰地进入中国人的视野,并且成为事关自己能否继续生存的大问题时,民族主义在中国社会逐渐形成一股思潮;在民族主义思潮的主导下,中国人为了解决在"万国"竞争格局下实现民族生存和发展问题,越来越急迫地开展了自救性质的民族振兴运动。民族振兴主要是政治问题,是政治运动,对文化问题的思考更多的是如何发挥它的工具价值,但它在初期确实是把中国人对民族生存与发展问题的探索推向在文化领域兴起革新运动的外在动力;而当近代文化革新运动由不自觉而渐自觉、由表及里而指向本体,或者说当文化革新运动由从属于政治运动而逐渐发展为相对独立的文化本体的革新运动,尤其是进入民族新文化的建设、涉及民族文化内涵的兴革阶段时,文化思考更多的是建设民族生存和发展的精神家园问题,两种文化选择便摆在中国人面前:是追随西学进一步向"西"走、指向"欧化主义"、甚至是"世界主义",还是在"万国"竞争的世界、在民族危机的当下坚持文化创新中的民族性、提倡文化的民族精神并强化民族认同及凝聚力? 这是当时中国人在开展文化革新运动中必须认真思考和回答的问题。清末语言文字改革运动正集中体现了中国近代文化运动

---

① 以上均引自倪海曙:《清末汉语拼音运动编年史》,上海人民出版社,1959 年。

始终摆脱不了的民族生存与发展问题的巨石压迫这一历史特征，反映了中国近代文化运动从以民族主义为外在动力渐深化为以民族主义为内在灵魂的历史进程。

（原文载于《学术月刊》2007 年第 10、11 期。）

徐立望

徐立望，1975 年出生，浙江黄岩人，毕业于浙江大学历史学系，2002 年获得北京大学历史学博士学位。现为浙江大学历史学系副教授。主要研究方向为中国近代思想史，尤其侧重于清代今文经学研究、江南区域文化研究以及江南华人华侨研究。已发表论文《驳清代今文经学复兴源于上书房"讲义"——兼论今文经学在康雍乾三朝的地位》、《傅以礼与南明史研究》等；正式出版论著有《嘉道之际扬州常州区域文化研究》（浙江大学出版社，2007 年）等。

驳清代今文经学复兴源于上书房"讲义"说：
兼论今文经学在康雍乾三朝的地位

沉寂千余年的《公羊》学为什么能在嘉道之际的常州重新兴起，庄存与为什么能成为常州今文经的首倡者，是学术界一直关注的课题。早在民国时期，章太炎、刘师培诸先生就曾有分析，认定常州多文人，而文人喜文辞比兴，擅发挥比附，与今文经合拍。常州今文公羊的兴起，与此地区盛产文士有关。① 不过，章、刘两先生对于庄存与研究《公羊》学的原因阐述较为笼统，论断缺乏针对性。

引起学界重视的是刘桂生先生的观点。他认为庄存与的《公羊》学说是在入值上书房，教学皇十一子永瑆的笔记基础上形成的，具有"讲义"的性质。其直接论据即是永瑆所写的《送庄方耕师父提督河南学政序》中提到："先生诲余数年，至意周画，不可一二记忆。……教以《禹贡》……教以《春秋》……教以《周礼》、《仪礼》。"而庄存与所著《味经斋遗书》又大多包括以上所列经书，因此认为"同一作者在同一时期内讲述之内容与撰写之稿件，两者之间必然有相同相通或相近之处，此乃合于常情之事"。②

不过，美国学者艾尔曼先生却提出了完全不同的观点，他从魏源所写的《武进庄少宗伯遗书序》③得到启示，认为庄存与转向公羊经学，是因为

---

① 分见章太炎《检论》卷4《清儒》，载《章太炎全集》第3卷，上海人民出版社，1984年，第475页；刘师培：《清儒得失论》，载《刘师培全集》第3册，中共中央党校出版社，1997年影印本，第342页。

② 刘桂生：《从庄存与生平看清代公羊学之起因》，载《周一良先生八十生日纪念论文集》，中国社会科学出版社，1993年。

③ 魏源："在乾隆末，与大学士和珅同朝，郁郁不合，故于《诗》、《易》君子小人进退消长之际，往往发愤慷慨，流连太息，读其书可以悲其志云。"（《魏源集》，中华书局，1976年，第238页。）该文作为《味经斋遗书》序时，此句被删去，艾尔曼据此"认为即使在道光初年，魏源也不敢公开提到和珅事件，或者是庄家成员要求在序言里不要提这件敏感的事情"。艾氏以两个版本的不同，作为研究庄存与转向公羊学的重要线索。

与和珅斗争失败后回乡著书,假借经典外衣,表达对和珅不满。①

2003 年,陈祖武先生发表《关于常州庄氏学渊源之探讨——兼论〈春秋正辞〉之撰著年代》一文,强调"晚近学者论常州庄氏学之渊源,往往着眼于社会危机或权臣和珅之乱政……如果用以去观察庄述祖以降之常州今文经学,抑或恰当,而据以解释庄存与之《春秋》公羊学,则恐难以联系得上"。指出《春秋正辞》大概就始撰于入值上书房之后,时间大概在乾隆三十年至四十年间(1765—1775),五十一年著者致仕,遂成未完之书。其书就体例而言,颇类讲章。②

2007 年,王俊义先生以《庄存与复兴今文经学起因于"与和珅对立"说辨析——兼论对海外中国学研究成果的吸收与借鉴》为题,明确地反对艾尔曼先生的观点,支持刘桂生先生,认为"《味经斋遗书》所收庄存与各类经学著作,实际上就是在庄存与为成亲王讲授时所留讲义基础上,由庄存与之孙辈庄隽甲、刘逢禄、宋翔凤等再经整理而成"。③

2009 年,艾尔曼先生针对以上"讲义说"的质疑,再次重申了他的观点。他利用大量的士大夫撰写的私家资料,指出庄氏家族与和珅的矛盾冲突客观存在,庄存与转向公羊学的研究,关键所在就是与和珅对立的结果。④ 不过遗憾的是,艾尔曼先生并没有就刘桂生、陈祖武、王俊义诸先生一致认定的"庄存与的《春秋》公羊是授课上书房的讲章"一说正面回应。

我们认为,要想对目前公羊学起源讨论有所突破,必须要弄清楚"庄存与的《春秋》公羊是授课上书房的讲章"之说是否成立。而康雍乾三朝对胡安国《春秋传》的清算及对《公羊传》的抛弃,却让我们对此结论的成立产生绝大的怀疑。

---

① 书中反复提到庄存与转向公羊学的政治因素,参见艾尔曼:《经学、政治、和宗族——中国帝国晚期常州今文学派研究》,江苏人民出版社,1998 年,第 76、78、81、97、127 页。

② 陈祖武:《关于常州庄氏学渊源之探讨——兼论〈春秋正辞〉之撰著年代》,载《乾嘉学者的义理学》,台湾"中央研究院"文哲研究所,2003 年。

③ 王俊义:《庄存与复兴今文经学起因于"与和珅对立"说辨析——兼论对海外中国学研究成果的吸收与借鉴》,《清史研究》2007 年第 2 期。

④ 艾尔曼:《乾隆晚期和珅、庄存与关系的重新考察》,《复旦学报》2009 年第 3 期。

一

众所周知,《春秋》经的解释,在汉朝呈现《公羊》、《谷梁》、《左传》三家并立的态势,虽然期间主导权屡有消长,但是《春秋》三传影响深远,经过历史长期的沉淀,也都取得了经的地位。中唐以来,啖助、赵匡、陆淳等人开始舍《传》求《经》,以自己的心得来解释《春秋》。他们对三传又有亲疏,因为《左传》不重发挥,故对《左传》排斥尤力,啖助说:"《左氏传》……序事虽多,释意殊少……二《传》传经密于左氏,《谷梁》意深,《公羊》辞辨。"①他们舍《传》求《经》的学术精神,为宋人所继承,以至于成为三《传》以外诠释《春秋经》的另外一支重要的学术力量。北宋孙复上祖陆淳,下启胡安国,撰成《春秋尊王发微》,突出了尊王的主张,谓《春秋》有贬无褒,大抵以深刻为主,又有刘敞《春秋传》,其书皆节录三《传》事迹,断以己意。其褒贬义例,多取诸《公羊》、《谷梁》。

宋室南渡后,胡安国撰成《春秋传》,"事按《左传》,义采《公羊》、《谷梁》",②其经学紧扣时事、讥弹弊政,强调攘夷思想。从孙复到胡安国,解经的本旨就是议政,他们在学术精神上体现了《公羊》学重发挥的特质,这也是宋代解经的主要特征,确如今人牟润孙所言:

> 两宋解说春秋之书虽众,笃守汉唐矩镬,专言一传,而不影射时事者,几可谓无之。北宋治春秋者好论内政,南宋治春秋者好论外侮,其言多为当时而发。无论与孙复、胡安国二氏有出入否,固无不受二氏之影响者,亦可谓发明尊王攘夷之义为宋人春秋学之主流,余事皆其枝节耳。孙胡二氏之说明,宋儒所倡之春秋大义,可知而概略矣。③

以驱逐异族为旗号的明朝统治者与强调攘夷之义的胡安国《春秋传》

---

① 陆淳:《春秋集传纂例》卷1,丛书集成初编本。
② 胡安国:《〈春秋传〉序》,四部丛刊续编本。
③ 牟润孙:《注史斋丛稿》,中华书局,1987年,第141页。

自然合拍,其书也在明代成为解释《春秋经》的权威版本和科举考试最重要的标准教科书。

清王朝以少数民族入主中原,武力镇压汉人的反抗后,开始逐渐转向思想文化的统一,其中一项很重要的工程就是重新编写经文释义,谋取经文解释的控制力。对于《春秋》阐释的重新编定,当然是它的一个重要目标。我们看到,康熙一朝就有两部御制的《春秋经》问世。但是胡安国的学说毕竟影响深远,康熙和他的众臣还不能完全摆脱其影响,所以在早期编定的《日讲春秋解义》,仍以胡安国为宗,序道:

> 宋康侯胡氏潜心二十年,事本《左氏》,义取《公》《谷》,萃诸家之长勒成一家之书,虽持论过激,抉隐太严,未必当日圣心皆然,要其本三纲,奉九法,明王道,正人心于《春秋》大旨十常得其六七,较之汉唐以后诸家优矣!……爰命儒臣撰集进讲,大约以胡氏为宗而去其论之太甚者。①

随着士大夫对于满清王朝的臣服,到康熙六十年所编定的《春秋传说汇纂》,对胡安国学说的评价就由正面转为负面,康熙说:

> 六经皆孔圣删述,而孟子特言孔子作《春秋》,左氏、公羊、谷梁三家各述所闻……迨宋胡安国进《春秋》解义,明代立于学官用以贡举取士,于是四《传》并行,宗其说者率多穿凿附会,去经义逾远。②

到乾隆时期,推倒胡氏《春秋传》已成第一要旨。上述康熙的《日讲春秋解义》并没有最后刊行,而是经过雍正群臣整理,直到乾隆二年(1737)才公布于世。我们有理由相信,雍正、乾隆二朝,肯定对于康熙时期编定的《日讲春秋解义》进行过大规模的删改,而剔除以及贬低胡安国的《春秋》解释成为编撰主旨。乾隆所写的序称:

---

① 康熙:《〈钦定日讲春秋解义〉序》,文渊阁四库全书本。
② 康熙:《〈钦定春秋传说汇纂〉序》,文渊阁四库全书本。

廷臣当日所进《讲义》,一遵胡氏之旧者,于圣心自多未洽,是以迟之又久未尝宣布,必将俟诸经备成而后重加讨论也。故再降谕旨命果亲王允礼、大学士张廷玉、内阁学士方苞详细校订,始事于雍正七年,恭呈御览者再而后告成……朕反复循览,于胡氏穿凿之说旷若发蒙,笔削之旨阐明者亦过半焉。①

也就在乾隆二十三年,乾隆开始颁布钦定《御纂春秋直解》,他毫不讳言自己的主旨,并开始将《公羊传》与胡安国《春秋传》相联系,言道:

《公羊》、《谷梁》去圣逾远,乃有《发墨守》而《起废疾》,俨然操入室之戈者,下此龂龂聚讼,人自为师,……胡氏直与三《传》并行,其间傅会臆断往往不免,……《春秋》如断例,故啖助、赵匡、陆淳辈悉取经文书法,纂而为例,一一引征,切墨以求之,动如凿枘之不相入……盖曲说之离经,甚于曲学之泥经也,审矣。②

中唐啖助以来迄于孙复、胡安国等人对于《春秋》的解经方式,实际导源于《公羊传》。体现乾隆文化理念的四库馆臣所作《提要》的《春秋类》评述,开明宗义就点出此点:

中唐以前则《左氏》胜,啖助、赵匡以逮北宋则《公羊》、《谷梁》胜。孙复、刘敞之流,名为弃《传》从《经》,所弃者特《左氏》事迹,《公羊》、《谷梁》月日例耳。其推阐讥贬,少可多否,实阴本《公羊》、《谷梁》法,犹诛邓析用竹刑也。……虽旧说流传,不能尽废,要以切实有征、平易近理者为本。③

统治者要求的是《春秋》论著"平易近理者为本",《左传》当仁不让地成为他们揭橥的旗帜,而对《公羊传》极易派生出的"非常异义可怪之论"

---

① 乾隆:《〈钦定日讲春秋解义〉序》,文渊阁四库全书本。
② 乾隆:《〈御纂春秋直解〉序》,文渊阁四库全书本。
③ 《四库全书总目提要》卷26《春秋类》叙目,中华书局,1995年。

特性自然不喜。统治者大费周折清算孙复、胡安国等人的《春秋》论著,组织朝臣编撰多种官方著作,就是防止士人借《公羊》横生议论,脱离清皇朝的控制。《公羊》虽位列儒家经典十三经之一,乾隆不能禁毁,但是他却能利用君主的权势,引导学术风向。

《四库提要》——臧否历代《春秋》论著,其按语立场分明,如"《左氏》事实有本,而论断多疏。《公羊》、《谷梁》每多曲说,而《公羊》尤甚"。①

又如"考三《传》之中,事迹莫备于《左氏》,义理莫精于《谷梁》。惟《公羊》杂出众师,时多偏驳。何休《解诂》,牵合谶纬,穿凿尤多"。②

方苞《春秋通论》排斥《公羊》,《提要》赞誉之:"其扫《公》、《谷》穿凿之谈,涤孙、胡锲薄之见,息心静气,以《经》求《经》,多有协于情理之平,则实非俗儒所可及。"③刘绍攽《春秋笔削微旨》搏击《左传》,《提要》贬斥之:"采《公》、《谷》二传附会之说,与孙、胡诸家臆断之论汇为一书,……搏击《左传》尤力。其说谓《左氏》不过叙事,于《经》义毫无发明,不知有事迹而后有是非,有是非而后有褒贬。……以《传》为不足据,是何异迷途之人藉人为导,得途之后鞭其人而逐之乎?"④

《四库提要》对《春秋》类论著最后所下的按语,与开篇叙言相呼应,彰显着《公羊学》在乾隆朝的命运:

> 左氏亲见国史,古人之始末具存,故据事而言,即其识有不逮者,亦不至大有所出入。《公羊》、《谷梁》则前后经师,递相附益,推寻于字句之间,故凭心而断,各徇其意见之所偏也。然则徵实迹者其失小,骋虚论者其失大矣。后来诸家之是非,均持此断之可也。⑤

就乾隆本人而言,其诗文涉及《公羊》之处,都持否定评价,早在登基

---

① 《四库全书总目提要》卷 26《春秋集传辨疑》,中华书局,1995 年。
② 《四库全书总目提要》卷 27《春秋或问》,中华书局,1995 年。
③ 《四库全书总目提要》卷 29《春秋通论》,中华书局,1995 年。
④ 《四库全书总目提要》卷 31《春秋笔削微旨》,中华书局,1995 年。
⑤ 《四库全书总目提要》卷 29《春秋类》按语,中华书局,1995 年。

之前所写的文章中,就有一篇《宋襄公论》。史载,宋襄公与楚国在泓地作战,大臣劝他乘楚军渡河之际攻击,他说"君子不厄人",楚军渡河后还未完成编队,大臣又劝他进攻,他说"君子不鼓不成列",浪费了几次良机,结果被打得大败。而《公羊传》却对宋襄公极尽赞赏之能事,"君子大其不鼓不成列,临大事而不忘大礼,有君而无臣,以为虽文王之战,亦不过此也"。①

乾隆则对宋襄公的行为不以为然,"致楚泓之战犹狃于迂论,以为不鼓不成列,不禽二毛,身伤而死亦可悯矣!"他评论宋襄公"内不修德,外不修政",采纳的论据,就来自《左传》,"余尝考之左氏《传》,宋襄公之为世子也,让国于目夷,目夷不肯既即位,以目夷为仁使为左师,……宋之所以治与其所以霸及其所以败皆由目夷之用与不用也"。②

乾隆登基后,在对于许世子止的评论中,更是直接指责《公羊传》:"余读《公羊》,至许世子止之事,不禁废书而叹曰:嗟乎!迂儒,失圣人之旨,逞强辞之夺而后世方称其鼎足邱明,独能传说,不亦师心刺谬乎。"③

又如乾隆论述鲁隐公即位,"春秋以三《传》为近古,后世注疏家愈远愈奇而愈不得其正。即如不书隐公即位,左氏谓摄,盖引而未发,似矣。《公羊》以为桓贵则已失之"。④

二

《公羊传》善于发挥,容易摆脱统治者的思想控制,是胡安国等人尊王攘夷思想的源头,但这并非是乾隆不喜的唯一原因。让他警惕和排斥《公羊传》的另一重要原因,则是此传所提倡的公开立储原则。

《公羊传》开篇即提出君王的继承制度,在讨论鲁隐公不能即位的原因时,言道:

---

① 何休:《春秋公羊经传解诂》卷 12"僖公二十二年",四库丛刊初编本。
② 乾隆:《乐善堂全集》卷 3《宋襄公论》,文渊阁四库全书本。
③ 乾隆:《御制文初集》卷 22《读〈公羊〉》,文渊阁四库全书本。
④ 乾隆:《御制文二集》卷 33《书洪咨夔〈春秋说〉论隐公作伪事》,文渊阁四库全书本。

公何以不言即位？成公意也。何成乎公之意？公将平国而反之桓。曷为反之桓？桓幼而贵，隐长而卑，其为尊卑也微，国人莫知。隐长又贤，……隐长又贤，何以不宜立？立嫡以长不以贤，立子以贵不以长。桓何以贵？母贵也。母贵则子何以贵？子以母贵，母以子贵。[1]

由此，《公羊传》引申出"立嫡以长不以贤，立子以贵不以长"的继承原则。此项公开立储原则，以血缘为标准，虽然不能选贤与能，但在政治运转上不失为比较稳定的结构框架，使得朝野对于继承人比较清楚，保证专制社会政权的平稳过渡。此原则实际上也是对君权的抑制，束缚了君王在确定继承人的自主权，虽然历代君王中总有一些强势之人以个人爱憎对此原则践踏，但是明立储贰却是历代的共识，在中国的历史上被各个朝代沿袭。

此项原则却在清皇朝遭受挑战。康熙晚年为立储之事，引发多次政潮，雍正有鉴于传统立储弊端，开始建立秘密立储制度，将选拔继承人的权力完全掌握在自己的手上，同他设立军机处一般，以制度的形式将清皇朝君主专制的权力推到了历代巅峰。只是雍正草创未久，就离开人世，乾隆继承了这份政治遗产，也承担了说服世人的任务。

我们看到，乾隆登基初始，未能完全掌控朝政，对于其父改变中国几千年来的立储原则，还有一些疑虑，他对秘密立储闪烁其词：

此乃酌权剂经之道，非谓后世子孙皆当奉此以为法则也。将来皇子年齿渐长，日就月将，识见扩充，志气坚定，万无骄贵引诱之习，朕仍应布告天下，明正储贰之位。……诚恐天下读书泥古者，以朕不早建储为疑。[2]

随着基业的稳固，他已经明确地将秘密立储制度推行，乾隆十八年颁布上谕："古称建储为国本大计，朕酌古准今，深知于理势有所难行。……

---

[1] 何休：《春秋公羊经传解诂》卷1"隐公元年"，四库丛刊初编本。
[2] 乾隆元年七月甲午上谕，《皇朝文献通考》卷134《王礼考》，文渊阁四库全书本。

建储一事,亦如封建井田,固不可行之近世也。"①

但是他也清楚,一时的威权之下大臣噤声,并不能确保以后大臣没有异心,单凭"酌古准今,理势难行",更难堵天下士人悠悠之口。他要在学理和史实上让朝野臣服,就需要驳倒历史上公开立储的理论根源。

于是,对于此时的乾隆来说,《公羊传》已经不仅仅是他思想文化政策上的障碍,更是他政治控制的威胁,影响到国之根本。乾隆三十五年,他著《读〈公羊〉》一文,论道:

> 《公羊》于隐公之何以不言即位也,曰成公意也。既又申其义曰立嫡以长不以贤,立子以贵不以长,夫成公意是矣。而以长不以贤,以贵不以长之说,实甚谬。盖以贵不以长或者祛诸孽觊觎之心,犹托于各安其分之义,至于以长不以贤则均贵也,均贵则择贤弃不肖有何不可,而亦必为之防微杜渐。曰:以长不以贤乎?且启贤而贱,辛贵而不肖,立辛而商以亡,是非万世之炯鉴乎?余以为弃辛之贵而立启之贱,犹不至于屋商之社,夫商之宗祀不绝,与弃贵而立贱,其是非轻重必有能辨之者,知此则《公羊》之说之谬,不亦章章明甚哉。……必拘以长以贵之小节,而不为天下万民择贤君而立之,是直以祖宗社稷为轻,而以己妻媵娣为重,千金之家有所不可,而况天下万民之大乎?②

他以学术小短文,而非上谕的形式发表,似乎暗示着他非以君主身份凌驾众人之上,而是以理服人。他要维护秘密立储就要清算公羊学的立储原则,二者如此地针锋相对,毫无缓冲的余地。而此原则又是《公羊学》最基本的核心内容之一,彼此难以分离,如此更决定了公羊学在乾隆一朝的地位。

乾隆三十八年,他又写了一篇《论汉光武废郭后事》的文章:

> 余向读《公羊》立长立贵之言而斥其不韪,既已论之详矣,兹

---

① 乾隆十八年十一月壬子上谕,《皇朝文献通考》卷134《王礼考》,文渊阁四库全书本。
② 乾隆:《御制文二集》卷34《读〈公羊〉》,文渊阁四库全书本。

因光武废郭后事更进其说而申之。夫光武以阳为贤而彊不及，废彊立阳，是不泥于以长以贵而与贤，可谓知轻重，利社稷，非卓识英断之君必有所不能。①

这段评述，乾隆把光武帝废除原太子刘彊而立刘阳，引为同调，赞其不拘泥《公羊》以长以贵原则，"卓识英断之君"。但事实上，光武帝废除原太子遵循的原则就是《公羊》之论。在废诏之书中提到，"《春秋》之义，立子为贵"。②汉书旧注中更明确地提到此诏书就采纳《公羊》立嫡原则，乾隆当能看到此条，不过他此时已经有意识地忽略而已。

他还以历代史实论证《公羊》的立储原则的荒谬，乾隆四十三年上谕：

唐太宗立太子承乾，亦为魏王泰谗构，竟以谋逆废黜。即明洪熙为太子时，汉王高煦百计相倾，东宫诸臣接踵下狱，幸而洪熙谨慎得以保全，然以忧谗畏讥成疾，在位弗克永年。史册所载大都可考，得不引以为鉴乎。至于立嫡立长之说尤非确论……骨肉伤残忠良惨戮，此立嫡立长之贻害不大彰明较著乎。③

乾隆在发表文章驳斥《公羊传》的同时，也正在发动统一思想文化领域的工程——《四库全书》的编撰。在后者完成不久，乾隆四十八年十月发布上谕："著皇子等同军机大臣及尚书房总师傅等将历代册立太子事迹有关鉴戒者，采辑成书，陆续进呈，即著皇孙等之师傅为誊录，书成名为《古今储贰金鉴》。"④此书纂辑自周迄于前明，共收入33事，又附见5事，乾隆在三十五年所写的《读公羊》赫然放在开卷第一篇，《论汉光武废郭后事》并放在御制文第二篇。

批判《公羊传》，破除世人根深蒂固思想，非能一蹴而就，确保乾隆秘密立储原则顺利实施的当务之急，则是从雍正开始实施的皇家子孙的上书房教育。乾隆极为重视上书房教育，根本目的是为满洲皇朝江山永固，

---

① 乾隆：《御制文二集》卷3《论汉光武废郭后事》，文渊阁四库全书本。
② 《后汉书》卷1《光武帝纪》，中华书局，1965年。
③ 《清实录》第22册，中华书局，1986年，第275页。
④ 《清实录》第23册，中华书局，1986年，第923页。

但把其子孙集中起来教育,与公开立储制度的废弃有直接的联系。

他在乾隆十八年谈道:"建储一事,亦如封建井田,固不可行之近世也。是以皇考,鉴于前事,默定宸衷,不事建储分府,惟择老成宿望大臣……劝读内廷。"①经过几十年的运转,晚年他对上书房的教育成效颇为满意,说:

> 若我国家之制,诸皇子六岁以上即就尚书房读书,即皇孙、皇曾孙亦然,既选京堂翰林以分课其读,复派大学士尚书数人以总视其成,更简满洲蒙古大臣侍卫等以肄之国语骑射,长幼相聚,昕夕程功,初无歧视之心,讵有嫌疑之迹,实大异乎胜国之所为也。②

也正因为建储一事与上书房教育皇子密切相联系,乾隆对于上书房极为关注,并不时地敲打皇子和师傅。在乾隆三十一年,也就是庄存与成为十一阿哥永瑆师傅的两年前,永瑆当时给永琰扇子题画,落款"兄镜泉",被乾隆看到后,趁机发挥:

> 此盖师傅辈书生习气,以别号为美称,妄与取字而不知其鄙俗可憎,且于蒙养之道甚有关系。皇子读书惟当讲求大义,期有裨于立身行己,至于寻章摘句已为末务。矧以虚名相尚耶!③

甚至于他看到上书房师傅所作的九言诗辞章华丽,也训为"不免有骋博见才之意",而强调"尚书房翰林入教皇子皇孙等读书,惟须立品端纯,藉资辅导,原不同应举求名者,仅在文艺词章之末"。④

在乾隆如此看重的要害之地,在如此舆论氛围之下,选入上书房的臣子,自然小心为妙,任何不在乾隆圈定之下的经学解释,势必被视作是对皇权的挑战。

---

① 乾隆十八年十一月上谕,《皇朝文献通考》卷134《王礼考》,文渊阁四库全书本。
② 《清实录》第22册,中华书局,1986年,第278页。
③ 乾隆三十一年上谕,刘锦藻纂《清续文献通考》卷94《学校考一》,浙江古籍出版社,2000年。
④ 《清实录》第26册,中华书局,1986年,第316页。

庄存与以"经学"著称于世,早在乾隆十三年散馆考试中,虽然考列汉书二等之末,不准授为编修,但是他的经学之名也为乾隆所知晓,上谕:"诗赋虽属平常,闻其平时尚留心经学,著再教习三年。"①经过乾隆的一番"磨砺",庄存与在乾隆十六年散馆后授为编修,四年后就是内阁学士兼礼部侍郎,升迁之快,殊为罕见,可谓"圣眷甚隆"。他在乾隆三十三年入值上书房,得知有人奏议朝廷剔除伪书,重新编订《尚书》时,"闻之忽然起,逌然思,郁然叹,忾然而寤谋",竭力回护伪《尚书》的地位,后学龚自珍在描述他的此段经历,反复强调,庄氏为了维护世道人心,圣人之言,故"自韬污受不学之名","自晦其学","颇为承学者诟病",②亦可见庄存与对于先人之书的谨慎态度,然而此举又未尝不是揣摩乾隆意图的结果。乾隆视流传于世的《尚书》为帝王之法,以为"自二《典》三《谟》以至商周之《诰》,皆古先哲王明臣良辅相与咨儆一堂,以为久安之图,后之言治者,舍是无他求焉",③所以也就不分真伪,诗文中引用伪《尚书》之语比比皆是,以伪《大禹谟》的"虞廷十六字"为例,诗文中就有如"舜之告禹曰:人心惟危,道心惟微,夫人心者至难防遏,而易蛊人之聪明,溺人之志气,故大舜首以告禹"。④如"学贵于博乎?尧舜心传十六字,有终身不能行其一语者焉。学贵于约乎?往圣先贤作述相接有言之而不厌其详者焉"。⑤ 如"盖人心惟危,道心惟微,明德者明道心而遏人心也",⑥如"尧舜传心学,危微十六字,禹汤继其传,执中与礼义"。⑦ 庄存与是学者,也是朝臣,他甘冒学者耻笑,不惜学术清誉,以维护意识形态统一为己任,此类举动当能简在帝心。有如此良好表现的儒臣,即便在学术上有偏好,也绝不会在上书房把自己的学术见解公开传授。

① 《清实录》第 13 册,中华书局,1986 年,第 167 页。
② 龚自珍:《定庵文集》卷上《资政大夫礼部侍郎武进庄公神道碑铭》,四部丛刊初编本。
③ 乾隆:《乐善堂全集》卷 9《读〈无逸〉》,文渊阁四库全书本。
④ 乾隆:《乐善堂全集》卷 6《程明道告神宗当防未萌之欲论》,文渊阁四库全书本。
⑤ 乾隆:《乐善堂全集》卷 7《〈大学衍义补〉序》,文渊阁四库全书本。
⑥ 乾隆:《乐善堂全集》卷 8《跋朱子大学章句》,文渊阁四库全书本。
⑦ 乾隆:《乐善堂全集》卷 19《古体诗古风十三首》,文渊阁四库全书本。

三

王俊义先生说:庄存与著作"之所以'密不示人',一方面是与当时学坛上普遍讲论古文经的汉学'柄凿不入';另一方面则是他自感不够成熟,因而低调处理不以经学自鸣,著述也未刊刻"。但是揆之史实,他不是与古文经"柄凿不入",也难说是低调处理著述。立朝四十多年,庄存与一直作为乾隆文化国策的参与者,对于朝廷政治风向耳熟能详,种种禁忌岂敢触及。他任教上书房时,乾隆正在猛烈批判公羊学的立储原则,身处漩涡中心的上书房,他岂敢编写公羊讲章公开宣讲?乾隆三十八年诏开四库馆,他又厕身其中,代表乾隆意见的《四库提要》如此旗帜鲜明地将《公羊》作为靶子攻击,他岂能视而不见?且不论上书房里讲《公羊》,会招致乾隆雷霆之怒,就是注经著作的刊刻,在乾隆一朝又岂是容易之事。他的前辈谢济世、孙嘉淦注经的遭遇,也势必让他深知官员注经往往会成为政治斗争的牺牲品。

雍正四年御史谢济世因为弹劾田文镜受惩,往阿尔泰军前效力赎罪。三年后,顺承郡王锡保以谢济世注释《大学》,毁谤程朱参奏。九卿等议奏,认为谢济世批注《大学》,肆行讥讪,怨望毁谤,怙恶不悛,拟斩立决。雍正将谢济世免死,交与顺承郡王锡保,令当苦差效力赎罪。

乾隆登基后,诏开言路,一些雍正时期废员纷纷启用,以显示改弦更张之决心。雍正十三年九月,谢济世以原任御史身份来京引见。谢济世错误地估计形势,以为翻案的机会来到,将《大学》注修改,同新撰的《中庸》注释进呈,略言:"《大学》注中,九卿、科道所议讽刺三语,臣已改删,惟分章释义,遵古本不遵程朱,习举业者有成规,讲道学者无厉禁。千虑一得,乞舍其瑕而取其瑜。"①

此时的乾隆还有顾忌,并未严厉处罚谢济世,只是将其著作掷还,让他自己处理,以塑造自己宽宏大度的圣君形象。而谢济世也是倔强之人,并未细细揣摩乾隆意思,反而还将自己的著作传播。乾隆六年,已经积累

---

① 赵尔巽等编:《清史稿》卷293《谢济世传》,中华书局,1976年。

丰富执政经验的乾隆终于难以忍受谢济世的举动,在无人参奏的情况之下,九月就直接发布指令:

> 朕闻谢济世将伊所注经书,刊刻传播,多系自逞臆见,肆诋程朱,甚属狂妄。从来读书学道之人,贵乎躬行实践,不在语言文字之间辨别异同。况古人著述既多,岂无一二可指摘之处。以后人而议论前人,无论所见未必即当,即云当矣,试问于己之身心有何益哉。①

当时谢济世在湖南担任粮道,乾隆令湖广总督孙嘉淦将其书查禁。三个月后,孙嘉淦回奏,已将原版查毁,并通饬收毁已印之本。而遵循乾隆旨意将谢济世所注经书毁版的孙嘉淦,在他身上也发生着著作毁版的命运,只不过,这是他主动的行为而已。孙嘉淦在康熙五十二年中进士,选为庶吉士,五十四年为检讨,而谢济世先于两年供职翰林院,两人在翰林院多年,声气相同,并与李元直、陈法交以古义相勖,时称四君子。② 目前所见史料并不清楚两人是否约定一起注释经文,但是从历史进程看,谢济世和孙嘉淦应是分别选中《大学》和《春秋》,并且共同遵循宋人解经门径,不为诸传所束缚,直以己意解经。孙嘉淦的儿子描述其父的经历:

> 翰林时读《春秋》,每患四《传》互异,曰圣人作经岂必待《传》而后明者,因尽去传注录经文,反复沉思者数年,恍然曰:比事属辞,春秋教也,但将经文属比思维,则情事之端委,礼制之沿革与夫天经地义圣人所笔削垂教者,燎然明白,又何有时日名号之纷纭也? 因辟除名例,标经旨著《春秋义》一书。③

谢、孙两人很快都有注释问世,也毫无疑问都遭到雍正的训斥,但是两人不同的处理态度,决定着他们以后不同的命运。孙嘉淦"已刊行,及

---

① 《清实录》第10册,中华书局,1986年,第1165页。
② 赵尔巽等编:《清史稿》卷306《李元直传》,中华书局,1976年。
③ 孙嘉淦:《孙文定公奏疏》卷12,《四库未收书辑刊》第1辑第22册,北京出版社影印,1998年。

蒙世宗宪皇帝训饬后,幡然悔曰:吾学于圣人无真得,而妄测圣经是诬往而欺来也,随将刊板并所著《诗删》、《南华通》等书尽削毁,嗣后不复著书"。①

不管是迫于高压,还是幡然省悟,孙嘉淦终将自己的著作一毁了之。远比谢济世识时务的孙嘉淦自然受到雍正赏识,仕途虽也颇有起伏,但在雍正时历任祭酒、顺天府尹、侍郎等职,在乾隆朝官至直隶总督,乾隆十二年以老乞休,十四年召来京值上书房,最后以协办大学士卒。

因孙嘉淦已经改正"错误",所以对他的《春秋义》,四库馆臣评价颇为温和:"大抵以《公羊》常事不书之说为根本,于《春秋》本旨未能尽惬。后自觉其失,旋毁其版。"②只点出此书与《公羊》的内在关联。孙嘉淦将书毁版,事情本已了结,不料他的弟子杨芳达却不忍老师学说消失,便写了《春秋义补注》,意图将其师《春秋》之说发扬光大,倒也让后人更加清楚孙嘉淦的撰述本意。"方达尝受知于嘉淦,因为删补其文,以成是编。大旨于三《传》多取《公》、《谷》经文。如'裂繻'作'履綸','矢鱼'作'观鱼'、'叔孙婼'作'叔孙舍'、'定姒'作'定弋'之类,亦多从《公》、《谷》。其《左传》事迹,往往在所摈斥。"杨方达的"多此一举",清廷颇为不喜,四库馆臣对他就毫不客气:"朱子称孙复说《春秋》如商君之法,若是书者又岂止于商君乎?其最甚者,拘泥常事不书之说,于十二公之薨,即终于路寝合礼之正者,亦必求其所以贬。"③其书自然也就被摈弃在四库全书之外了。

饶有意味的是,孙嘉淦在临终的前几年,重新出山担任上书房教职,期间又开始解说经书,不过此时的他,态度很端正,"乘间进说,上命日进讲义一章,皆面加裁定。十八年《诗义折中》告成,复命从事《易》传象爻"。④

态度端正的体现,就在于他所写讲章都由乾隆圣裁。对于此点,乾隆

---

① 孙嘉淦:《孙文定公奏疏》卷 12,《四库未收书辑刊》第 1 辑第 22 册,北京出版社影印,1998 年。

② 《四库全书总目提要》卷 31《春秋义》,中华书局,1995 年。

③ 《四库全书总目提要》卷 31《春秋义补注》,中华书局,1995 年。

④ 孙嘉淦:《孙文定公奏疏》卷 12,《四库未收书辑刊》第 1 辑第 22 册,北京出版社影印,1998 年。

十六年七月上谕也有反映。"尚书孙嘉淦以所著《诗经》补注,间日进览,于兴观群怨之旨,颇有发明。朕亦时折其中,从此荟萃成编,足备葩经一解。"①乾隆二十年后,其书编撰而成,定名为《御纂诗义折中》。在序言中,乾隆再次谈到自己与孙嘉淦两人的君臣"配合":"辛未秋间与尚书孙嘉淦论及诸经,其所见平实近理,因先从事毛诗,授以大指,命之疏次其义。"②

大臣孙嘉淦注《春秋经》,选旨多以《公羊》为主,为君主不满,聪明地选择毁版以求解脱,乾隆十四年担任上书房师傅后,所作讲章,更是一以圣裁,唯恐招致大祸。十五年又署理翰林院掌院,而期间庄存与正在翰林院读书,对于如此重臣的经历想必耳熟能详。

乾隆二十三年,担任顺天学政的庄存与上奏:"请取士经旨,悉遵用先儒传注,应如所请,私心自用及泥俗讲者,概不录。"③朝廷从之。此番做法,明显是谢济世事件的余波的回应,可看成是庄存与迎合乾隆的意志的具体表现。

清代君主的国策,昭示着《公羊》学说在康、雍、乾三朝的命运,只能是潜流。作为乾隆的臣子,庄存与面对强大的君权自然俯首。但是作为学者,他又有自己的学术取向,《春秋》三传中他偏好《公羊》,不仅是熟读之,更是深有心得。不过他较好地把握了朝臣与学者两种身份的界限,小心翼翼地取得平衡。喜好《公羊》春秋学的庄存与在世时未敢将著作问世。如果没有其他刺激性的因素,庄存与讲习公羊学说,仅仅只是个人的学术行为,其著作或失传,或由后代刊行,但不会在后世造成如此大的影响力。

那么,晚清今文经学复兴的关键性因素是什么呢?艾尔曼先生提出的"庄氏与和珅"对立的观点,无疑是一条极为重要的线索。限于篇幅关系,本文不能就此展开,将会专文对此探讨。

(原文载于《复旦学报》(社会科学版)2010 年第 5 期。)

---

① 《清实录》第 14 册,中华书局,1986 年,第 169 页。
② 乾隆:《〈御纂诗义折中〉序》,文渊阁四库全书本。
③ 《清实录》第 16 册,中华书局,1986 年,第 72 页。

通儒抑或迂儒：思想史之焦循研究

　　焦循作为经学大师，易学研究和《孟子正义》最为后世称道。[①] 然他的成就并不局限此，在义理阐释上的认识，同代学者就罕与其比，后人视之为戴震的继承者。[②] 学界对于焦循的思想地位评价颇高，如梁启超尝论焦氏"里堂于身心之学，固有本原，所以能谈言微中也"。[③] 钱穆评价道："里堂论学极多精卓之见，彼盖富有思想、文学之天才，而溺于时代考据潮流，遂未能尽展其长者。然即其思想上之成就言之，亦至深湛，可与东原、实斋鼎足矣。"[④]

　　然而，通过焦循与前辈人物的论争，以及他有意识地通过经书补疏来阐释的社会、政治等理念，我们发现焦循谈义理虽私淑戴震，却未获戴氏义理之精蕴，反而以经学的成就，依靠义理来强化和突出纲常名教阴暗面。他在思想史的意义很值得商榷。

　　焦循学风与戴震相符，故对戴震重视义理的行为极为看重。他所作

---

　　① 关于这方面的研究，学界叙述颇为详尽，成果累累，如赖贵三、陈居渊等对于焦循易学的讨论（赖贵三：《焦循雕菰楼易学研究》，台湾里仁书局，1994年；陈居渊《焦循儒学思想与易学研究》，齐鲁书社，2000年）。通论类的专著可参见何泽恒的《焦循研究》（台湾大安出版社，1990年），书中收录六篇论文，讨论焦循的易学、论语学、孟子学、经学、史学等诸方面成就。近期又有两本传记出版，分别为刘瑾辉的《焦循评传》（广陵书社，2005年）和陈居渊《焦循阮元评传》（南京大学出版社，2006年）。并有刘建臻《焦循著述新证》（社会科学文献出版社，2005年）一书，介绍和分析了焦循的25种著述。关于台湾学者对于焦循的研究成果，可参见杨晋龙《台湾学者研究〈清乾隆嘉庆扬州学派〉述略》，《汉学研究通讯》第19卷第4期（2000年11月）专辑。
　　② 从民国学者章太炎、梁启超、钱穆等到当今学者，基本都持此说。民国时期研究者王永祥以"戴东原的继承者焦里堂"标题，揭示了自己的观点。（《东北丛刊》1930年第12期。）当代学者李明辉指出焦循基本上继承戴震的思想方向，而回归汉儒"以气论性"的传统，并以此来诠释孟子的心性论。（《焦循对孟子心性论的诠释及其方法论问题》，《台大历史学报》1999年第24期。）
　　③ 梁启超：《中国近三百年学术史》，东方出版社，1996年，第244页。
　　④ 钱穆：《中国近三百年学术史》，商务印书馆，1997年，第501—502页。

的《读书三十二赞》，就以《孟子字义疏证》作为戴震的代表著作，赞颂道："性道之谈，如风如影。先生明之，如昏得朗。先生疏之，如示诸掌。人性相近，其善不爽。惟物则殊，知识茫茫。仁义中和，此来彼往。各持一理，道乃不广。以理杀人，与圣学两。"①

焦循重贯通，强调思辨。对于经学和义理的提倡，使他能够持平汉宋之争，即不仅限于学者对汉儒之说的诠释，也不看重宋学之义理。清代学者以汉代为宗的一个不言而明的原因，就在于他们认为汉代距离孔子的年代远较宋代为近，对于孔孟的言论注疏自然较为准确。但是焦循看来，"学者，学孔子者也，学汉人之学者，以汉人能述孔子也，乃舍孔子而述汉儒，汉儒之学，果即孔子否邪？"他把自己处于和汉人同等的地位，提出在孔子面前人人平等。以孔子为例，焦氏阐述自己的主张，说："孔子之述尧舜，见于《易》者一，见于《论语》者六，惟执中述尧之言，余探其微，且能道其病。盖深契乎尧舜之道之所以是，虽胥臣、管仲、穆姜之言，而实足以明尧舜之道则取之，不必持尧舜之言，以为述尧舜者也。"焦氏认为，孔子本人在叙述尧舜之道时，也不是拘泥于尧舜的原话。只要是符合圣人之道的宗旨，言辞与时代的远近并无关系，"孔子而生近世，必不屏绝唐宋元明，而专取汉人也明矣"，正如孔子能获尧舜等圣人之心，后世学者只要能获孔子之心，也是无所谓汉宋之争了。由此他批判学者佞汉之心，说："学者述孔子而持汉人之言，唯汉是求，而不求其是，于是拘于传注，往往扞格于经文。是所述者，汉儒也，非孔子也。而究之汉人之言，亦晦而不能明，则亦第持其言，而未通其义也，则亦未足为述也。且夫唐、宋以后之人亦述孔子者也，持汉学者或屏之不使犯诸目，则唐宋人之述孔子，讵无一足征者乎？学者或知其言之足征，而取之则又必深讳其姓名，以其为唐宋以

---

① 焦循：《读书三十二赞》，《雕菰集》卷6，丛书集成初编本。钱大昕撰《戴先生震传》(《潜研堂文集》卷39，四部丛刊初编集部)赞誉戴氏"考证通悟"之功，列举撰述谓："有《毛郑诗考证》四卷、《考工记图》二卷、《孟子字说》三卷、《方言疏证》十三卷、《原善》三卷、《原象》一卷、《勾股割圆记》三卷、《策算》一卷、《声韵考》四卷、《屈原赋注》九卷、《文集》十卷，则曲阜孔户部继涵为刊行之。"焦循对之颇有看法。云："如戴震之学，钱氏详矣，然其生平所得，尤在《孟子字义》一书，所以发明理道情性之训，分析圣贤老释之界，至精极妙，钱氏略举之，尚未详著之也。"(《国史儒林文苑传议》，载《雕菰集》卷12，丛书集成初编本。)

后之人，一若称其名，遂有碍乎其为汉学者也。"①

焦循对于汉学的批判，认为是"第持其言，而未通其义"，倒不是否定汉学的训诂辑佚之功，他也依旧批判宋学，说："宋之义理诚详于汉，然故训明乃能识羲、文、周、孔之义理。宋之义理仍当以孔之义理衡之，未容以宋之义理即定为孔学之义理也。"②宋学虽长于义理之学，但是训诂不清，又何从窥探圣人之道呢？焦循更进一步指出，即使训诂明了，亦非即能了解圣人之道，因为"圣人之道，日新而不已"，这需要学者的孜孜以求，"述其人之言，必得其人之心，述其人之心，必得其人之道"。很显然，只有自身较高思考能力才能领悟圣人之道，经学并非笨人的领域，也需要聪明才干，博学群书。故焦循强调："盖古学未兴，道在存其学；古学大兴，道在求其通。前之弊患乎不学，后之弊患乎不思。证之以实，而运之于虚，庶几乎学经之道也。"③

焦循讲究旁通，时行，故曰："天下事物以相错而治。错而得乎道，惟在旁通。旁通情也。在舜为善与人同，在孔子为忠恕一贯，在《大学》为絜矩。后人自视为君子，不能旁通情，故与人相错，遂互相倾轧……曰时行即变通以趋时……圣人教人存有余，而不可终尽，故如是乃宜，如是乃不穷。……故盈宜变通，消亦宜变通，所谓时行也。其教人之义，文王、周公已施诸政治，孔子已质言之于《论语》。"④

甚而提出人与物的区别就在于变通，言道："以己之心通乎人之心，则仁也。知其不宜，变而之乎宜，则义也。仁义由于能变通。人能变通，故性善；物不能变通，故性不善。"⑤

焦循论学种种，在当时就博得盛名，阮元叹之为精深博大，冠之为"通儒"。⑥钱穆论焦循思想地位，视之并肩戴震，汪荣祖甚而提出把焦循思想与清末思潮加以联系，希望推论他的思想与清末变通思想与多元思想

---

① 焦循：《述难四》，载《雕菰集》卷7，丛书集成初编本。
② 焦循：《寄朱休承学士书》，载《雕菰集》卷13，丛书集成初编本。
③ 焦循：《与刘端临教谕书》，载《雕菰集》卷13，丛书集成初编本。
④ 焦循：《寄王伯申书》，载《焦里堂先生轶文》，鄦斋丛书本。
⑤ 焦循：《孟子正义》卷22，载《性犹杞柳章》，中华书局，1998年，第734页。
⑥ 阮元：《通儒扬州焦君传》，载《研经室二集》卷4，四部丛刊初编本。

是否存在联系,说:"焦循的思想,确有可述,尤其时变旁通之义与异端执一之说,非同凡响。钱穆虽言里堂旁通异端之说颇详,惜未能就两者之意义多所发挥,如时变旁通,是否已发清季变通思想之先声?异端执一,是否已具多元思想的色彩?皆大可推论,实无须局限于汉宋调和一端也。"[①]焦循诸种言论,确实能体现出超迈时人的学力,无怪乎能获得后代研究者几乎一致的溢美,但问题的关键是,焦循阐述的义理之变,通贯之说,究竟是为什么服务的呢?在现实生活中的政治、社会、思想诸问题,焦循如何运用他的思辨的呢?我们试从以下三个方面论述:

(一)室女问题的讨论

古代社会的婚姻过程比较严格地遵循了《仪礼·士昏礼》所规定的程序,男女成婚经过纳采、问名、纳吉、纳征、请期、亲迎六个仪节,此中纳采和亲迎最为关键。"纳采"就是长辈给男女确定婚约,"亲迎"为男方亲自去女方家中迎亲。所谓室女即女子在由长辈做主许配男方,确定婚约后但未过门,该男子却已死亡之称谓也。那么室女有无必要给男方守贞,不再嫁人呢?明清时期由于订婚时间普遍较早,未婚而男方病死的人数极为庞大,室女已经成为比较尖锐的社会问题。[②] 女子在确定婚约后是否就意味着已经成为夫家一员,还是一定要完成男方亲迎礼后,才能算是嫁入男家,成为问题的焦点。关于这个问题的讨论,对清代学者影响较大的是明末归有光的观点。归有光依照仪礼的程序否定了室女守贞的可能性,认为"女未嫁人而或为其夫死,又有终身不改适者,非礼也"。[③] 只有完成仪礼所记的六个礼节,尤其是最后的亲迎礼后,才能算是完成嫁入夫家,"六礼既备,婿亲御授绥,母送之门,共牢合卺而后为夫妇,苟一礼不

---

① 汪荣祖:《钱穆论清学史述评》,《台大历史学报》2000年第26期。
② 对于明清妇女的守贞问题,衣若兰研究较为深入。她称:明清政府与士人尝试建构理想的性别角色与关系,他们崇尚女性实践贞烈,造成诸多文史、志书或女教书中的女性传记,以贞烈为主要内容。《明史》中凸显崇祯年间的女子烈行,这样的表述方式,呈现了史家对妇德的看法,也构成史家对其社群之道德认同。(衣若兰:《女性入史:正史列女传之编纂》,台北中国明代研究学会第四届第二次会员大会论文,2004年。)清代以来,政治上的专制加强,不断地强调女子贞烈,从一而终,由人伦而指向政治,强调了在下者对于上者的绝对服从,焦循无疑是迎合了统治者的思路。
③ 归有光:《贞女论》,载《震川先生集》卷3,四部丛刊初编本。

备，婿不亲迎无父母之命，女不自往也，犹为奔而已"。相对于女性的守活寡，重新嫁人自然要更为人性，能让女性过上正常的家庭生活，并且重新嫁人既是合情合理之事，又符合礼制。归有光之后，后代士人虽在文集中大量存在表彰室女守贞的文章，然毕竟还是确定了室女守贞虽不失去礼之本意，但是却失礼的观点。如吴梅村称室女守贞，"事有不见于《礼》经，先王不以训世，而君子称之，以其过于制而合于道也"。①又如朱彝尊说："未昏而夫死，既葬而除服，服除而嫁人，事之常也，其或终身不嫁，盖礼之过焉者也，此经传之所未详也。"②

在看待室女守贞的问题上，汪中继承了归有光的论断而又有所发展。他指责士人所提出的室女守贞或婿死从死的虽为过礼，但却是符合礼教之道的看法，干脆搬出圣贤之礼不可随意更改的原则性而加以驳斥，著《女子许嫁而婿死从死及守志议》一文，云："周公监于二代而制为是礼，孔子述之意，周公、孔子不可非乎，则其礼不可过也。"指出婚姻制之礼成在于亲迎，而后世不知，却以受聘为重，而未婚之女"许嫁而婿死，适婿之家，事其父母，为之立后，而不嫁者，非礼也。……今也生不同室，而死则同穴，存为贞女，没称先姒，其非礼孰甚焉"。对于那些婿死而为之殉者，更感痛心，"先王恶人之以死伤生也，故为之丧礼以节之，其有不胜丧而死者礼之不许也，其有以死为殉者，尤礼之所不许也"。更何况这些殉身女子"未尝以身事之，而以身殉之，则不仁矣"。③ 汪中以儒家经典言语纠正了室女守贞极不人道的行为。

焦循晚生汪中 19 年，号称通儒，却坚持室女守贞观点。他清楚汪中对这个问题的看法，或许是考虑乡人之谊，他把论战的矛头指向归有光。与大多数士人所认为的室女守贞行为虽不失礼之本意，但是却过礼不同的是，焦循发挥他擅长儒家义理的特长，并不在此种行为悖礼不悖礼，与礼制多大程度上违背等这种讨论上打转，而是釜底抽薪，干脆不认同室女

---

① 吴伟业：《李贞女传序》，载《梅村家藏稿》卷 32，四部丛刊初编本。
② 朱彝尊：《原贞》，载《曝书亭集》卷 58，四部丛刊初编本。
③ 汪中：《女子许嫁而婿死从死及守志议》，载《述学》卷 1，四部丛刊初编本。

守贞悖礼的见解。他阐发《礼记》中的"礼,时为大"言论,认为古今情势不同,古代夫妇确定标准是以亲迎为准,然当今国家的法律规定已经订下婚约或者接受聘礼之人,如果反悔则受笞刑五十,这就说明现在只要订下婚约,就已经确定了夫妇关系,就应该从一而终,而断无改嫁之礼。他用孔子的"生乎今之世,反古之道,菑必逮其身也"的话语作为《贞女辨下》一文的结语,回敬了归有光、汪中等儒家中较为开明之人。在他的文章中,古无贞女,今有贞女,倒是时代发展的必然趋势,也是礼制适应时代的结果,当然是值得回护的。他又在一篇谈论归有光的文章中,说道:"熙甫泥女子从父之说,而禁室女之守贞,余深恶是说之似是而非",并发挥他的人之情可以旁通之义理,责问:"万一熙甫之聘妻舍熙甫而更适人,熙甫甘乎?或熙甫之女已受婿聘,熙甫能因婿之遭丧而改适他姓乎?"此句责问可谓他的"以己之情通乎人之情,以己之欲通乎人之欲"的极好注解,但可惜时间的流逝,理论上的建树却反而证明了焦循背离了时代的潮流,他斥责归有光为"迂儒",认为"读书不深,强为立论,往往言之而不能行,行之而适足以乱天下"。然"迂儒"抑或他自己之谓乎?[1]

室女守贞的讨论意义何在呢?毕竟在儒家社会里,女性本是不属于自己的,所谓的在家从父,出嫁从夫。然学者讨论的热烈实际上是此关系到社会和政治秩序的问题。古代社会人伦与政治密不可分,夫妻之道即君臣之道,《礼记·郊特牲》言:"壹与之齐,终身不改,故夫死不嫁。男子亲迎,男先于女,刚柔之义也。天先乎地,君先乎臣,其义一也。"焦循对于贞女的赞颂,当又有政治上的意味。他曾见一李姓女子许嫁于人,然未婚男子已死,父母决定将她另嫁他人,但是此女矢志为该男子守节,焦循

<hr>

[1] 焦循同时期或者稍后的学者抨击改嫁与室女守贞的种种非人道之行为不乏其人。载俞正燮就把妇女改嫁与男人再娶等而视之。他认为:"女再嫁与男再娶者等。……其再嫁者,不当非之,不再嫁者敬之,斯可矣。"(《节妇说》,载《俞正燮全集》第1集,黄山书社,2005年,第630页。)对于室女守贞,俞正燮说:"其义实有难安,……此盖贤者未思之过。……男儿以忠义自责则可耳,妇女贞烈,岂是男子荣耀也。"(《贞女说》,载《俞正燮全集》第1集,黄山书社,2005年,第631页。)沈垚也极为抨击室女守贞之说,认为此举动"不合礼制,当请于朝,亟加刊正"。指出"今则有婿死,而女归其家,与鬼婿为婚者矣。一生一死,非礼相接,污乱阴阳,……今则相习成风,莫识其非,或不如是,反以为无情不义,其故总繇礼教陵迟,风欲衰弊"(《落帆楼文集》卷2,丛书集成初编本)。

题诗道:"或云未嫁义可断,此言迂腐殊龃龉,前朝未仕归新朝,往往惭恧假此语,吾恐犹羞见此女。"①在这里,焦循把朝廷更替之际,前朝的遗民比类于贞女,如一女不能嫁二夫,自然不得再事二主。他又有诗提及巴姓贞女:"贞女者何巴氏女,张子继室聘未娶,行年十七闻夫凶,前妇遗二岁许,两家父母爱惜深,未行昏者可从父,再嫁之礼礼所详,贞女大笑周公腐,夫面未见穴可同……洒然竟入张家宇……吾闻贞女幼读书,女箴闺范皆全睹,读书如此乃真儒。"②在他认为,巴氏守贞就深得儒家之真谛。

(二)改嫁之争

室女守贞之举,焦循大加揄扬,运用义理与归有光等人争辩。在妇女改嫁是否失节这个命题上,他又同钱大昕展开讨论。钱氏认为夫妻之间的关系,不似父子兄弟有着天然的血缘关系,无所逃脱于天地之间,而夫妻开始之初只是类于路人,以家庭之情加以维系。女子同夫家的父母、兄弟等人之间的关系更是比较薄弱,而妇人本性,"贪而吝,柔而狠",如果他们之间产生争议,自有"七出"之文,"义合则留,不合则去……宁割伉俪之爱,勿伤骨肉之恩"。这里,钱大昕对于妇女的态度仍旧持一般儒生之言论。但钱氏用意着眼于"七出"的另一层含义:"去妇之义,非徒以全丈夫,亦所以保匹妇。"他看到在夫权社会,确实存在种种虐待妇人现象,"闾里之妇,失爱于舅姑,馋间于叔妹,抑郁而死者有之;或其夫淫酗凶悍,宠溺嬖媵,凌迫而死者有之",如此客观情况的存在,自然"准之古礼,固有可去之义,亦何必束缚之,禁锢之,置之必死之地以为快乎"?故此"使其过不在妇欤,出而嫁于乡里犹不失为善妇,不必强而留之使夫妇之道苦也"。③钱大昕并不盲目信奉妇女从一而终的言论,他以自己学识,得出在当时情境下合情合理的结论:夫妇同居而志不相得,合则留,不合则去,如果过错在男方,又何必以从一而终之语禁锢女性,女性改嫁并非失节,而犹不失为善妇。

焦循不满钱大昕关于夫妇之间的言论,驳斥之文首先引用《易》序卦

① 焦循:《李贞女诗》,载《雕菰集》卷1,丛书集成初编本。
② 焦循:《巴贞女挽歌》,载《雕菰集》卷1,丛书集成初编本。
③ 钱大昕:《答问五》,载《嘉定钱大昕全集》第9册,江苏古籍出版社,1997年,第106页。

给钱氏扣了很大的帽子,云:"有天地,然后有万物;有万物,然后有男女;有男女,然后有夫妇;有夫妇,然后有父子;有父子,然后有君臣;有君臣,然后有上下;有上下,然后礼义有所错。接着相继引用陆贾《新语》、《白虎通》、谯周《古史考》、《礼记·昏义》及郑玄注等类似的话语来说明钱大昕立论的偏颇。焦循认为夫妇之道并非仅仅是路人的结合而已,而是关系到父子、君臣、上下礼义大道。夫可以去妻,妻可以去夫,则夫妇之道就不能确定。夫妇之道不定,则三纲六纪不定,就直接破坏了儒家思想根基。焦循认为先王制定"七出",就是针对女子种种确实可以休弃的言行举止,如果过错不在女子,先王是不可能制定"七出"这种条规定。况且这种"七出"的制定是出于上古时期"由人道之不定,而一旦定之或有不便,故立法为可去"。时间过去几千年后,夫妇之道久定,那么夫妇之间自然不能有可去之法。焦循还以"封建"制度为例子论证古代"七出"在当今时代的不可行,言:"古者一聚一都,各为君长,则不得不封建,久而定于一,则封建不可行,古今之道,不可一端视也。"焦循用时代的变法发展趋势,再次说明了在现今社会里夫妇之间不能离异的必然性,"夫妇之别,关乎忠孝"。焦循自是与钱大昕奋起争辩,维护纲常伦理稳定性,不使出现一丝的裂缝。焦循如此重视夫妇之道,一再强调从一而终之意,那他又是如何阐述与人伦关系密不可分的君臣之间关系呢?我们看到在这个问题上,焦循又与钱大昕展开论辩。

(三)君臣关系

钱大昕撰有一文,讨论孟子说的"孔子成《春秋》而乱臣贼子惧"的含义,认为孔子之所以写成《春秋》,主要是警示君主,即孟子所说的"《春秋》者,天子之事也,述王道以为后王法,防其未然"。通过学习《春秋》,君主认识自己所作所为,防微杜渐,自然就能让乱臣贼子惧,无所容身,不敢妄为。钱氏在列举春秋笔法时,虽也举出例子说明臣子应尽义务:如《春秋经》载"公子庆父帅师伐于余",戒大夫不得专兵柄之义;又如赵穿弑君而以赵盾承担恶名,就是因为赵盾没有尽到自己的义务。但他把更多的例子来说明在上者的种种不当行为,导致以下犯上,出现篡弑的事情。如书阍弑吴子余祭,戒人君之近刑人也;书盗弑蔡侯申,戒人君之疏大臣而近小人也;宋襄公用鄫子,楚灵王用蔡世子,皆特书之恶其不仁也;宋公与夷齐侯光楚子虔以好战而弑,晋侯州蒲以诛戮大臣而弑等等情况,列举此类史实后,钱大昕感叹道:"《经》皆先文以见义,所以为有国家者戒,至深切矣。"

钱氏赞许《左氏传》体例:凡弑君,称君,君无道也,称臣,臣之罪也。解释道:"后儒多以斯语为诟病,愚谓君诚有道,何至于弑,遇弑者皆无道之君也,其贼之有主名者,书名以着臣之罪,其微者不书不足书也,无主名者亦阙而不书,史之慎也,非恕臣之罪。从而发挥:圣人修春秋述王道,以戒后世,俾其君为有道之君,正心修身,齐家治国各得其所又何乱臣贼子之有? 在他看来,秦汉以后,乱贼不绝于史,就是由于君主不能领悟春秋之义行事,才造成如此结局。"①以维护夫妇、君臣大道自居的焦循,自然不满意钱大昕把《春秋》经的功用解释成君主与臣子应各尽其责,如果君主无道而被杀,也是咎由自取的观点。他把矛头指向了《左传》。首先他引用了万斯大对左传体例的看法。万氏《学春秋随笔》中指责道:"《春秋》弑君,有称名、称人、称国之异。左氏定例,以为称君君无道,称臣臣之罪。甚矣其说之颇也。孟子曰:世衰道微,邪说暴行有作,所谓暴行,即弑父弑君是也,所谓邪说,即乱臣贼子,与其侪类,将不利于君,必饰君之恶,张己之功,造作语言,诬惑众庶是也。有邪说以济其暴,遂若其君真可弑,而己可告无罪然者,相习既久,政柄下移,群臣知有私门,而不知公室,且邻封执政,相倚为奸,凡有逆节,多蔽过于君,鲜有罪及其臣者……左氏之例,亦犹是也,于弑君而谓君无道,是春秋非讨乱贼而反为之先导矣。"②这种观点直认为历史上所出现的君主无道现象,是由于臣民将不利于君主,故意把自己罪行归于君上而造成的舆论宣传。万氏其语实质是免除了对于君主的责问,不许对君权至上有任何挑战,也由此摆脱了君权至上有无弊端的讨论,维护了君主神圣不可侵犯的地位。

焦循甚为赞同万斯同观点,认为"万氏之言,是也",继而发挥道:"人之性所以异于禽兽者,以其知有父子、君臣也。孔子赞《易》,谓子弑其父,

① 钱大昕:《答问四》,载《嘉定钱大昕全集》第9册,江苏古籍出版社,1997年,第81—83页。
② 《清经解》第1册,上海书店1988年影印本,第328页。

臣弑其君,由辨之不早辨。人知辨,即知惧。自孔子作《春秋》直书其弑,不论其君父之无道,而臣子之恶无可饰免。自有《春秋》,而天下后世无不明大义所在。"①在焦循看来,《春秋》是阐发君臣之义,维系君权的正统和权威性,是针对臣子而发的,使得以后臣子不得犯上,以下犯上者在信念中永远具有道义上的罪恶。

也是从维护君权至上的信念出发,焦循判断《左传》的成书时间在于战国时代。其分析理由即是《左传》某种程度上存在挑战君权的言论。他认为左氏的写作,出发点就是掩饰齐国田氏以及三家分晋等战国时期臣子对君主的僭位,"吾于左氏之说,信其为六国时人,为田齐三晋等饰也"。他更认定杜预所做的《春秋左氏经传集解》继承了《左传》的思路,为盖掩饰司马氏的篡弑之心。所以他在所撰写的《春秋左传补疏序》中开篇即提到:"余幼年读春秋,好左氏传,久而疑焉,及阅杜预《集解》暨所为释例,疑滋甚矣,孔子因邪说暴行而惧,因惧而作《春秋》,《春秋》成而乱臣贼子惧,《春秋》者所以诛乱贼也,而左氏则云称君,君无道,称臣,臣之罪。杜预者,且扬其辞而畅衍之,与孟子之说大悖。《春秋》之意遂不明已。"②

焦循认为万斯大、惠士奇、顾栋高等人虽也在纠正杜预集解《左传》的错误,但是没有摘其奸而发其伏者,并且考据盛行之后,后世补注《左传》者,也仅仅是从事训诂名物而已,为了能使天下后世知道杜预"悖圣经以欺世",焦循特意针对杜预《集解》,撰写《春秋左传补疏》五卷。其书并非是春秋左传的全面诠释,而是摘录《集解》中的君臣之义等处的章节重点阐释,如桓公二年宋督弑其君与夷、五年郑伯使祭足劳王、十五年郑伯突出奔蔡、十六年卫侯朔出奔齐、僖公十年晋里克弑其君卓、文公十六年宋人弑其君杵臼、宣公二年晋赵盾弑其君夷皋等等,都与杜预所生存的魏晋时期史实一一对应,认定杜预的《集解》只是司马氏僭位的舆论工具。

事实上,钱大昕、万斯同、焦循都是是引用孔子、孟子经典之语,只是

---

① 焦循:《翼钱下》,载《雕菰集》卷7,丛书集成初编本。焦循在《读书三十二赞》中提到万斯大《学春秋随笔》,推崇道:"甬上跛翁,说礼最优,余之所慕,尤在《春秋》,称君无道,邪说谬悠,平情定罪,乱贼焉庾?"

② 焦循:《〈春秋左传补疏〉序》。

立脚点不同，得出不同的结论，也可见儒家的经典解读，在于引用者阐释所持立场。对于富有人本和民本思想的《左传》①，焦循大加鞭挞，其中昭示出他和钱大昕思想的极大差异，亦可反映焦循思想之一斑。

如果说焦循评判《左传》内容以及杜预的注解，是因为这些内容里面蕴涵着对于君权的挑战，故把作者与所处时代相结合，颇有一些历史考证的意味，那么他对于伪《尚书》及其孔安国传的学术态度，明知其伪而加以欣赏，动机昭然若揭。其一破一立，体现出的焦循维护君权神圣不可侵犯的态度，而无论君主是否有道。

伪古文《尚书》自从在清初被阎若璩等人铁证驳倒，后人对其文其传少有关注。焦循虽然自己也承认《尚书》孔安国传之伪造，但是他认为其价值颇大，伪造并不意味着就摒弃不用，反应大加宣扬，所以特意撰写《尚书补疏》二卷。在《尚书补疏序》中，他认为伪孔安国传相比郑玄注释优越，理由就是伪孔传更能体现纲常名教。比如他提到《尚书》前四篇《尧典》、《舜典》、《大禹谟》、《皋陶谟》，开头四字都是"曰若稽古"。对于"稽古"的解释，郑玄认为是"同天"意，而孔安国认为是"顺考古道"，焦循写道："曰若稽古帝尧，曰若稽古皋陶，《传》皆以'顺考古道'解之，郑以'稽古'为'同天'。'同天'二字可加诸帝尧，不可施于皋陶。若亦以皋陶为'同天'，则是人臣可僭天子之称颂。"很明显焦循之所以赞同孔传的文字解释，就在于他认为"同天"只能二帝三王专用，而皋陶仅仅是位大臣，如果用于皋陶身上，那就是僭越了。但是既然在四篇文章中都出现了"曰若稽古"，那么为了维护字义的统一性，就应该是采用孔安国的解释。

又如在分析《盘庚》三篇作者，郑玄认为上篇为盘庚还是大臣的时候所作，而伪孔传认为是盘庚为君主的时候所作，焦循赞同后者观点的缘由就是，盘庚担任大臣期间不能够假借君命，否则就是僭越，并把此事同王莽、司马昭、司马师类相比，说："郑以上篇乃盘庚为臣时所作，然则阳甲在上，公然以臣假君命，因而即真，此莽操师昭之事，而乃以之诬盘庚，大可

---

① 《左传》所蕴涵的君权关系阐释，可参见刘家和《〈左传〉中的人本思想与民本思想》，《历史研究》1995 年第 6 期。

怪矣,《传》皆以为盘庚为王时所作。"

焦循不是从历史考证的角度,而是从思想史的角度剖析伪书伪传的造假动机,肯定了此书的价值,他认为此书就是针对魏晋之际曹氏、司马氏篡位所作,目的在于明君臣之位,"为此书者,盖见当时曹,马所为为之说者,有如杜预之解《春秋》,束皙等之伪造竹书。舜可囚尧,太甲可杀伊尹,上下倒置,君臣易位,邪说乱经。故不惮改《益稷》,造《伊训》,《太甲》诸篇,阴与《竹书》相龃龉。又托孔氏《传》以黜郑氏,明君臣上下之义,屏僭越抗害之谈,以触当时之忌,故自隐其姓名"。

但有趣的是,稍晚焦循的汉学家丁晏考证,托名孔安国传的造假者是王肃。如果此说成立的话,当会令焦循尴尬不已。王肃何许人也?他本人就是与司马氏联姻,并帮助晋篡魏的功臣,如果以焦循振朝纲的价值体系来断定此书的伪造动机,那王肃岂非自掌嘴巴了。

焦循维护君权,讲求君臣、父子之道的一贯思路,也体现在对于儒家的另外一部经典著作《诗经》诠释者的评价,"毛传精简,得诗意为多,郑生东汉,是时士大夫重气节,而温柔敦厚之教疏,故其笺多迂拙,不如毛氏"。焦循把《诗经》看作政治教化的一部教科书,他认为郑玄不能得到《诗经》精髓,就在于太注重气节。以至于后世的士人不能好好理解《诗经》温柔敦厚之旨,尤其是宋代以后,"自理道之说起,人各挟其是非,以逞其血气,激浊扬清,本非谬戾,而言不本于性情,则听者厌倦,至于倾轧之不已,而忿毒之相寻,以同为党,即以比为争,甚而假宫闱庙祀储贰之名,动辄千百人哭于朝门,自鸣忠孝,以激其君之怒,害及其身,祸于其国,全戾乎所以事君父之道"。[1]

我们看焦循所著的《毛诗补疏》卷二对《考槃》一篇的解释,就很是体现焦循的用心。《考槃》一文首启四句,"考槃在涧,硕人之宽。独寐寤言,永矢弗谖"。郑玄认为此语是讽刺庄公不能修德进贤才,使得贤者只能独自隐居,并发誓永远不会忘记君主之恶行;而焦循认为是因为卫国大臣们相率欺诈,唯独此贤者不肯同群,所以独自寐寤,自言发誓永远不做欺

---

① 焦循:《〈毛诗补疏〉叙》,嘉庆刻本。

诈之事。在这里,焦循逃避了君主的问题,把矛盾引向大臣们,仅仅讨论大臣的罪恶。在焦循,认为《诗经》怎能如此强调贤者与君主交恶呢?而郑玄对《考槃》的解释把贤人与君主的对立,实不应该,如此释法完全背离诗教之本意,全为虚妄。①

在焦循身上,儒家之特有的道统独立于政统的批判精神,已经丧失无疑。在他看来,道统与政统本应合一,以道统对于政统的批判,只能是"自鸣忠孝",却有损害了政统。"全庚乎所以事君父之道。"所以他的处置君臣、父子等上下的关系,应该"不以理胜,不以气矜,而上下相安于正"。在《蒹葭》一篇的按语中,他批判宋元之后士人不懂诗教,"士大夫以理自持,以幸直抵触其君,相习成风,性情全失"。② 通过《毛诗注疏》,焦循要重现千古事父事君之法也。他作《毛诗补疏》的动机也就昭然若揭了。

我们再来看看焦循对于《礼记》的研究心得,他用"礼,时为大"来说明历史的发展变化,因为时代在变化,所以需要典章制度的调整。"夫上古之世,民苦于不知,其害在愚,中古以来,民不患不知,而其害转在智,伏羲、神农之时,道在哲民之患,故通其神明,使知夫妇父子君臣之伦,开其谋虑,使知树艺贸易之事,生羲、农之后者,知识既启,诈伪百出,其黠者往往窥长上之好恶,以行其奸,假军国之禁令,以济其贼,惟聪明睿智,有以鼓舞而消息之,故黄帝尧舜氏作,通其变,使民不倦,神而化之,使民宜之,通其变而又神而化,所为民可使由之,不可使知之,杀之而不怨,利之而不庸,民日迁善,而不知所以为之者,治之极也。"③ 显然,现在焦循认为目前所处的时代民智已开,"其黠者往往窥长上之好恶,以行其奸,假军国之禁令,以济其贼",伏羲、神农以后的历史社会秩序的重心就是在上者如何应对在下者的威胁,焦循用他的历史发展观中论证了上下之间的关系。

通过论证和对儒家经典的补疏,焦循很清楚地阐述了社会、政治理念:在纲常名教体系中,在下者都需要绝对服从上者,即使在上者是如何

---

① 焦循:《毛诗补疏》卷2,嘉庆刻本。
② 焦循:《毛诗补疏》卷3,嘉庆刻本。
③ 焦循:《礼记郑氏注》,载《雕菰集》卷16,丛书集成初编本。

无道。我们说,君主尽管无道,毕竟也是自主状态下的行为,但如果君主已经被乱臣贼子控制,假借君主名义招忠臣入觐,臣子明知即死,还需要听诏吗?焦循以东汉末年皇甫嵩、朱儁的事迹告诉了我们答案。皇甫嵩、朱儁凭借镇压黄巾军起家,成为当时最有声望的名将。时董卓把握朝政,矫诏让皇甫嵩入京,长史梁衍劝说其以精兵三万迎取献帝,讨伐乱臣董卓,然皇甫嵩不听而入京,被董卓所囚。后董卓被诛,李傕等作乱,陶谦意图推朱儁为盟主起兵,奉迎天子,时李傕矫诏令朱儁入朝,朱儁也步皇甫嵩后尘,不听劝阻入京而去。范晔评价两人行为,说:"舍格天之大业,蹈匹夫之小谅,卒狼狈虎口,为智士笑。"①北宋名儒李觏却对范晔的评价提出不同看法,认为此两人能懂君臣之义,赞之为"古之至忠","董卓、李傕之猖狂,献帝虽在,无献帝矣。因兵威乘众,欲以伐其罪,孰不曰宜也。彼以君命来,遂不敢拒,哀哉二臣之心。……嵩、儁狼狈虎口,使天下知有君也"。②焦循站在李觏的立场,说"李氏之言,信也",从此阐发而开:提到君子应该"立一言而可以教忠劝孝,闻其言者因而忠且孝焉,则自我成之矣。……是故立言者,与君臣、父子、夫妇之际,不可轻也"。③焦循讲求时变,写过《说权》七篇,但是在他的心目中,这些君臣、父子、夫妇的纲常伦理秩序中,无论在上者处于何种的状态,在下着就应该绝对服从。焦循如此极端的看法,他的乡后辈刘毓崧就很不以为然,认为皇甫嵩、朱儁,"甘心受制,束手无谋,坐视君父之危而莫能扶救,驯至于朝廷陵替,宗庙播迁。……岂非但知处常而不知处变也"。④

焦循推重戴震义理之书,更多地仅仅是看重戴震的学风,由考据而至义理的治学模式,但是他在义理阐释上成就根本无法与其项背。戴震以极大魄力说出"理以杀人",言道:"尊者以理责卑,长者以理责幼,贵者以理责贱,虽失,谓之顺;卑者、幼者、贱者以理争之,虽得,谓之逆。于是下之人不能以天下之同情、天下所同欲达之于上;上以理责其下,而在下之

① 《皇甫嵩朱儁列传》,载《后汉书》卷71,中华书局,第2314页。
② 李觏:《常语上》,载《李直讲李先生文集》卷32,四部丛刊初编本。
③ 焦循:《书李吁江文集后》,载《雕菰集》卷18,丛书集成初编本。
④ 刘毓崧:《皇甫嵩朱儁论》,载《通义堂文集》卷8,民国刘氏刻求恕斋丛书本。

罪,人人不胜指数。人死于法,犹有怜之者;死于理,其谁怜之!"①这些话,焦循是讲不出的。戴震说:"《诗》曰:'民之罔极,职凉善背;为民不利,如云不克。民之回遹,职竞用力;民之未戾,职盗为寇。'在位者多凉德而善欺背,以为民害,则民亦相欺而罔极矣;在位者行暴虐而竞强用力,则民巧为避而回遹矣;在位者肆其贪,不异寇取,则民愁苦而动摇不定矣。凡此,非民性然也,职由于贪暴以贼其民所致。乱之本,鲜不成于上,然后民受转移于下,莫之或觉也,乃曰'民之所为不善',用是而雠民,亦大惑矣!"②这些话焦循也是讲不出的,焦循会讲什么呢?

他如是说:"君长之设,所以平天下之争也。故先王立政之要,因人情以制理。治天下则以礼,不以理也,礼论辞让,理辨是非,……理足以启争,而礼足以正争也。明人吕坤有语录一书,论理云:天地间惟理与势最尊,理又尊之尊也,庙堂之上言理,则天子不得以势相夺,即相夺,而理则常伸于天下万世。此真邪说也。孔子自言事君尽礼,未闻持理以要君者,吕氏此言,乱臣贼子之萌也。"③

戴震对于在上者的痛斥,着眼于明清以后,"理"背后的纲常名教所蕴涵着的上对下、长对幼,贵对贱绝对压迫,下对上、幼对长、贱对贵绝对地服从的伦理政治和社会秩序,"理"本无错,明清统治者僵化程朱理学的理论体系,加强纲常名教的道德教化功能,为高度专制统治社会服务,不愿意有任何异端思挑战现有的秩序。这种态势发展极致,就是戴震所说的"贵者以理责贱,虽失,谓之顺;卑者、幼者、贱者以理争之,虽得,谓之逆"。即使卑者、幼者、贱者得理,以理相争,那又何用? 在这套伦理纲常体系里,"理"实际上已经被抛弃了,剩下的就是在上者对在下者的绝对统治权。中国自古以来就有道统与政统之分,在君主如有过错,当有士大夫用先王之道、社稷之重加以责问,道统对于政统具有相对的制约。明清以来,道统被政统压迫至逐渐泯灭。乾纲独断的君主需要臣子的绝对服从。

① 戴震:《理》卷上,载《原善 孟子字义疏证》,古籍出版社合刊标点本,1956 年,第 36 页。
② 戴震:《原善》卷下,载《原善 孟子字义疏证》,古籍出版社合刊标点本,1956 年,第 21 页。
③ 焦循:《理说》,载《雕菰集》卷 10,丛书集成初编本。

焦循认为宣传道统高于政统,臣下有理便可与君主相争的观点,是绝对不允许的,在他看来此真乃"臣贼子之萌也"。这里,戴震所愤恨的"卑者、幼者、贱者以理争之,虽得,谓之逆",恰好是焦循所思所论的写照。

焦循私淑戴震,却未获戴氏义理之精蕴,反而以经学的成就,以义理来强化和突出纲常名教阴暗面。如焦循他常讲的变通,穷则变,变则通的变革思想,固然在同时代的埋头考证的经师中较为突出,但是他却用在了论证古代可以离异,现今女子只能守贞如一的观点。又如他论学宗旨,不拘泥汉宋之争,认定前人叙述只要符合圣人之道就可以了。"不必持尧舜之言,以为述尧舜者也",相比于因循守旧者,学术思想当有很大的突破,正是有这样的自信和胆魄,他出来维护伪古文《尚书》和孔安国传,甚至认为伪孔传比一代儒学宗师郑玄注有七大优越之处,但问题是,他所理解的圣人之道,却导致了纲常伦理名教的绝对僵化,这些都说明义理方法论的突破,不一定就昭示着义理上的卓见。

焦循承认时势在变化,政策需要变通,反对理学的空疏,但是他义理阐释所观照下的先有秩序,毫无新鲜的气息。儒家经典著作存在大量含糊、非确指的阐述,既有为君主专制而服务的言语,强调纲常名教,也蕴涵着丰富的人本思想和民本思想,如孔子讲:"君使臣以礼,臣事君以忠。"孟子说:"民为贵,社稷次之,君为轻","无罪而杀士,则大夫可以去;无罪而戮民,则士可以徒","天视自我民视,天听自我民听"等,这些言论规定了君主与臣子之间的责任和义务,礼本是规范,对在上位者也是一种约束。但是时间的流逝,纲常名教的发展逐渐把"礼"变成了在上者对下者单方面的约束。下对上,如子对父、妇对夫、臣对君是无条件地单方面服从,上对下并无责任。焦循的这种政治伦理观,无疑迎合清朝统治理念。所谓的断以己意,如何把握传统的经典思想资源,在于个人的历史判断力和学识。焦循在儒家支柱的纲常伦理的阐释上,恰恰汲取了传统经典上的阴暗面。如君臣关系,如夫妇之道,如室女守贞等问题的阐释,亦标示了焦循在思想史上的迂儒地位。

（原文载于《浙江学刊》2007 年第 5 期。）

尤淑君

尤淑君，1979 年出生，台湾宜兰人，台湾政治大学历史系硕士、博士。现为浙江大学人文学院历史学系讲师。主要研究方向为明清政治文化史。已发表论文《大礼议的名分意义》、《从朱昌祚之死看清康熙朝的圈地问题》、《从杨廷和到严嵩：嘉靖朝内阁首辅的权力交替》、《〈定陵注略〉校读》、《德国与日本对二战战争责任认知的比较》、《北平行都司的设置、内徙及其影响》等 10 余篇；正式出版论著有《名分礼秩与皇权重塑：大礼议与嘉靖政治文化》（台湾政治大学历史系，2006 年）；博士论文《从宾礼到礼宾：外使觐见与晚清涉外体制的变化》也即将出版。

从剿拳到抚拳:涞水教案及其影响

一 前 言

光绪二十六年(1900)夏季的义和拳乱,如同一场突发的狂飙运动,让整个华北地区陷入混乱,中国也被拖入一场毫无胜算的战争之中。对义和拳的起源及八国联军引发的外交问题,已有相当丰富的论著。[①] 可惜的是,过去义和拳的研究框架,大多隐含彼方或他方的预设,不是偏重于义和团运动的起源,赞为中国民族主义之初起,就是过分强调义和拳的迷信色彩,贬为愚昧的排外行动。可以说,大多数的研究者多偏重外来因素,较少考虑中国内部的面向,遂无法解释清政府由剿拳转抚拳的原因,更未考虑清政府面对义和团的内在困境。同时,柯文、村松佑次也注意涞水教案的重要性,但未能深入探讨义和拳进京前的涞水教案及其引发的连锁效应。可以说,直隶义和拳乱的发展过程中,涞水教案实占有相当重要的地位,有必要重新检讨,方能理解清政府招抚义和拳的原因。

涞水教案的起因,表面上是民教冲突,实涉及地方精英的支配权及村

① 过去研究论著甚多,仅列举一二,以供参考。戴玄之:《义和团研究》,台北文海出版社,1967年;李国祁:《张之洞的外交政策》,台湾"中央研究院"近代史研究所,1970年;王树槐:《庚子赔款》,台湾"中央研究院"近代史研究所,1974年;村松佑次:《义和团の研究》,东京岩南堂书店,1976年;林世明:《义和团事变期间东南互保运动之研究》,台湾商务印书馆,1980年;周锡瑞、张俊义等译:《义和团运动的起源》,江苏人民出版社,2005年;中国义和团史学研究会《义和团运动与近代中国社会》,四川省社会科学院,1987年;林华国:《义和团史事考》,北京大学出版社,1993年;陈捷:《义和团运动史》,上海书局,1996年;柯文《历史三调:作为事件、经历和神话的义和团》,江苏人民出版社,2000年。

落的公共利益。① 本文欲从涞水教案着手,了解高洛村民自组拳团的原因。再从清政府对涞水教案的应变,及朝廷内部各方人马对义和拳的主张,分析清政府陷入剿抚两难的原因。最后从各国驻京公使对涞水教案的误解,观察清政府与各国驻京公使的互动关系,了解双方无法沟通、难以互信的原因。特别是对照总理衙门的外交档案及驻京公使团的报告书后,无不显示出清政府、各国驻京公使及各国政府三者之间,都存在着"各说各话、沟通无效"的问题。吊诡的是,双方寻求自保的同时,却相偕走向不可收拾的地步,遂酿成八国侵华之大乱。

二　涞水教案之肇因

光绪二十四年(1898),义和拳会起于山东、直隶交界各州县,②发展迅速,本以保护身家,防卫盗贼为目的,③但因人多嘴杂,与地方教会冲突益深,遂酿事端。山东巡抚袁世凯(1859—1916)奉命剿拳,"悬赏购线,严缉首要",④驻兵扼要之地,让山东境内的义和拳会既难奔窜,也无法聚集,遂获得有效控制,山东义和拳的活动渐趋沉寂。⑤ 与此同时,直隶义和团却从直隶、山东交界处,迅速发展起来,并向西北方向延展,拳会多流布在

---

① 周晓丽:《直隶义和团首领研究》,硕士学位论文,河北大学历史系,2002 年,第 22—33 页;樊孝东:《晚清直隶教案论述》,硕士学位论文,河北大学历史系,2003 年,第 12—15 页;王彦周:《民风民俗与直隶义和团运动的兴起》,《邢台师范高专学报》第 15 卷第 4 期,2000 年 12 月,第 16—19 页。

② 提及义和团运动的发源地,许多论著皆指出义和拳起于山东,唯有《义和拳运动起源探索》指出,义和拳运动乃发生于直鲁交界之地。笔者以为,当时私家记载虽以为义和拳是由山东传入直隶,如劳乃宣《拳案杂存》、袁昶《乱中日记残稿》、李希圣《庚子国变记》等书,但实际上人们对义和团的来龙去脉并不清楚,尤其是谈及义和团兴起的具体地点,无不众说纷纭。经过李世瑜、程啸、路遥等人的考证,并比对光绪二十四、二十五年拳乱的发生地点后,可证明义和拳起于直隶、山东交界之地。路遥主编:《义和拳运动起源探索》,山东大学出版社,1990 年。

③ 台湾"中央研究院"近代史研究所编:《教务教案档》册 6—1,台湾"中央研究院"近代史研究所,1974 年,第 236 页;故宫博物院编:《义和团档案史料》上册,中华书局,1979 年,第 14—16 页。

④ 中国社会科学院近代史研究所、中国第一历史档案馆合编:《筹笔偶存》,中国社会科学出版社,1983 年,第 53 页。

⑤ 柴萼:《庚辛纪事》,载中国史学会编:《义和团》册 1,上海人民出版社,1957 年,第 304—305 页。

河间府、正定府、保定府一带。①

光绪二十六年四月十四日（1900-5-12），直隶涞水县发生了一起情节重大的教案，即涞水教案。涞水县位于直隶省城保定府的西北方，即直隶中部偏西之地，为直隶州易州所辖。② 涞水为山区县，虽瘠苦不富，却不封闭，与顺天府的涿州，保定府的定兴县、安肃县及新城县比邻，位居交通要冲，③乃芦保铁路（今京广线）出入顺天、保定的咽喉要地。④ 与姜庄不同的是，⑤涞水虽不相邻直隶、山东交界处，但因深州、冀州、枣强等地的拳会已流向定兴、涿州、安新等地，⑥地近涞水，联络方便。况且，涞水当地的地方精英与定兴、容城等地的拳会早有联络，自发组拳，以抗教民。可以说，涞水教案刚开始时，拳民的来源较为整齐，多是涞水附近的村民，团结性强，目标明确，熟悉环境，极易躲藏，遂能发动突击。后来，又有其他拳会加入，势力大涨，弥漫整个直隶中部，几乎攻下保定省城，难以扑灭。总之，涞水教案震惊全国，⑦让清政府不得不与拳民妥协，改易了原

---

① 北京大学历史系、中国近代史教研室编：《义和团运动史料丛编》第二辑，中华书局，1964年，第64—65、69页。

② 赵尔巽等编：《新校本清史稿》卷54《地理志一》，台北鼎文书局，1981年，第1900页。

③ 祝苇：《庚子教案函牍》，载中国史学会编：《义和团》册4，上海人民出版社，1957年，第384页。

④ 刘铮云先生指出，清代地方行政等级的制定，乃据该地交通位置（冲），政务负担（繁），赋税完纳（疲），居民刁悍犯案多寡（难）四项因素。冲繁疲难兼全为"最要缺"，兼三项为"要缺"，兼两项为"中缺"，一项或四项俱无为"简缺"。刘铮云："冲、繁、疲、难"——清代道、府、厅、州、县等级初探》，《中央研究院历史语言研究所集刊》（台北）第64卷第1期，1993年，第175—204页；吴缉华：《论明代边防内移及影响》，《新亚学报》（香港）第13期，1980年6月，第363—408页。

⑤ 佐原笃介辑：《拳乱纪闻》，载中国史学会编：《义和团》册1，上海人民出版社，1957年，第111页；台湾"中央研究院"近代史研究所藏：《直隶教务》，档号01—12—040—06。姜庄位于今河北省保定府清苑县内。1900年4月21日，发生姜庄教案，起于突发性的民教冲突，死伤20余人。在法国主教樊国梁的要求下，直隶总督裕禄派梅东益前往镇压，但梅东益只惩治村民，却未处罚先开枪杀人的教民，引发当地士绅强烈不满。朝廷里也有言官弹劾梅东益治军不严、滥杀无辜，认为官军的偏袒行为将引发更大规模的民乱。故宫博物院编：《义和团档案史料》上册，中华书局，1979年，第84—85页。

⑥ 故宫博物院编：《义和团档案史料》下册，中华书局，1979年，第160—161页；北京大学历史系、中国近代史教研室编：《义和团运动史料丛编》第二辑，中华书局，1964年，第55、88页。

⑦ 李鸿章：《复盛京堂·光绪二十六年五月初四申刻》，载顾廷龙等编：《李鸿章全集》（三），上海人民出版社，1987年，第923页。

有的剿拳政策,"或目为义民,以为国耻可洒,兵威可积,变弱为强,在此举矣"。①

(一)庙会风波

光绪二十四年十二月(1898-2),涞水早已埋下教案爆发的导火线。当时,正当农历春节,传统农村多集全村之力,举行迎神赛会,俗称"庙会"。为了酬谢神明保佑,农民们往往会准备各种仪仗、杂艺、烟火及酒席菜肴,祈求来年顺利,并广邀亲友,大摆宴席,犒赏一年来的辛劳。举行庙会的花费不小,必须由地保或村长出面,向诸位村民募捐,或募集人手,搭棚悬灯,以迎佳节。迎神庙会举行多年,已成旧习,多数村民皆愿意配合。但南高洛村村民张正,因自身信奉天主教,认为迎神赛会乃属异教,不愿借出自家屋后地,并闯入棚内,与地保阎洛奉、香头阎洛计、管事阎凤、阎五章、阎洛福、单久经等人理论,甚至还撕毁神像,威胁不让庙会如期举行。双方引发激烈的口角冲突。阎洛奉等人气愤之余,便控告张正,欲讨回公道。②

当时负责保定府教区的天主教士杜保禄,为了保护教民张正,便私下写信给涞水知县高正肃,反控地保阎洛奉仗势欺人,强占教民张正的屋后之地。而且,杜保禄还谎称,阎洛奉等人闯入礼拜公所,摔毁祭物,指称天主教为邪教。于是要求涞水知县高正肃必须惩处阎洛奉等人,以儆效尤。由于涉及民教冲突,高正肃本不愿深究,请士绅刘坊、方开格二人分别劝谕,务求民、教两方相安无事。但杜保禄不肯善罢甘休,又向直隶按察使司告状,要求惩戒村民。在上级的压力之下,身在保定府、即将述职的高正肃,只好赶紧返县,前往高洛村,查勘实情。

经过访查后,了解两造争执之因,即村民们若欲搭灯棚,必会跨经十字街,非得占用张正的屋后之地。且礼拜公所原本就十分简陋,并无损坏形迹。教民蔡洛正却指称,阎洛福命人打毁土台,必须罚钱,以供修缮。

① 张孝谦纂修:《涞水县拳匪敉平录》,光绪三十一年铅印本,台北成文出版社,1968年,第1a页。
② 祝芾:《庚子教案函牍》,载中国史学会编:《义和团》册4,上海人民出版社,1957年,第392页。

事实上,从原告者阎洛奉等人的状纸来看,可见他们未进入公所,且原告六人中并无阎洛福之名,何来捣毁祭器、破坏土台之事?这件案情实有诸多疑点,但为了尽早结案,高正肃暂时收押阎洛奉等人,派人拘提阎洛福,还派遣当地绅士刘坊、耿温润等人持信前往安肃,乞请席教士出面调停,但遭拒绝。① 幸好,阎洛福次子阎肇修,凭着生员的身份,多方求助京中大员,终于商请北京的樊教士(法国主教樊国梁)出面调解。双方和解条件有四:一是立下永不滋事之切结书。二是设席五桌,向高洛村及其附近的教民们赔礼道歉。三是赔银 250 两。四是教民可锯去村落公有地的所有树木。

从高正肃回复后任涞水知县祝芾的信件中,可知这件因庙会风波引起的民教诉案,其背后涉及的因素不只是民教冲突而已,还隐含着村落权力结构的重整。高正肃在信中提及,教案赔金虽已减让百金,但蔡洛正坚持要阎洛福叩头赔罪,竟有"阎不叩头,虽万金难了之说"。于是高正肃建议祝芾,赶紧拘提阎洛福,剀切开导,让阎洛福"暂时受屈,务令强从",②免得蔡洛正等人又借口滋事。然而,蔡洛正为何屡屡针对阎洛福?乃因阎洛福先前为了收庙会会钱,曾与蔡洛正发生争执,闹上公堂。经官府裁断,蔡洛正败诉。蔡洛正气愤之下,便投入天主教,寻求保护,让阎洛福无从收款,双方皆心有忿恨。因此,当张正与阎洛奉等人发生冲突时,蔡洛正便搭顺风车,趁机诬告阎洛福,欲借教会的力量,报昔日之仇。而且,借这机会,高洛村的教民们不但能获得公有地的树木砍伐权,还向村民们索取卖树的"本利钱一百二十千",③等于夺取了高洛村民积蓄的公款,也打破了高洛村旧有的风俗习惯及利益分配。更重要的是,教民们借教会的力量,联络省级官员,向县级政府施加压力,再用官府的权威,压制涞水的地方精英,形成地方精英与教民之间的竞争关系,破坏了村落原来的权力

---

① 祝芾:《庚子教案函牍》,载中国史学会编:《义和团》册 4,上海人民出版社,1957 年,第 393 页。

② 祝芾:《庚子教案函牍》,载中国史学会编:《义和团》册 4,上海人民出版社,1957 年,第 394 页。

③ 祝芾:《庚子教案函牍》,载中国史学会编:《义和团》册 4,上海人民出版社,1957 年,第 393 页。

结构,因而招致高洛村的地方精英与村民们不满教民恃教欺人、侵夺公款,占去村落公有地的使用权。

(二) 杨福同之死

光绪二十六年三月时(1900-4),生员阎肇修听闻义和拳反洋教、逐洋人、制仇民之事,①决定自行习拳,并由定兴仓巨村的麻子脸师兄引介,联络拳会,撒帖邀请新城沈各村的宋姓三师兄、草鞋和尚等人,前往高洛村,欲教训教民蔡洛正等人。② 四月初二日(4-30),阎洛福等人在高洛村大佛寺开场授拳,声称申冤报仇,欲惩戒教民。教民们也不甘示弱,准备械斗。同时,高洛村附近的汝河、下庄、娄村一带,亦有练拳的形迹。涞水知县祝芾眼见事态不妙,赶紧通报保定府,要求派兵支持,以便镇服。派驻保定府的席教士也接获消息,发函官府,要求压服阎洛福、单洛美等人,以保护教民的人身安全。③

四月十二、十三日(5-10—11),高洛村民们纷纷活动,又有涿州、安肃、新城等地的拳民涌向高洛村,以助声势,宣称欲杀光教民、焚毁教堂。④ 四月十四日(5-12),在北高洛村的拳民们,已达千余人之多,向南高洛村发动攻击。他们用沙吊插入火种,烧毁多名教民的房屋及礼拜公所七间,又掳走南高洛村的地保(亦为教民)及两名教民,杀伤二三十人,并将尸体掷入井中,被捕者多被砍杀,埋入庙内。⑤ 涞水知县祝芾虽知道高洛村将有大变,但因拳民人多势众,不敢干涉,还遭拳民围困,几生不测。幸经当地士绅极力跪求,拳民始折回南去,祝芾方能脱困。由此可见,涞

---

① 赵尔巽等编:《新校本清史稿》卷472《劳乃宣》,台北鼎义书局,1981年,第12824页。本在山东、直隶交界活动的义和拳,一经查禁,便往西北方向蔓延,大致分为两路:一路偏东,由东光、沧州到天津;一路偏西,经河间府到保定。但保定是直隶总督衙门所在地,禁令森严,不容胡作非为,因而很难立足。

② 祝芾:《庚子教案函牍》,载中国史学会编:《义和团》册4,上海人民出版社,1957年,第372页。

③ 祝芾:《庚子教案函牍》,载中国史学会编:《义和团》册4,上海人民出版社,1957年,第369—370页。

④ 张孝谦纂修:《涞水县拳匪敉平录》,光绪三十一年铅印本,台北成文出版社,1968年,第17页。

⑤ 祝芾:《庚子教案函牍》,载中国史学会编:《义和团》册4,上海人民出版社,1957年,第371页。

水的地方精英已无力掌控拳民的动向。

祝芾见事态严重，请求派兵增援。直隶总督裕禄（？—1900）派遣直隶巡防补道张莲芬（1851—1915）及直隶练军分统杨福同（？—1900）带领马队，前往涞水镇压。[①] 先前，张莲芬和杨福同在河间、冀州、沧州等地剿拳，颇见成效，[②]但在高洛村的剿拳行动，却因误判情势，惨遭失利。

由于北高洛村据有大批拳民，难以通过。为避免直接冲突，杨福同等人先行绕道，直赴南高洛村（欲往南高洛村须先经北高洛村），并便会同现驻定兴的马队，进攻北高洛村，村民未作反抗。外来助阵的拳民已先后散归，不知去向，仅拏获李勤等 7 人及幼童 13 人，后又拿获蔡培（蔡兰亭，拳民头目之一）等 9 人，搜获大量物资。[③] 由此可知，高洛村确有广邀拳民之事，且聚集人数众多，已达数百余人，否则无须准备大量的粮食。四月十八日（5-16）夜晚，杨福同等人查勘高洛村后，未见拳民踪迹，高洛村村民又坚不吐实，只说练拳乃为"保甲团练，保护身家"。[④] 杨福同等人误判敌情，竟命哨官先带队回城。未料，高洛村原先邀来的拳民二三百人，分为两股，预先埋伏在史各庄西路及高洛村西北路旁，乘官兵不备，前后夹攻。杨福同等人虽遭偷袭，仍击毙拳民五六十名。经此战役后，官兵已伤元气，遂急往高碑店增调步队二哨。四月二十三日（5-21），杨福同擒获首犯梁修，令限日解散，仅留马队 30 人驻扎石亭镇。但在当天夜里（5-22），石亭镇附近却涌来大批拳民，约有两三千人之多，并埋伏于路旁沟内，伏击官兵。杨福同的马队战斗力虽强，却受困沟道纵横，无法奔驰，又因试图开导，未立即开枪。军民两方发生冲突，陷入肉搏战中。杨福同力战身亡，两名随从孙裕清、卢玛璠亦护主身死。[⑤] 马队 30 名官兵趁乱冲出，伤

① 张莲芬是聂士成幕僚中最得力的文职人员，颇有谋略，军中地位甚高，不但能代表聂士成，指挥武卫前军，也可指挥直隶淮、练两军。

② 刘凤翰：《武卫军》，台湾"中央研究院"近代史研究所，1978 年，第 273—274 页。

③ 祝芾：《庚子教案函牍》，载中国史学会编：《义和团》册 4，上海人民出版社，1957 年，第 373 页。

④ 祝芾：《庚子教案函牍》，载中国史学会编：《义和团》册 4，上海人民出版社，1957 年，第 373 页。

⑤ 赵尔巽等编：《清史稿》卷 495《杨福同》，台北鼎文书局，1981 年，第 13688 页。

亡不多,但主将已死,无力应付拳民。杨福同之死,让拳民声势大振,越聚越多,动乱难以平息。① 正如《直东剿匪电存》云:"顺、保各属,习学义和拳会,明目张胆,为数已多,若不早为分兵镇摄,设法解散,燎原大祸,恐在眼前。"②

三 剿抚两难:清政府的对拳政策

由于涞水教案引发的动乱已扩展至直隶中部各地,突显武卫军内部不和、拙于调度的问题。再从直隶义和团的流窜路径,似应采取山东巡抚袁世凯"剿抚并用"的办法,围捕首要,并限制拳民的活动范围,方为上策。据盛宣怀(1844—1916)的观察,可知当时两江、直隶、湖广、闽浙总督及山东、安徽巡抚,皆主张剿拳。然而,朝廷里的言官们却主张抚拳。③ 端郡王载漪(1856—1922)等人则主张借力使力,利用拳民之勇,与洋人决裂。慈禧太后(1835—1908)及大多数的满洲权贵仍在观望,尚能压制朝中异论,并未放弃剿拳政策。然而,涞水一役后,却暴露了剿拳政策的弊病,慈禧太后开始考虑抚拳政策的可能性。在她看来,即便剿灭成功,可能会耗去庞大军饷,让贫困的国库雪上加霜,朝廷也会落下屠杀百姓的恶名,威胁政权的正当性基础。

(一)剿拳的困难

四月二十七日(5-25),武卫前军左路统领杨慕时奉命增援,移驻高碑店附近。这时,杨慕时突获密报,④指称大股拳民将袭取涿州城。杨慕时

---

① 祝芾:《庚子教案函牍》,载中国史学会编:《义和团》册 4,上海人民出版社,1957 年,第377 页;北京大学历史系、中国近代史教研室编:《义和团运动史料丛编》第一辑,中华书局,1964年,第260 页。

② 北京大学历史系、中国近代史教研室编:《义和团运动史料丛编》第二辑,中华书局,1964年,第109 页。

③ 李鸿章:《盛京堂来电·光绪二十六年五月初七申刻》,载顾延龙等编:《李鸿章全集》(三),上海人民出版社,1987 年,第924 页。

④ 祝芾:《庚子教案函牍》,载中国史学会编:《义和团》册 4,上海人民出版社,1957 年,第378 页。

不敢托大，决定移营拒马河两岸，并贴出布告，要求拳民自动解散。① 未料，原本聚集石亭镇的大批拳民，已悄然返回房县、涿州一带，破坏芦保铁路必经的涿州铁桥，后又涌向高碑店车站、长辛店车站，放火焚烧铁道，截断电线，拆除设备，隔断交通，阻碍官兵进剿。而且，高碑店附近的村民们皆按户出一束秫秸，黏上黄纸，蘸以火油，点火飞传，既易联络，又易纵火，显示拳民已非乌合之众。② 杨慕时无法判别聚集者的身份，又不敢纵容拳民纠众闹事，遂放空枪示警，命其散去。然而，民众非但不散，反而上前抵抗，杨慕时为求自保，不再迟疑，遂放实枪，死伤 10 余人。③

五月初一（5-28），拳民人数已达数千人，埋伏各处，④而琉璃河至长辛店 100 余里的铁路、车站、桥梁、洋房均被烧毁。五月初二（5-29），由天津到北京的铁路也遭破坏，拳民欲将其势力范围内的铁路、电线全部毁坏为止。⑤ 总之，涞水教案是直隶义和团行动激烈化的开始，铁路、电线皆被破坏，又有官员死于非命，清政府不能不重视其发展，遂责令直隶提督聂士成（1836—1900）派遣队伍，专门保护芦保铁路、津芦铁路及沿路电线，尤其是卢沟桥、高碑店、定兴至保定府一带，沿途驻扎官兵，大站一哨，小站半哨，确保北京、保定、天津三地的联络。⑥

据杨慕时的电报，又据当时路经涿州的旅行者描述，⑦可知涿州城已落入拳民的手中，"城门启闭，概由拳匪，办公之人，不得入城，城内文武，

---

① 杨慕时：《庚子剿办拳匪电文录》，载中国史学会编：《义和团》册 4，上海人民出版社，第 1957 年，第 335—336 页。

② 张孝谦纂修：《涞水县拳匪救平录》，光绪三十一年铅印本，台北成文出版社，1968 年，第 42 页。

③ 杨慕时：《庚子剿办拳匪电文录》，载中国史学会编：《义和团》册 4，上海人民出版社，1957 年，第 338 页。

④ 佐原笃介辑：《拳事杂记》，载中国史学会编：《义和团》册 1，上海人民出版社，1957 年，第 245 页。

⑤ 杨慕时：《庚子剿办拳匪电文录》，载中国史学会编：《义和团》册 4，上海人民出版社，1957 年，第 344 页。

⑥ 《清德宗实录（七）》卷 463，光绪二十六年五月癸卯，第 64b 页；杨慕时：《庚子剿办拳匪电文录》，载中国史学会编：《义和团》册 4，上海人民出版社，1957 年，第 338—339 页。

⑦ 佐原笃介辑：《拳事杂记》，《节录某大令自京来函》，载中国史学会编：《义和团》册 1，上海人民出版社，1957 年，第 250—251 页。

具文而已"，[①]而且从服饰装扮，"穿起衣巾，则为匪，脱去衣巾，则为民"，[②]实难判定拳民身份，官兵无从剿起。若贸然进剿，胜则落下滥杀无辜的罪名，免不了遭言官弹劾；败则难逃军法，拳民将大举向北进犯，威胁北京的安全。剿拳行动最困难之处，在于拳民来去飘忽，分布不一，地方兵力不足以围攻，也无法劝退那些附和拳民的百姓们，只能封锁交通要道，屯驻高碑店至保定府一带，等待援兵，以成合围之势。

涞水教案波及范围

五月初四(5-31)夜晚，保定府以南的定州，也遭拳民骚扰，烧去铁道20里，再加上涿州、定兴等地皆有乱事，保定府形同孤立，岌岌可危。杨慕时等人面对数量庞大的拳民，皆主张先剿拳、后保路，认为"不剿不能散，并不能修路"。[③]若需先保铁路，必须加派人手，不然无法进剿，也无法守住铁路。可是，军机大臣荣禄(1836—1903)得知驻京公使团已准备调兵进京的消息，认为洋兵比拳民更为危险，天津可能有变，大沽必须加强防备，亟需聂士成坐镇天津，故不允所请，并命杨慕时先保护铁道，表示

---

① 杨慕时：《庚子剿办拳匪电文录》，载中国史学会编：《义和团》册4，上海人民出版社，1957年，第339页。
② 杨慕时：《庚子剿办拳匪电文录》，载中国史学会编：《义和团》册4，上海人民出版社，1957年，第339页。
③ 杨慕时：《庚子剿办拳匪电文录》，载中国史学会编：《义和团》册4，上海人民出版社，1957年，第344页。

将加派武卫中军,前往镇压涿州拳民。

此时,丰台、马家堡等地已有拳民滋事。比起涿州,丰台离北京更近,为京津铁路必经之地,又设有铁路制造厂,其军事位置更为重要。武卫中军分身乏术,只好先开赴丰台、马家堡一带弹压。可惜丰台的制造厂、库房、材料厂、车站及车辆已遭毁坏,等于切断了北京和天津的联络。① 更严重的是,天津同样陷入动乱,②拳民大量出没京畿附近,北京城到处发现揭帖,③习拳者日增,人心浮动,就连满洲权贵、直隶新军之中都有不少练习义和拳者。④ 这些情况让各国驻京公使颇感焦虑,频频向总理衙门表示抗议。军机大臣荣禄再也无法坐视不管,立即赶去马家堡察看,安定京师人心。⑤ 并建议清政府严查拳民,再加派人力保护使馆区,以便缉匪。⑥

由于电线已断,朝廷一时间难获最新消息,⑦只能靠驻留上海的大理寺少卿兼电报局总办盛宣怀转呈。五月初五(6-1),荣禄接获盛宣怀急电,方知涞水教案引发的动乱已难弭平,立即上奏:"高碑店以北电线、铁路全毁,保定以南方顺桥等处被烧,涿州拳众占城竖旗,保定岌岌可虑。"⑧慈禧太后获知直隶中部糜烂的消息后,大为震惊,特调兵二营,保护颐和园,⑨并命裕禄派兵镇压,又令荣禄统筹武卫各军的行动,专责聂

① 故宫博物院编:《义和团档案史料》上册,中华书局,1979 年,第 117 页;《德国公使克林德函》,台湾"中央研究院"近代史研究所藏:《辛丑议约》,档号 01—14—002—01—007。

② 刘孟扬:《天津拳匪变乱纪事》,载中国史学会编:《义和团》册 2,上海人民出版社,1957 年,第 9—26 页;南开大学历史系编:《天津义和团调查》,天津古籍出版社,1990 年,第 8—15 页。

③ 佐原笃介辑:《拳乱纪闻》,载中国史学会编:《义和团》册 4,上海人民出版社,1957 年,第 114 页。

④ 徐绪典:《义和团运动时期报刊资料选编》,齐鲁书社,1990 年,第 29 页。

⑤ 杜春和等编:《荣禄存札》,《拳匪滋事分拨队伍弹压片·五月初三》,齐鲁书社,1986 年,第 397—398 页。

⑥ 杜春和等编:《荣禄存札》,《京师严查保甲缉匪安良片·五月初六》,齐鲁书社,1986 年,第 401 页。

⑦ 佐原笃介辑:《拳乱纪闻》,载中国史学会编:《义和团》册 1,上海人民出版社,1957 年,第 124 页。五月初四,驻上海法国领事发出传单,通知在上海各法商:北京至天津之电线,现已为拳民割断。

⑧ 杜春和等编:《荣禄存札》,《高碑店以北电线铁路焚毁片·五月初六》,齐鲁书社,1986 年,第 398 页。

⑨ 佐原笃介辑:《拳乱纪闻》,载中国史学会编:《义和团》册 1,上海人民出版社,1957 年,第 115 页。

士成前往保定,指挥涞水一带的直隶练军,平息教乱,避免列强干涉。①
过了两天,情势却整个逆转,电谕反而指责荣禄孟浪行事,令其设法安抚
拳民,不得激起变端。② 荣禄大惊,意识到慈禧太后已开始动摇,转向抚
剿并用的政策。至此,荣禄不敢再主张剿拳,只能责命武卫各军按兵不
动,以免得罪端郡王等人。

（二）抚拳之先端

五月初十(6-6),清政府派出吏部尚书刚毅(1834—1900)、刑部尚书
兼顺天府尹赵舒翘(1847—1900)前往涿州,欲安抚拳民,使其散去。并责
令荣禄调派董福祥(1839—1908)、宋庆(1820—1902)、马玉昆(1838—
1908)等部队,执行"剿抚并用"的办法,避免激起更大事端。不过,从上谕
内容,可知清政府仍坚持"无论其会不会,但论其匪不匪。如有藉端生事,
即应严拏惩办",并斥责拳民拆铁路、烧教堂、拒捕戕官,形同叛乱。由此
可见,清政府派出刚毅、赵舒翘前往涿州的目的,即查探拳团底细,并重申
"剿抚并用"的立场,再借由谈判的手段,为武卫左军和武卫后军争取时
间,减少武卫中军的压力,并让武卫前军免去后顾之忧,稳守天津海口。

刚毅、赵舒翘驰抵涿州后(6-7),表面上要求义和拳解散归农,实想利
用拳民对抗洋人,因而回报朝廷时,刻意掩盖涿州残破的情况,维护拳民,
并将涞水教案的起因归咎于教民欺压乡里,建议清政府不应强行剿灭,否
则拳民势迫而成匪,民气大伤。③ 刚毅更命令杨慕时撤回营队,"暂勿动
手,尤不可任兵勇出营滋事",④拖住了聂士成、杨慕时等人进剿的脚步,
也让拳民有机会向朝廷讨价还价。杨慕时明知一旦撤走营队,好不容易
稳住的局势将起变化,但不敢违抗刚毅的命令,只好转附刚毅的书信,询

---

① 《清德宗实录(七)》,卷463,光绪二十六年五月丁未,第65b—66a页。
② 《清德宗实录(七)》,卷463,光绪二十六年五月丁未,第66a页;杜春和等编:《荣禄存
札》,《遵旨弹压解散不得孟浪片·五月初八》,齐鲁书社,1986年,第401—402页;李鸿章:《盛京
堂来电·光绪二十六年五月初七申刻》,载顾廷龙等编:《李鸿章全集》(三),上海人民出版社,
1987年,第924页。
③ 故宫博物院编:《义和团档案史料》上册,中华书局,1979年,第108—110页。
④ 杨慕时:《庚子剿办拳匪电文录》,载中国史学会编:《义和团》册1,上海人民出版社,
1957年,第348—350页。

问军机大臣荣禄、直隶总督裕禄及直隶提督聂士成的意见。[①] 荣禄不愿得罪刚毅,也得顾全端郡王的颜面,命杨慕时先行撤离高碑店,不得为难拳民。

早在四月初三(5-1),御史郑炳麟就提出"变拳为团"的做法,[②]但遭到军机大臣王文韶(1830—1908)、裕禄、袁世凯等人的反对,遂不被接纳。[③]但当刚毅、赵舒翘回京覆奏后,朝堂上再度出现了剿拳与否的争论,可说是抚拳政策的再抬头。[④] 赵舒翘指出,拳会蔓延,剿不胜剿,不如抚而用之,编入行伍,"因其仇教之心,用作果敢之气,化私忿而为公义"。若各国公使出言抗议,也无须担心。各国练兵自卫,本是内政,"例非他国所能干预"。若收编拳民,便能约束,不令滋事,反而能控制拳乱,舒缓紧张的对外关系。[⑤] 由于两江总督刘坤一(1830—1902)、湖广总督张之洞(1837—1909)的反对,赵舒翘的抚拳政策未能决议。值得注意的是,军机大臣荣禄始终托病回避,意向不明,某种程度上也表明了慈禧太后仍未下定决心。清政府剿抚两难的困境,如同赫德(Robert Hart,1835—1911)指出,"中国朝廷处于剿抚两难的地位,如不镇压义和拳,则各国使馆将以采取行动相威胁;如准备镇压,则这一强烈的爱国组织将转变为反抗清朝的运动"。[⑥]

随着各国兵船纷至天津,准备调派更多兵力进京后,清政府的注意力不再放在义和拳了,反而关注各国兵舰的动向,深怕各国政府会趁机发动战争,与驻京公使团里应外合,伺机让光绪皇帝重掌政权。慈禧太后等人存有这样的揣测,似乎合情合理,其心态可由裕禄的奏疏窥见一斑:"各国领事近来遇事挑衅,不受商量,蛮横已极。迭经晓以情理,置若罔闻。察看各国动静,迥非前数日可比。盖因各国所到兵舰已多,租界屯扎洋兵亦复不少,大有群起相争,借口开衅之势。"[⑦]由此可知,驻京公使团的态度

---

① 杨慕时:《庚子剿办拳匪电文录》,载中国史学会编:《义和团》册1,上海人民出版社,1957年,第350页。
② 故宫博物院编:《义和团档案史料》上册,中华书局,1979年,第84—85页。
③ 故宫博物院编:《义和团档案史料》上册,中华书局,1979年,第90—91、92—95页。
④ 故宫博物院编:《义和团档案史料》上册,中华书局,1979年,第137页。
⑤ 故宫博物院编:《义和团档案史料》上册,中华书局,1979年,第110页。
⑥ 中国近代经济史委员会:《中国海关与义和团运动》,中华书局,1983年,第6页。
⑦ 故宫博物院编:《义和团档案史料》上册,中华书局,1979年,第142—145页;北京大学历史系、中国近代史教研室编:《义和团运动史料丛编》第二辑,中华书局,1964年,第28—29页。

及各国兵队协防的举动,已引起慈禧太后等人的恐慌。尤其是端郡王载漪接掌总理衙门后(五月十四日,6-10),极力主张安抚拳民,转拳为兵,抚拳派势力大振,情况更不乐观。①

正当清政府内部仍在争论剿抚问题时,西摩联军已向北京进军,驻京公使团又要求增兵,这些举动让慈禧太后颇感惊惧,赶紧回紫禁城坐镇。为了重新展开剿抚与否的讨论,御史郑炳麟先弹劾直隶提督聂士成纵兵扰民,再推荐董福祥担任直隶提督,招抚拳民,并由刚毅出面,附上拳民手稿,声称拳民只是为了保护身家,厌恶洋人而已,戕官毁道纯属自卫,并不是叛逆。②再从盛宣怀发给江苏巡抚鹿传霖(1836—1910)的电报:"洋兵进京数千名,大沽兵船卅一只,各国添兵,声言代为剿匪,所望刚、赵两公赶紧解散,方能消弭外衅。朝中似无主意,大局不堪设想。"③可见剿抚两派的争论已趋白热化,对外关系也相当紧张,似有一触即发之势。直到五月二十日(6-16),清政府举行御前会议,剿抚双方争执不下,荣禄却始终保持缄默,不愿表明支持剿拳的立场,企图平衡朝中各派的势力。④ 可惜,当各国联军试图攻击大沽炮台时(五月二十一日,6-17),剿抚争论已没有转圜的余地。⑤ 尤其是伪造的归政照会一出现,⑥更让慈禧太后肯定驻京公使团心怀鬼胎,眼下唯有开战一途,⑦决定招抚拳民,收为团练,以御外敌。

---

① 陈夔龙:《梦蕉亭杂记》卷1,山西古籍出版社,1996年,第29—30页。
② 故宫博物院编:《义和团档案史料》上册,中华书局,1979年,第134—135、137—140页。
③ 陈旭麓、顾廷龙、汪熙主编:《盛宣怀档案数据选辑7:义和团运动》,《119 盛宣怀致鹿传霖电》,上海人民出版社,2001年,第49页。
④ 故宫博物院编:《义和团档案史料》上册,中华书局,1979年,第142—143页;杜春和等编:《荣禄存札》,《致奎俊札·六月二十二日》,齐鲁书社,1986年,第405页。
⑤ 胡滨译:《英国蓝皮书有关义和团运动资料选译》,中华书局,1980年,第63—65、74页;故宫博物院编:《义和团档案史料》上册,中华书局,1979年,第147—148页。
⑥ 恽毓鼎:《崇陵传信录》,载中国史学会编:《义和团》册1,上海人民出版社,1957年,第48—49页;袁昶:《乱中日记残稿》,载中国史学会编:《义和团》册1,上海人民出版社,1957年,第337—338页。归政照会之主旨有四:(1)指明一地,令中国皇帝居住;(2)代收各省钱粮;(3)代掌天下兵权;(4)勒令皇太后归政。经专家的考证,已知这份照会纯属伪造。廖一中等编:《义和团运动史》,人民出版社,1981年,第226页。
⑦ 李希圣:《庚子国变记》,载中国史学会编:《义和团》册1,上海人民出版社,1957年,第12—13页;陈夔龙:《梦蕉亭杂记》卷1,《端邸倚势欺凌大臣》,山西古籍出版社,1996年,第33—34页;《清德宗实录(七)》卷464,光绪二十六年五月庚申,第75b—76a页。五月二十日召开御前会议时,许景澄、袁昶尚能挡住端王的压力,建议稳定公使团,便能让剿拳政策成功。未料当日晚上大栅栏发生火灾,北京的典当业者损失惨重,连带使其他商号也面临资金不足的问题,势将大乱。隔日,20多位王公大臣皆赞同端王的抚拳政策,延议遂定。

四　公使团对涞水教案的回应

在直隶义和拳越闹越凶的状况下,远在海外的各国政府未必能即时反应,只能依赖各国驻京公使回复的电报,判断其轻重,才能决定本国的对华政策。相对地,清政府也只能根据各国驻京公使的态度及转呈的照会内容,判断各国政府的对华政策。不幸的是,从驻京公使回复本国的报告书及发给清政府的照会内容来看,可见清政府与各国驻京公使沟通不良,两造对义和拳的看法,简直判若鸿沟。此外,在华的传教士、商人、记者及西方顾问也扮演着不容忽视的角色,例如海关总税务司赫德、法国主教樊国梁(Alphonse Favier)、《泰晤士报》驻京记者莫理逊(George Ernest Morrison)等人的言论,也间接影响了该国外交政策的走向。[①]

当义和拳在山东发起之初,法国主教樊国梁早已密切关注着义和拳的发展,并以私人顾问身份,要求总理衙门应负起保护教民的责任,[②]不时给清政府无形的压力,后来还威胁清政府若再不处理义和拳,势必酿成大祸,招致外国干预,更透露英、法、德、俄四国欲以护教弭乱为名,仿效德国占据胶州湾之故事,[③]暗示各国政府将趁机出兵占领中国内地。[④]为稳定北京的情势,直隶总督裕禄很快地公布禁拳告示,稳定人心,各国公使也获得了荣禄的保证,[⑤]一度以为危机已经结束,尚未注意在北京的拳民已越来越多的迹象。不过,各国公使自有消息来源,他们收到的信息虽未必正确,且考虑的层面也多有分歧,却不影响他们厌恶义和拳的一贯态度。

英国公使窦纳乐爵士(Sir Claude MacDonald)主要依赖赫德的分析,

---

① 阿德里亚诺·马达罗:《1900年的北京》,向佳谷译,东方出版社,2006年,第101页。
② 杜春和等编:《荣禄存札》,《樊国梁札·三月初八》,齐鲁书社,1986年,第386页。光绪二十六年三月初,樊国梁已致信军机大臣荣禄,要求代奏朝廷,请派兵整顿保安、安肃、定兴等处的拳会,搜捕包庇拳会的地保、官差及胥役,以防民教之间发生更激烈的冲突。
③ 周惠民:《德国租借胶州湾研究》,硕士学位论文,台湾大学历史学研究所,1979年。
④ 杜春和等编:《荣禄存札》,《樊国梁札·四月下旬》,齐鲁书社,1986年,第387页。
⑤ 荣禄:《荣禄中堂致樊主教书》,载中国史学会编:《义和团》册4,上海人民出版社,1957年,第145页。

有时也会听取莫理逊的小道消息。从窦纳乐传回英国政府的电报内容，可知当时公使团在北京的活动，及其对义和拳的看法。可以说，在驻京公使团中，窦纳乐爵士是消息最为灵通者，也较能保持客观态度，相信清政府有能力处理义和团问题。法国公使毕盛（Stephen Pichon）则依赖樊国梁主教提供情报，但樊国梁主教常常夸大其词，发表一些耸人听闻的妄论，使毕盛对北京的未来局势感到十分焦虑，很难相信清政府的诚意。德国公使克林德男爵（Baron August von Ketteler）更为焦躁，主张调兵进京，自行解决拳乱问题，并批评公使团太过软弱，无法让清政府坚持剿拳政策。相对于德国公使的强硬态度，英国公使窦纳乐爵士则怀疑克林德的动机，唯恐又重演胶州湾事件，常常暗中掣肘，试图孤立克林德，以免损害英国在华的商业利益。

俄国公使格尔思（Michele de Giers）表面上不动声色，私底下却不断向清政府施压，要求全面镇压义和拳的活动，并密切观察其他公使的动向，声称直隶义和拳的问题并不严重，以免各国公使更加惊慌。日本公使西德二郎（Nishi）由于东北问题，与俄国公使格尔思早有嫌隙，故对俄国公使提供的消息，往往不置可否，多有怀疑。而且，日本公使虽不认同毕盛预估的情势，却往往支持法国公使的许多提议，借以孤立俄国公使。意大利公使萨瓦戈（Marquis Giuseppe Salvago Raggi）的消息来源不多，仅能依赖意大利传教士，且赴任未久，很少能发表意见。[①] 美国公使康格（Edwin Conger）虽与公使团合作，但习惯上仍根据美国政府的孤立主义，始终与公使团保持一定的距离，以免美国被拖入东亚纷争之中。[②]

（一）谣言与误解

随着涞水教案的扩大，拳民也逐渐渗入北京，人心浮动。尤其是樊国梁主教，竟夸大涞水教案的伤亡人数，将其描述成惨无人道的大屠杀，[③]

① 阿德里亚诺·马达罗：《1900年的北京》，向佳谷译，东方出版社，2006年，第70—73页。
② 西里尔·珀尔：《北京的莫理循》，檀东鍠等译，福建教育出版社，2003年，第169页。
③ 故宫博物院编：《义和团档案史料》上册，中华书局，1979年，第89页；胡滨译编：《英国蓝皮书有关义和团运动资料选译》，中华书局，1980年，第73页；西里尔·珀尔：《北京的莫理循》，檀东鍠等译，福建教育出版社，2003年，第159—160页。

又说清政府才是涞水教案的真正主谋,而直隶总督裕禄有心剿拳,却受到满洲权贵的掣肘。[①] 这些不利的消息,让各国公使心生畏惧。为求自保,各国公使决定联手向清政府施压,遂扬言召开联席会议,发表联合照会,要求清政府尽快镇压义和拳。事实上,樊国梁提供的消息纯属虚构,却没有任何人怀疑这个消息的真伪,也没有人肯定清政府的努力。更奇怪的是,俄国向来与法国交恶,俄使格尔思却相信樊国梁的说法,因而秘密约见总理衙门翻译官联芳(1835—?),偷偷向联芳透露:在京洋人均有自危之心,各国政府以为中国无力管辖拳民,势必派兵干预,自行保护使臣。格尔思又声称,若非他极力劝阻,公使团早就采取行动。[②] 乍看之下,格尔思的说法,似乎确有其事。其实,当时联席会议尚未召开,格尔思不过是狐假虎威,欲借公使联席会议为名,趁机敲诈清政府,为俄国争取最大的外交利益。后来,出使俄国大臣杨儒(1840—1902)却回电证实了格尔思的说法。[③] 庆亲王奕劻不敢怠慢,赶紧呈交格尔思的谈话记录,证明各国政府已打算共同行动,派遣联军进京,让清政府更怀疑公使团的动机。

四月二十二日(5-20),公使团召开第一次联席会议,讨论涞水教案的处置。[④] 法国公使主张公使团应采取强硬的外交手段,向总理衙门施压。经各国公使一致同意后,便由西班牙驻京公使葛络干(B. J. de Cologan),以外交照会的形式,[⑤]向清政府要求:(1)逮捕参与拳会操练,或在街头生事,或张贴、印刷、散发揭帖者;(2)逮捕提供练拳场地的所有者,与拳会共同策划活动者则以拳民论处;(3)凡有镇压拳会责任的官员,若玩忽职守或纵容暴行者,均以罢免;(4)处决闹事的拳会领袖。这份外交照会的口气,如同最后通牒,不但要求清政府无条件答应,还须公开颁布北

① 胡滨译编:《英国蓝皮书有关义和团运动资料选译》,中华书局,1980 年,第 16—17 页。
② 故宫博物院编:《义和团档案史料》上册,中华书局,1979 年,第 98—99 页。
③ 故宫博物院编:《义和团档案史料》上册,中华书局,1979 年,第 96 页。
④ 台湾"中央研究院"近代史研究所藏:《法国公使毕盛函》,《辛丑议约》,档号 01—14—002—01—037。
⑤ 照会分为正式照会和普通照会两种。正式照会一般用于处理重要事务或履行外交礼节,不常使用。普通照会乃用第三人称书写,发文者不用签署,由发文机构在正本上盖公章而已。普通照会使用广泛,但其内容未必不重要。尤其抗议性质的照会,多用普通照会的形式,以免刺激对方,引起冲突。

京、直隶及华北其他省份，否则后果自负，各国将派兵舰前来，保护侨民。①

从联席会议的过程来看，各国公使虽不满清政府对涞水教案的处置，但也未必认同法国公使的强硬手段。尤其是俄使格尔思更极力反对，并指出一旦公使团调兵进京，所有要求将被视为威吓清政府的手段，势必造成中外关系的严重冲突。② 不过，各国公使仍保持原议，并私下协议：若五日内，收不到清政府的确切响应，将由天津调兵进京，或联合海军示威，进一步施压清政府。当然，清政府不知道这项秘密协议，反倒因杨福同被杀的缘故，立即批准裕禄的请求，增派人手，准备前往涞水，压制拳乱。并允许奕劻的奏请，让九门提督派兵保护北京各国使馆和教堂，禁止义和拳在京活动。③ 总理衙门认为，他们已做到了公使团的要求，甚至还做得更多。可是，公使团却不这样以为，也没有考虑到清政府陷入剿拳的困境，反而批评总理衙门蓄意推诿，不愿采取具体的行动。

（二）各自解释联合照会

五月初一（5-28），各国公使团因不满总理衙门的处理方式，遂再次集会，向清政府宣称，将由天津调来卫队，保护使馆，并要求清政府提供车辆，以便运兵。④ 英、法、俄、美、德国政府也都接到驻华公使们的报告书，认为拳乱可能威胁公使们的安全，授权让公使酌情处理，但仍相信清政府应能控制拳乱，不希望与清政府发生正面冲突。⑤ 然而，各国政府的授

---

① 胡滨译编：《英国蓝皮书有关义和团运动资料选译》，中华书局，1980年，第74页。
② 台湾"中央研究院"近代史研究所所藏：《俄国公使格尔思与联翻译问答》，《辛丑议约》，档号01－14－002－01－024。
③ 中国社会科学院近代史研究所近代史数据编辑组编：《义和团史料》下册，中国社会科学院，1982年，第701—702页。步军统领衙门拟定严禁义和拳会章程共有10条办法：(1)查禁拳会；(2)查办邪教；(3)惩办奸民；(4)查毁揭帖；(5)张贴禁拳布告；(6)加强巡视；(7)派勇巡察；(8)责令父兄禁止子弟习拳；(9)习拳者邻右同坐；(10)严禁刊刻、印刷揭帖。
④ 台湾"中央研究院"近代史研究所藏：《日国公使葛络干照会》，《辛丑议约》，档号01－14－002－01－002；胡滨译编：《英国蓝皮书有关义和团运动资料选译》，中华书局，1980年，第79—80页。
⑤ 《红旗》（北京）第11期，1926年，第126页；胡滨译编：《英国蓝皮书有关义和团运动资料选译》，中华书局，1980年，第29、132页；孙瑞芹译：《德国外交文件：有关中国交涉史料选译》卷2，商务印书馆，1960年，第5—7页。

权,无疑是给了各国驻京公使一把尚方宝剑,让他们可以直接联络舰队司令,要求保护,却没有考虑清政府的困难。由前文可知,当时涞水一地的拳乱已扩及涿州,切断了保定、北京及天津的联络网络,运兵不便,负责镇压的杨慕时又没有足够多的军队进行围剿。而京、津联络中断的情况,却让公使团怀疑清政府没有解决拳乱的诚意。①

值得注意的是,根据《拳乱纪闻》的记载,当时驻京记者莫理逊指称清政府已放弃剿拳政策。② 事实上,这份报道的可信度十分可疑,既是"密议",又怎么会让外国记者知晓,竟能描绘得活灵活现,如同亲眼所见?且报道内容与英国公使窦纳乐爵士回复本国的情报也有明显的矛盾。③ 更重要的是,报道中的关键人物刚毅、赵舒翘,当时仍在涿州,尚未回京,④何来鼓动太后之说?而且,庆亲王奕劻一向主张剿拳政策,与端郡王载漪早有对立,又怎会与载漪同声附和抚拳之论?依照上述的推论,足可证明莫理逊的报道纯属伪造。可是,在信息封闭的北京城里,人心浮动,气氛相当紧张。⑤ 莫理逊这份伪造的报道,自然让驻京公使团疑神疑鬼,十分焦虑,甚至连一向乐观的赫德也忍不住发电警告清政府:"若局面无速转机,各国必定并力,大局危亡,即在旦夕。"⑥五月十四日(6-10),公使团再次发表联合照会,宣称将相机行事,自行保护本国侨民的安全,⑦并急电

---

① 台湾"中央研究院"近代史研究所藏:《德国公使克林德函》,《辛丑议约》,档号 01—14—002—01—022。

② 佐原笃介辑:《拳乱纪闻》,载中国史学会编:《义和团》册1,上海人民出版社,1957年,第124页;西里尔·珀尔:《北京的莫理循》,檀东鍉等译,福建教育出版社,2003年,第164页。

③ 胡滨译编:《英国蓝皮书有关义和团运动资料选译》,中华书局,1980年,第87—88页。

④ 仲芳氏:《庚子记事》,载中国社会科学院近代史研究所编:《庚子记事》,中华书局,1978年,第11页;[清]高枬:《高枬日记》,载中国社会科学院近代史研究所编:《庚子记事》,中华书局,1978年,第145页;恽毓鼎:《崇陵传信录》,载中国史学会编:《义和团》册1,上海人民出版社,1957年,第50页。三书对刚毅返京日期记载不一,《庚子记事》记五月十五日、《高枬日记》记五月十九日、《崇陵传信录》计五月二十四日。由于五月二十日上谕所列召见者已有刚毅之名,当以《高枬日记》较确。

⑤ 佐原笃介辑:《拳乱纪闻》,中华书局,1978年,第116页。

⑥ 金家瑞等辑:《有关东南互保资料》,载中国史学会编:《义和团》册3,《粤督李中堂致盛宣怀电(光绪二十六年五月十三日)》,上海人民出版社,1957年,第325页。

⑦ 台湾"中央研究院"近代史研究所藏:《给英国公使窦纳乐照会》,《辛丑议约》,档号01—14—002—01—065。

驻扎天津的舰队司令,赶紧派遣更多的军队进京,以防不测。同时,各国驻津领事收到命令后,立即召开紧急会议,准备各派军队进京。当然,各国之间并不团结,各怀鬼胎。这点可从派遣军官人选的争执,略见一斑。俄国驻津领事本欲抢夺联军统帅一职,法国驻津领事也推波助澜,欲助俄国一臂之力。德国则不愿表态,以免卷入英、俄竞争之中。但其他领事则怀疑法、俄的动机,不表赞成,反而推举由英国将领出任,避免打破各国在华均势的局面。① 后经美国守备出面调停,各国领事才放下成见,共同推举英国海军上将西摩(Edward Seymond)担任联军统帅。②

为消除公使团的疑虑,清政府本允许驻京公使团从天津调二三十名洋兵,③加强使馆区的防卫。但自五月初六以来,各国兵舰纷纷来华,欲举行海军示威,且公使团第二次调兵的数量已达千名,又有英国公使窦纳乐的恐吓:"各国出于无奈,惟有将管理京师之权,代为操持。"④种种迹象无不让清政府怀疑各国政府派兵遣舰,乃别有所图,不只为了保护使臣,而是想进一步瓜分中国,夺取政权。例如美国国务卿海约翰(Hay,John Milton,1838—1905)曾致电英国政府,提议英、美两国出兵,协助中国平乱,并趁此契机,"洞辟华门,大通商利"。⑤ 樊国梁主教也藉罗马教皇之名,向清政府施压,好推动在中国的传教事业。⑥

清政府厌恶驻京公使团的强硬态度,更不满西摩联军的擅自行动,但仍试图挽回,遂任命端郡王载漪主管总理衙门,一来向公使团进行反示

---

① 佐原笃介辑:《八国联军志》,载中国史学会编:《义和团》册3,上海人民出版社,1957年,第174页。

② 胡滨译编:《英国蓝皮书有关义和团运动资料选译》,中华书局,1980年,第30、32、35、37、40页。

③ 北京大学历史系·中国近代史教研室编:《义和团运动史料丛编》第二辑,中华书局,1964年,第133页;故宫博物院编:《义和团档案史料》上册,中华书局,1979年,第111页。五月初四,英、俄、日、法、美等国官兵356人抵达北京。

④ 台湾"中央研究院"近代史研究所藏:《英国公使窦纳乐照会》,《辛丑议约》,档号01—14—002—02—008。

⑤ 佐原笃介辑:《八国联军志》,载中国史学会编:《义和团》册3,上海人民出版社,1957年,第172页。

⑥ 樊国梁:《樊国梁日录》,载中国社会科学院近代史研究所编:《义和团史料》下册,中国社会科学出版社,1982年,第581页。

威,二来让载漪负责实际事务,不再整日与拳民厮混。① 尽管驻京公使团中,没人相信总理衙门有能力保护他们,也没人认同赫德的分析,但赫德始终认为,慈禧太后让载漪主管总理衙门的决定,可说是慈禧太后最后的尝试,以平衡满洲亲贵、各地督抚、义和拳会及驻京公使团互相拉扯的巨大力量。但从某个角度来说,完全不懂外交的载漪一旦接手总理衙门,似乎意味着:清政府与公使团交涉的正规管道已遭封闭了。②

日本使馆书记官杉山彬之死,乃外交官殒命的第一例。事情发生后,军机大臣荣禄立刻亲赴日本使馆,代表清政府致哀,并向慈禧太后建议,改调广东总督李鸿章回任直隶总督兼北洋大臣,负起对外交涉的工作。又加派人手,控制京师治安,避免与公使团的最后决裂。公使团不接受清政府释出的善意,仍不愿收回调兵命令,反而用更强硬的姿态,欲威吓清政府就范。公使团的做法,无疑是抱薪救火,让清政府更不信任他们。而且,驻京公使团及西摩联军的举动,让慈禧太后不得不提高警觉,甚至联想到咸丰十年(1860)英法联军蹂躏北京的往事,下令裕禄尽力阻止西摩联军。未料,清政府的自卫举动,却让公使团更相信莫理逊的报道,以为清政府准备利用拳民,大肆屠杀洋人。这时,中外双方已无法平心静气地协商,冲突日渐激烈,误会已难冰释。

前文提及,清政府虽召开御前会议,剿抚之争仍未定案。事实上,真正让慈禧太后下定决心的关键,乃是大沽炮台遭各国联军攻占之事。五月二十一日,各国联合海军向大沽炮台发出最后通牒,要求在明日两点钟前,接管大沽炮台,否则将用武力,强行占领。③ 对慈禧太后来说,这份通牒正好证明了各国政府居心叵测:先让驻京公使团百般挑剔,有意失和,再用洋枪大炮,胁迫开衅,占领大沽炮台,强行打开北京的门户。④ 而且,归政照会已不只是欲瓜分中国的铁证,还牵涉到皇权孰归及国体尊严的

① 赫德:《这些从秦国来——中国问题论集》,叶凤美译,天津古籍出版社,2005年,第32页。
② 台湾"中央研究院"近代史研究所藏:《日本公使西德二郎函》,《地方交涉》,档号01-16-081-10-003。
③ 故宫博物院编:《义和团档案史料》上册,中华书局,1979年,第147-148页。
④ 台湾"中央研究院"近代史研究所藏:《总署给各国公使照会》,《辛丑议约》,档号01-14-002-02-041。

问题,让慈禧太后再也无法容忍,认定各国政府要求剿拳的真正目的,就是为了要推翻政权,于是不再寄望对外交涉,只能与各国一战方休。

五　结　语

　　涞水教案起于民教冲突的结果,破坏了高洛村地方的权力结构,使地方精英普遍不满,却无法再循官方的司法途径解决纷争。为了发泄积怨,高洛村的地方精英欲借义和拳惩罚教民,却激起涞水、涿州、保定一带的大规模动乱。当负责剿拳的杨福同遇害时,朝野为之震动,表明拳民已非乌合之众,不可与山东义和拳相提并论。可以说,涞水教案的发生,即高洛村权力变动与利益冲突的恶果。

　　涞水教案快速发展的原因,除了地方士绅不满天主教教会包庇教民之外,同时应考虑清政府内部的派系问题,及其与驻京公使团的互动关系。涞水教案代表了义和团运动性质的转折。一旦清政府处置失当,民教冲突可能升级为危及清政权的民众抗争,遂使清政府陷入了剿抚两难的困境,失去剿拳先机,备受掣肘。直到直隶义和拳乱大为扩散后,拳民已越来越难控制,清政府不得不调整剿拳政策,转而考虑抚拳政策,却让对外交涉的空间越来越小,无法说服各国驻京公使团。

　　另一方面,驻京公使团也越来越焦虑,不由得怀疑清政府剿拳的诚意。先是法国主教樊国梁过分夸大了涞水教案的受害情况,法国公使毕盛又不加查证,带头煽动其他公使,联手压迫清政府做出剿拳的承诺。英国公使窦纳乐则是派兵行动的始作俑者。俄国公使格尔思一面宣称对华亲善,却不愿英国独占鳌头,也连忙请求沙皇派兵舰前来天津,欲分得一杯羹。因此,在英、法、俄三国的外交竞争下,驻京公使团无意间推动了高压外交政策。然而,正因为驻京公使团不断逼迫,让清政府时感威胁。为了防范外力侵入,武卫各军必须驻扎天津、大沽一带,无法有效集结,合围剿拳。清政府顾此失彼,既无法抽调驻扎天津的精锐部队,也不敢彻底执行剿拳政策,陷入剿抚两难的困境。

　　由于北京附近的电线皆遭拳民破坏,只能依靠传统的驿传制度,信息相对封闭。由于谣言纷起,让清政府和驻京公使团皆互相猜疑,不相信彼此的诚意。再加上公使团的高压手段,调兵数量多达千人,清政府不得不疑虑公使团调兵进京的目的,以为各国政府欲借拳乱为由,意在瓜分中国、转移政权。[①] 负责对外交涉的总理衙门,却临时换将、所托非人,难以充当协调机制,无法发挥双向沟通的作用。因此,清政府始终摇摆不定,谕旨内容也多有矛盾,既令直隶总督裕禄调兵备战,阻止西摩联军进犯北京;同时,清政府却处处忍让,不愿与各国政府彻底决裂,竟命聂士成稳守大沽炮台,不得随意开火,让前线军队无所适从。

直到各国联合海军发出最后通牒,慈禧太后误解各国驻京公使团有意失和的真正目的,即瓜分中国、推翻自己的政权。在两害取其轻的考虑下,阻挡洋兵自然比镇压拳民来得更为重要,因而转向抚拳政策,将拳民收归己用,"以拳抗洋",让他们两败俱伤,清政府得坐收渔翁之利。走到这个地步,慈禧太后终于放弃剿拳政策,改行抚拳政策,抚拳派大获全胜。于是清政府试图化被动为主动,开始召集各处剿拳的武卫军,积极备战,阻止各国联军冲入北京。总之,随着剿抚不定的问题,中外双方的冲突日益激烈,长期累积的芥蒂皆到达临界点,最终免不了兵戎相见,演成八国联军、华北糜烂的悲剧。

(原文载于《政大史粹》第 12 期,2007 年 6 月出版,

收入本论文集时作者在文字上略有修改。)

---

① 北京大学历史系、中国近代史教研室编:《义和团运动史料丛编》第二辑,中华书局,1964年,第 28—29 页。

陈红民

陈红民，1958年出生，山东泰安人。毕业于南京大学历史系。现为浙江大学求是特聘教授、历史系主任、中国近现代史研究所所长、蒋介石与近现代中国研究中心主任、博士生导师，政府特殊津贴获得者，国家社科基金历史学科组成员。曾任教育部人文社科重点研究基地——南京大学中华民国史研究中心教授兼副主任。曾先后去加拿大、日本、意大利、奥地利、新加坡、英国及台湾、香港、澳门等地区进行学术访问与参加国际学术讨论会，在海外学术单位讲学20余次。主要研究方向为中国现代史、中华民国史与当代台湾史，当前关注重点在蒋介石及其相关研究。在中外学术刊物上已发表论文《九一八以后的胡汉民》、《晚清外交的另一种困境》等百余篇。正式出版论著及译著有《胡汉民未刊往来函电稿》（广西师范大学出版社，2005年）、《蒋介石的后半生》（合著，浙江大学出版社，2011年）等20余种。

晚清外交的另一种困境：
以 1887 年朝鲜遣使事件为中心的研究[*]

　　鸦片战争之后,清政府面临着全新的国际环境,在对外交往中有着双重的困境:一方面,与列强的对抗中,不断重复着反抗——战争——失败——割地赔款的屈辱;另一方面,一些在地缘上临近中国、有着传统朝贡关系的小国纷纷离去。前一种情形人所共知,后一种情形则较少为学界所注意。研究近代中国的对外交往,确定当时中国的国际地位,需要从两方面着手,既要研究清政府是如何与大国强国打交道的,也要研究它是如何与小国弱国打交道的。这是一体两面,后一种情形有着不可替代的作用。

　　朝鲜是与中国关系最悠久、地缘上相邻的国家。清政府如何面对朝鲜要求摆脱旧有的"宗藩关系",独立自主开展外交活动的那段历史,显示了晚清外交的另一种困境。本文拟以中朝两国 1887 年围绕朝鲜遣使事件的折冲过程,展示清政府面对邻近小国自主意识的崛起,被迫调整角色的痛苦与无奈。在以往研究中朝关系、朝鲜外交史及相关人物如李鸿章、袁世凯的论著中,对朝鲜遣使事件有所涉及。^① 本文运用台湾"中央研究

　　* 台湾真理大学叶泉宏副教授、韩国庆北大学姜抮亚教授、南京大学尹恩子副教授提供了相关的研究资讯,台湾"中央研究院"近代史研究所张启雄研究员提供修改意见。谨此致谢。

　　① 相关成果如林明德:《袁世凯与朝鲜》,台湾"中央研究院"近代史研究所,1984 年;曹中屏:《朝鲜近代史(1863—1919)》,东方出版社,1993 年;徐万民:《中韩关系史(近代卷)》,社会科学文献出版社,1996 年;王明星:《韩国近代外交与中国(1861—1910)》,中国社会科学出版社,1998 年;刘忆江:《袁世凯评传》,经济日报出版社,2004 年;侯宜杰:《袁世凯全传》,当代中国出版社,1994 年;等等。据介绍,日本的冈本隆司曾发表关于清、韩关系的著作与论文,对 1887 年朴定阳赴美事件有所研究。韩国学者也有研究朴定阳使美的相关论文,如李芳苑:《朴定阳的美国公使活动》,《绿友研究论集》第 38 集,1999 年;金奂国:《关于朝鲜欧美外交使节制度的导入研究:以朴定阳驻美公使的派遣为中心》,硕士学位论文,韩国首尔大学政治学科,1987 年。韩国学者的研究成果笔者尚未有阅读,从标题看似乎主旨与本文不同。

院"近代史研究所藏"驻朝鲜使馆档",①辅以韩国出版的《旧韩国外交文书(清案)》和《朴定阳集》等史料,将此事件放在中国近代外交史的大环境下加以考察,全面展现事件的过程,剖析清政府在"形势比人强"的情势下的种种强势、无奈与退让。不足之处,尚祈方家教正。

一 宗藩体制的瓦解:遣使事件前的中朝关系

中国以其悠久的历史、强大的国力与先进的文化曾长期是东亚地区的中心。在漫长的历史过程中,东亚地区形成了以中国为中心的"宗藩体制",它是近代意义上的国家、领土、主权等观念传入之前,基于东亚地区实力对比所形成的一种地缘国际关系。日本学者佐滕慎一在研究中国近代国际观转变时指出:"在以册封与朝贡为基轴的中国国际秩序观中,中国皇帝与其他国家国王的关系被解释为君臣关系。君臣关系是上下关系,这样,国家间的不平等的关系就被视为正常的了。"②

朝鲜的李氏王朝自 14 世纪建立就与中国保持着宗藩关系。1637年,朝鲜国王向清帝称臣,行三拜九叩之礼,接受清朝所赐的玉纽、金印和诰命,受册封。朝鲜国王的地位受到中国皇帝的承认与保护,享有一定的自主权。李氏王朝确定"事大交邻"的外交方针。所谓"事大",就是奉中国正朔、向中国"年年修职贡",明确中国与朝鲜的关系为"大"与"小"、"上"与"下"的关系。

鸦片战争前后,中国的一些藩属国先后被西方列强蚕食、鲸吞,沦为殖民地:1824 年,英国侵入缅甸,强迫其签订不平等条约,1853 年将缅甸并入英属印度;1826 年,英国迫使暹罗(今泰国)签订不平等条约,开放所有港口;1858 年,法国侵入越南,强占越南领土。东亚地区传统"宗藩体制",在西方的强力冲击下渐趋瓦解,朝鲜成为中国最后的藩属。在内外

---

① 台湾"中央研究院"近代史研究所档案馆收藏的《驻朝鲜使馆档——袁世凯》,在《中韩交涉》全宗中有五个卷宗直接与 1887 年的朝鲜遣使有关,册名分别是:《中韩关系议定之三端》、《朴定阳违章》、《礼部奏朝鲜派使西国先行请示案》、《朝派美使卷》、《朝驻美使朴定阳请假返国卷》。

② 佐滕慎一:《近代中国的知识分子与文明》,刘岳兵译,江苏人民出版社,2006 年,第 37 页。

交困之下,如何维持对朝鲜的控制,防止列强以朝鲜为跳板来侵略中国,成为清政府对朝鲜政策的基本出发点。驻日使节曾向朝廷报告:朝鲜居亚洲要冲,"为中国左臂","朝鲜若亡,我之左臂遂断,藩篱尽撤,后患不可复言"。①

列强在东南亚得逞后,开始染指朝鲜半岛。朝鲜王朝最初采取了"锁国攘夷"的政策,先后击退了试探性侵略的法国、美国军队,并拒绝了日本的谈判要求。其间,朝鲜政府依藩属规矩,不断将外国入侵的事件报告清政府。清政府在朝鲜问题上陷入困境:一方面,列强要求清廷利用宗藩关系出面压迫朝鲜屈服;另一方面,朝鲜以藩属的身份,要求清政府协助对抗列强,保护其权益。1871 年底,美国兵舰兹扰朝鲜,双方都将事件提交清朝,要求斡旋。奕亲王上奏同治帝,剖析美朝双方的用心,陈述应对之策:

> 查美国历次照会,及朝鲜咨覆礼部文件,大意皆以"中国属国"为辞。美国思欲借"属国"二字,令中国势压朝鲜,以遂其谋。朝鲜亦思借"属国"二字,请中国力制美国,以资庇护。该二国之隐衷,大率不外乎此。臣等揣时度势,悉心酌覆。朝鲜虽为中国属国,然其政教禁令,中国向来听其自为主持。……朝鲜于上中国文件,居然自行抄给美国,全不隐避,窥其用意,其所谓求中国保护者,并非尽出真忱,不过欲借中国为卸肩地耳。故该两国构衅一事,中国只能从中排解,劝美国不必前往,此外别无可筹之策。②

清政府的认识比较清醒,无奈自己是泥菩萨过河,找不出两全之策来调处朝鲜与列强的纷争,只能采取规避责任的搪塞手法:当列强来逼时,强调朝鲜虽为"属国",有很强的独立性,"中国向来听其自为主持"。当朝

---

① 何如璋:《主持朝鲜外交议》,台湾"中央研究院"近代史研究所编:《清季中日韩交涉史料》第 2 册,1972 年,第 439 页。

② 宝鋆等修:《筹办夷条始末·同治朝》,同治十年十一月己亥,台北文海出版社,1971 年影印本,第 7745 页。

鲜来求时,则要求其凡事"自行处理"。这种方式导致列强与朝鲜双方都不满意,朝鲜的失望尤大,渐渐失去了对清廷的尊重。

19世纪70年代末期,朝鲜出现了一股开化思潮,部分官吏结成开化派,要求对外开国通商,对内革古维新,富国强兵。开化思潮代表了国权意识日益高涨的朝鲜人不满于旧有的宗藩关系,要求摆脱清朝而独立自主的愿望。朝鲜内部开化派与保守派间的斗争十分激烈,以致于1882年7月发生"壬午兵变"。清政府采取积极干预政策,派军队进入朝鲜平乱。同年10月,应朝鲜方面的请求,李鸿章与朝鲜奉正使赵宁夏等人签订了《清朝商民水陆贸易章程》,以正式条约来规范中朝关系。《章程》强调了原有的宗藩关系,称"朝鲜久列藩封,典礼所关,一切均有定制,毋庸再议。惟现在各国既由水陆通商,自宜亟开海禁,令两国商民一体互相贸易,共沾利益。……惟此次所定水陆贸易章程,系中国优待属邦之意,不在各国一体均沾之例"。①《章程》内容中除双方互在对方开放口岸设商务委员、扩大边境贸易等"平等条款"外,也有清朝兵轮可在朝鲜沿海游弋,停泊各处港口、领事裁判权、协定关税等不平等条款。《章程》在原有的宗藩关系之上,又增加了某些西方殖民主义的内容,显示出清廷的大国沙文主义。朝鲜主动提出与清朝签订此条约,目的是要以平等的姿态及自主的方式处理与清朝的关系。谈判过程中,朝鲜代表对有损其权益的条款曾据理力争,争取到在中国京城派驻使节的权利。韩国学者认为,当时朝鲜官员"还缺乏近代意义的民族自觉",同意将"属邦关系"以条约固定下来,以致陷入被动。②

当时,清政府处理与缔约国关系的事务由专设的总理各国事务衙门负责,与朝鲜等周边朝贡国的关系却仍由礼部主管,明显体现了晚清"二重外交"的特质。③"二重外交"的出现有其历史背景,清政府需要用不同的思路和态度来处理与不同国家的关系。事实上,清政府内与朝鲜事务

---

① 王彦威纂:《清季外交史料》卷29,台北文海出版社,1963年影印本,第10页。

② 宋柄基:《1882年朝美条约的订立与清代中国》,杨秀之译,台北乐学书局,2006年,第300页。

③ 佐藤慎一:《近代中国的知识分子与文明》,刘岳兵译,江苏人民出版社,2006年,第45页。

有关的机构包括礼部、总理各国事务衙门与北洋大臣，其中以北洋大臣李鸿章的角色最重。

1884 年秋，在朝鲜的袁世凯向李鸿章密报，朝鲜的态势极不稳定，"君臣为日人播弄，执迷不悟，每浸润于王，王亦深被其惑，欲离中国，更思他图，……乘此时机引强邻自卫，即可称雄自主，并驾齐驱，不受制中国"。袁强调"朝鲜屏障中国，实为门户关键，他族逼处殊堪隐忧"。① 李鸿章对此亦有同感，但也只命令袁"不动声色，坚守静镇，并随时侦探情形详细密报"。② 1885 年，李鸿章鉴于朝鲜内乱不断，而驻朝道员陈树棠"谨厚有余，才智不足"，③特上奏建议任命袁世凯为"驻扎朝鲜总理交涉通商事务大臣"，理由是袁"胆略兼优，能知大体，前随吴长庆带兵东渡，久驻王京，壬午、甲申两次定乱，情形最为熟悉，朝鲜新旧党人，咸相敬重"。④ 袁世凯上任后，李鸿章曾致函朝鲜国王加以推荐，"以后贵国内治外交紧要事宜，望随时开诚布公与之商榷"。⑤ 年轻气盛的袁世凯有意要在朝鲜施展政治抱负。

以上情况表明，一方面是已经衰败的清政府要强化对朝鲜的控制；另一方面是已经觉醒的朝鲜要冲破宗藩体制，争取独立自主的国际地位，双方冲突势不可免。

二　遣使事件：朝鲜自主外交的尝试

朝鲜与日本于 1876 年签订《江华条约》后，签约国先后向朝鲜派来外

① 《袁世凯来禀》，光绪十年九月二十五日到附，《李鸿章全集》第 8 册（译署函稿·卷十六），时代文艺出版社，1998 年，第 4738 页。

② 《论朝鲜》，光绪十年九月二十五日，《李鸿章全集》第 8 册（译署函稿·卷十六），时代文艺出版社，1998 年，第 4738 页。

③ 《论朝鲜国政》，光绪十一年五月二十六日，《李鸿章全集》第 8 册（译署函稿·卷十七），时代文艺出版社，1998 年，第 4798 页。

④ 《李鸿章奏派同知袁世凯接办朝鲜交涉通商事宜折》，光绪十一年九月二十一日，《清光绪朝中日交涉史料》卷 9，台北文海出版社，1970 年影印本，第 117 页。

⑤ 《复朝鲜国王》，光绪十一年十月初二日，《李鸿章全集》第 8 册（译署函稿·卷十八），时代文艺出版社，1998 年，第 4833 页。

交使节,但 11 年间朝鲜并未向各国派驻使节。随着上、下自主意识的加强,朝鲜政府 1887 年决定依国际惯例,对等向外派驻使节。如何征得清政府的同意,是其首先必须要面对的问题。

为减轻压力,朝鲜政府采取了循序渐进的方式。1887 年 8 月,朝鲜国王派闵泳浚出使东京,任驻日本代理大臣,然后将结果报告清政府,即所谓"去后始咨",此举有试探之意,清政府并未反对。同年 9 月,朝鲜国王又指定朴定阳为驻美国全权大臣,沈相学为驻英、德、法、俄、意五国全权大臣(后因沈病,改派赵臣熙),仍拟用"去后始咨"方式,待使节成行后再报告清政府。

这次大规模的独立外交活动,引起清政府的不满。北洋大臣李鸿章闻讯后指令袁世凯照会朝鲜政府:"韩交涉大端,向与本大臣先商。近闻分派全权赴各国,并未预商,即将前往,且各国并无朝鲜商民贸易,何故派往,徒增债累? 该员往办何事? 有何意见?"①朝鲜政府对此已有准备,声称本无意派使,惟各国"屡以遣使出洋"为请,不得不派。袁世凯并不满意这样的答复,要求朝鲜必须对"并未预商,即将前往"做出明确解释。对此,朝鲜议政府领议政沈舜泽于 1887 年 9 月 24 日复照袁世凯如下:

> 查本国向有交涉大端,必先商北洋大臣查核示遵,非止一再。美国首先通好而派员襄助妥订条约,嗣后太西诸国继至修好,后先订约,所有条约亦皆备文咨报,均经奏准,此皆交涉大端之先商者也。查本国与各国所订条约,内开彼此均得派遣使臣驻扎京城,商办交际事宜等语,原约既经咨报奏准,则约内所开各节亦皆邀准。而且各国派使来住已有年所,本国并无派员前往,是以各国驻京使臣屡以遣使出洋为请,本国政府以朝鲜商民并无出洋贸易,而出使经费究亦无着,不允其请,置为缓图。至

---

① 《沈舜泽照复袁世凯》,光绪十三年八月初六日,《礼部奏朝鲜国派使西国先行请示案》,台湾"中央研究院"近代史研究所藏《驻朝鲜使馆档——袁世凯》,全宗号 01-41,案卷号 016-01。所引档案均来自"中央研究院"近代史研究所藏《驻朝鲜使馆档——袁世凯》,全宗号均为"01-41",故以下只注册名与案卷号。

近日而各国之请愈切，本国念及友谊，重违其请，乃派定欧美各
国使臣，姑以塞西人之请。将此事由正拟商请傅相（李鸿章——
引者）之际，适承来文，殊甚歉愧。

查向例本国派使出洋，均系一面派送，一面咨行，并无先咨
后派之例。是以本国曾简全权大臣派赴亚美日本等国，而均系
去后始咨，今年派遣办理大臣往驻日本，而亦去后始咨，此次赴
美全权之行，自应按照向例办理。①

沈的复照解释了朝鲜派使的原因（苦衷），认为派使是与各国条约中
的内容，而与各国签约均已请清政府批准，故无须专门报告，且以派使日
本为例，称"去后始咨"是"按照向例办理"，没有违背惯例。

本来，朝鲜根据条约向各国派出使节，清政府无权干涉，但由于多年
宗藩关系，两国之间存在着事实上与心理上的不平等，朝鲜不得不委屈地
应付来自清朝的压力。

清政府也意识到，"朝鲜与各国立约，既有派使互驻之条，现在遴员前
往，自无不可"。何况，朝鲜给中国的奏章，"情词恭顺，具见悃忱"。②无法
反对朝鲜的合理要求，便"善意地"劝阻：朝鲜"物产无多，商务未旺，加以
频年多故，国用日繁，若再派使分驻各国，并无应办之事，而徒此常年顿添
钜款，嗣后若因经费不继竟行中辍，或勉力筹措，债负日增，既于国计无
裨，转致远方腾笑"。③ 意即朝鲜根本无必要派使节驻外，但朝鲜不为所
动。清政府阻挠不成，只得转而考虑朝鲜派使后可能遇到的新问题，即如
何在国际场合下维持清朝对朝鲜的宗主国地位与面子，这成为日后各种
争执的关键所在。

清政府在同意朝鲜派使之前，提出了三项要求：（1）朝鲜驻外使节与

① 《沈舜泽照复袁世凯》，光绪十三年八月初八日，《礼部奏朝鲜国派使西国先行请示案》，
案卷号 016－01。

② 《李鸿章致袁世凯札》，光绪十三年九月二十三日到，《礼部奏朝鲜国派使西国先行请示
案》，案卷号 016－01。

③ 《李鸿章致袁世凯札》，光绪十三年九月二十三日到，《礼部奏朝鲜国派使西国先行请示
案》，案卷号 016－01。

中国官员往来时,必须保持属邦体制。具体规定是:"所有朝鲜派驻各国之员,无论何项职衔,遇有公事与中国驻各国之大臣交涉,应用呈文往来用衔帖,中国驻各国之大臣与朝鲜驻各国之员,遇有公事行文,均用朱笔照会,以符体制。"以此来规范中朝驻外使节之间的上、下关系。①(2)"其余未尽事,宜仍著李鸿章随时通问筹商,务臻妥协。"②即李鸿章仍有掌控朝鲜外交的权力。对以上二条,朝鲜政府均接受。(3)清政府驻外使节均为二等官,朝鲜拟派的是"全权大臣",清政府忧虑在外国会出现因其使节官等低而排在朝鲜使节之后的"尴尬"情况,因此要求朝鲜将使节改为"三等使节"。朝鲜婉拒此要求,理由也巧妙:"诸国幅员权力十倍朝鲜,不可不派大公使,惟派使之初未谙体制,未先商请中朝,于派定后即饬外署知照各国,以备接待,兹忽改派,深恐见疑。仍请准派全权公使前往,待报聘事竣调回,或以参赞等员代理,庶可节省经费。"③

李鸿章仍不放心,为了杜绝后患,他制定了朝鲜使节在外必须遵守的三项原则,即下列"三端",如果朝鲜国王接受,可不再强求朝鲜使节改名:

> 本大臣丞应预为声明有三端:一 韩使初至各国,应先赴中国使馆,再报请由中国钦差挈同赴外部,以后自不拘定;一 遇有朝会公宴酬酢交际,韩使应随中国钦差之后;一 交涉大事,关系紧要者,韩使应先密商中国钦差核示。此皆属邦分内应行之体制,与各国无干,各国不能过问。④

"三端"表明了在国际正式场合的中朝关系原则,旨在抬高中国、压制朝鲜。"三端"与其派使实行自主外交的初衷南辕北辙,朝鲜方面断难接受。以后的冲突,均是围绕"三端"展开的。

双方围绕"三端"讨论往来,费时甚多。其间,朝鲜曾想硬闯关,在不

---

① 《李鸿章致袁世凯札》,光绪十三年九月二十一日,《礼部奏朝鲜国派使西国先行请示案》,案卷号016—01。

② 《李鸿章致袁世凯札》,光绪十三年九月二十一日,《礼部奏朝鲜国派使西国先行请示案》,案卷号016—01。

③ 《李鸿章奏章》,光绪十三年九月三十一日,《朴定阳违章》,案卷号016—02。

④ 《朝鲜国王照会袁世凯》,光绪十三年十月二十日,《朴定阳违章》,案卷号016—02。

接受"三端"的情况下让朴定阳先赴美国。袁世凯闻讯，强迫朝鲜政府中止了朴定阳的行程。朝鲜政府遂改变策略，以先允同意"三端"，促成朴定阳出发为首要目标。1887年11月7日，朝鲜督办交涉通商事务赵秉式照会袁世凯："前派各国使臣，已束装经月，而转瞬严冬，道路迢远，如候由咨文往返筹商，恐又须时日，转请袁总理先将咨内所开各节电达北洋大臣核筹电覆，即便照办。"①11月11日，朝鲜国王照会袁世凯，正式表示愿意接受"三端"，"当即于本月杪饬驻美全权朴定阳、驻英德俄意法公使赵臣熙先后前往泰西，各敬厥职"，认真"遵行"。国王并称赞李鸿章"仰体皇上字小之恩，曲谅敝邦难便之势，俯允所请，仍旧使号，俾保信义于天下，不启猜疑于邻邦"，允许其派全权大使外出，是"周全之至"，"铭感之衷更何有"。②同日，朴定阳一行启程赴美国。日后的发展说明，朝鲜政府的安排颇有玄机。

朝鲜国王在给朴定阳的"训谕"中不仅未提及"三端"，且将中国与其他"有约国家"并列。③那段时间，朴定阳与袁世凯有较多的来往，了解交涉的经过。关于清朝限制朝鲜驻外使节级别问题，朴在10月19日的日记中写道："中国北洋回咨来到，而欧美之送使虽为许施，至于'全权'则不许，使号改以'住扎'为可云。"④11月10日，他在见了袁世凯后记道："中国北洋大臣李鸿章回电来到于袁总理，而使号许以'全权'。已有三端外，又另约三端。"⑤朴在当天日记中还清楚地记下了"三端"的全部内容。次

---

① 《赵秉式照会袁世凯》，光绪十三年九月二十二日，《礼部奏朝鲜国派使西国先行请示案》，案卷号016-01。

② 《朝鲜国王照会袁世凯》，光绪十三年十月二十日，《朴定阳违章》，案卷号016-02。

③ 朝鲜国王的"训谕"如下："钦差驻扎美国全权大臣朴：朕知卿本忠谨综明，悉心奉公，兹特派驻扎美国京都全权大臣之任。卿其住在该国，务要与该国亲睦和好，每于论事之际，勿生圭棱，期臻妥协，必须恢扩见闻，其有系本国事情者，辄即禀启，并保护本国商民之住留该国者，另图所以兴旺通商之方。该国政府与人民之情形，以时设法采访。其驻在该国之中国及有约各国公使领事等官，亦必亲密联交，详探各国关涉事情，逐一禀启，是朕所望也。"朴定阳：《从宦日记》，载韩国学文献研究所编：《朴定阳集》（韩国近代思想丛书）第3册，首尔亚细亚文化社刊行，1984年，第621页。

④ 朴定阳：《从宦日记》，载《朴定阳集》第3册，首尔亚细亚文化社刊行，1984年，第618页。

⑤ 朴定阳：《从宦日记》，载《朴定阳集》第3册，首尔亚细亚文化社刊行，1984年，第620页。

日,朴定阳出席袁世凯为其举行的饯行宴。①可见,朴在行前对"三端"的背景与内容是完全清楚的。

12月28日,朴定阳一行到达美国旧金山。他在接受美国记者采访时,特地强调朝鲜的独立性,并披露清政府对其出使的阻挠,言辞中甚多不满:"高丽已定自为一国。中国历代有控制高丽之权,今不再施,而高丽亦不愿再任他国控制也。""中国历与高丽代理事务,高丽各事须从他为主,惟出使一事,我国决意不从。中国驻京华官阻拦我王派人出使已有一月之久,后终不能强遏。华官又谓,所派之人不能称钦差大臣,我王亦不从。"②他还不忘借机宣传朝鲜物产丰富,国王"心志高广,励精图治","与美国人相待甚优"等。这篇报道被中国驻美使馆读到,并抄报回国。

根据"三端",朴定阳到达后,应先向中国驻美公使馆报到,再由中国公使张荫桓陪同前往美国国务院。但朴根本就没有遵守"三端"的想法,他称病不去中国使馆,通过随行的美国籍参赞径自照会美国国务院,安排在"开月吉日"独立前往会晤美国国务卿,商谈拜见总统、递交国书诸事宜。③

张荫桓侦知朴的安排,顾不得"三端"中朝鲜使节须先拜会清朝官员的规定,派参赞徐寿朋等人"屈尊"去见朴定阳。徐寿朋明确告诉朴,中国使馆已经按"三端"与美国方面安排,将挈同前往访问,并诘问朴何以不到中国使馆报到。朴定阳的答复是,先往中国使馆及同赴美国外部等事,"我政府特与袁大人更议,俟定后通及云矣,尚无消息"。他以迄今尚未得到本国政府关于"三端"的明确指示,婉言拒绝。徐寿朋将"三端"内容及朝鲜国王的允诺重复一遍,并说:"北洋大臣与贵国王商允各节系九月二十六日来电,乃在贵官尚未起程以前,何以贵国政府竟未知会贵官,殊不可解。"朴称政府只是"泛告",并无明文,"当待船便,探于我政府"。这是明显的拖延,徐寿朋碰壁而回。朴定阳对此次见面的记载是:

① 朴定阳:《从宦日记》,载《朴定阳集》第3册,首尔亚细亚文化社刊行,1984年,第621页。
② 《金山洋文日报访人与高丽公使问答》,光绪十三年十一月十六日,《朴定阳违章》,案卷号016—02。
③ 朴定阳:《从宦日记》,载《朴定阳集》第3册,首尔亚细亚文化社刊行,1984年,第640页。

清国公使张荫桓送其参赞官徐寿朋、彭光誉,随员李春官等三人,先问远涉之劳,以北洋另约三款中先赴同赴事诘问。故答以登程时虽闻津电之到袁总理,缘于船期忙迫,未奉我政府公迹,有难径行云。三人唯唯而还。①

次日,徐寿朋等再致函朴定阳,重申"三端",但朴置之不理,"又依昨话答送"。②

1888年1月13日,朴定阳拜会美国国务卿,确定五天后单独向总统递交国书。徐寿朋等"以美国总统接见递呈国书时仪节事"致函朴定阳,朴佯装不知其用意,"修书送参赞官为谢"。③

与此同时,在汉城的袁世凯也努力迫使朝鲜政府阻止朴的行动,他1月14日照会朝鲜外署督办赵秉式,要求其指示朴定阳照"三端"办理:

> 该使(朴定阳——引者)至美国后,竟将定章视为弁髦,称为未奉明文,为谓政府并未饬知该使遵办,即遽列定章,是自相矛盾,想贵政府亦断不至此。或该使已受贵政府命令,有意抗违,致贵政府命令为两歧,果尔,则揣诸事体,该使将命而出,不但辱命,竟违命也。此其遗忧国家岂浅鲜哉。惟望贵督办迅速电讯该使,因何抗违政府命令而背定章,并即饬令属遵三端办理,无得再有两歧,则大局幸甚。④

袁世凯在三天内连续向朝鲜政府提出了四次措辞严厉的抗议,朝鲜方面均未答复,直到朴定阳独立拜会了美国总统,正式递交国书,达成了独立开展外交活动的目标后,赵秉式才照会袁世凯,称在朴定阳出发前,已将"三端"告知,"未审"朴不遵循,将诘问缘由。事实上,朴定阳日记所载,他在递交国书的前一天已经收到"本国大内电旨","即先赴同赴等事,

① 朴定阳:《从宦日记》,载《朴定阳集》第3册,首尔亚细亚文化社刊行,1984年,第641页。
② 朴定阳:《从宦日记》,载《朴定阳集》第3册,首尔亚细亚文化社刊行,1984年,第642页。
③ 朴定阳:《从宦日记》,载《朴定阳集》第3册,首尔亚细亚文化社刊行,1984年,第643页。
④ 《要求驻美全权朴定阳与五国全权赵臣熙对三条遵守的指令》,载高丽大学亚细亚问题研究所编:《旧韩国外交文书》第8卷,首尔高丽大学出版部,1970年,第398页。

而自北洋有电于袁世凯,袁以此等事与我外署有诘"。①说明朝鲜政府已将袁世凯抗议之事告知,朴定阳的行动是在按照政府意旨行事,并非自作主张。

1月18日,朴定阳在递交国书后还往访了在华盛顿的海地、葡萄牙等28国公使,包括中国公使张荫桓在内。为避免亲疏,他的拜访顺序"较其到任之序次"。②这又是一次周密策划的宣示朝鲜外交自主的行动,其意义并不亚于独自向美国总统递交国书。次日,朴定阳电告国内,"以腊五呈国书,清国天津另款先赴同赴已过事也"。③ 认为"三端"已成过去式,言辞中难掩挑战清政府的权威成功的喜悦。

又过一天后,朴定阳首次到中国公使馆,"接见公使张荫桓"(注意,他在日记中用的是"接见")。④见面时,朴未按制度穿着"章服",遭到清外交官的诘问。⑤ 20天后,朴定阳参加美国总统招待各国公使的夜宴,也未跟随在中国公使之后,⑥视"三端"为无物。

朴定阳在美的外交行为,形成对"三端"与清廷权威的挑战,迅速激化了中、朝间的冲突。

三 结局:朝鲜的拖延策略

朴定阳在美国的行动,显然是朝鲜政府精心设计,希望先造成既成事实,再以此为例请求清政府废除"三端",达到实行独立外交的目的。清政府了解事情的严重性,强烈要求惩罚朴定阳,以儆效尤。

(一)修改"三端"的交涉

朴定阳违章之时,朝鲜赴英、德、俄、意、法五国全权使节赵臣熙已经启程,暂停香港。袁世凯恐其效仿朴定阳而赴欧洲开展独立自主的外交

① 朴定阳:《从宦日记》,载《朴定阳集》第3册,首尔亚细亚文化社刊行,1984年,第643页。
② 朴定阳:《从宦日记》,载《朴定阳集》第3册,首尔亚细亚文化社刊行,1984年,第646页。
③ 朴定阳:《从宦日记》,载《朴定阳集》第3册,首尔亚细亚文化社刊行,1984年,第647页。
④ 朴定阳:《从宦日记》,载《朴定阳集》第3册,首尔亚细亚文化社刊行,1984年,第648页。
⑤ 朴定阳:《从宦日记》,载《朴定阳集》第3册,首尔亚细亚文化社刊行,1984年,第654页。
⑥ 朴定阳:《从宦日记》,载《朴定阳集》第3册,首尔亚细亚文化社刊行,1984年,第653页。

活动,特于 1 月 24 日照会朝鲜议政府领议政沈舜泽,强烈要求须明令赵遵守"三端",以亡羊补牢:

> 赴英德俄意法全权赵亦继该使朴发往泰西,应虑该使赵或亦另有见闻,复违定章,尤属不成事体,极应备文照会贵政府,请烦从速电饬语使赵,复详查照,恪遵三端,先后至各国京都时,即先往中国钦差大臣处,商办一切,免致又有歧异而违定章,望即见覆施行。①

沈舜泽回复称,将有一参赞赴香港与赵汇合,可令其当面转告,"无庸从速电饬"。袁世凯认为这是敷衍,要求朝鲜政府将"三端"相关所有文件全部交参赞官带去,确实面交。②袁世凯在照会中指出:

> 该使朴(定阳——引者)已奉有贵衙门明文,尚托词于未奉明文,任意抗违,况以参赞官转详,适足以资该使赵托词抗违之地乎?由此观之,或者该使朴所称未奉明文者,果亦有因耶?贵衙门纵有此等政令,实非本总理所敢闻,即希贵衙门附该参赞官前往之便,札饬该使赵详悉遵照,以符体制而全定章。③

袁世凯隐指朴定阳称"未奉明文",实与朝鲜政府有关。赵秉式不得不表示:"本督办当将前议三端,详悉札饬附该参赞官前往之便,饬即带去确交全权赵,免致口舌转详,以资托词之地。"④

朝鲜政府知道,如果赵臣熙赴欧洲后按"三端"行事,根本达不到独立外交的目的,且朴定阳事件后,也很难再以其他理由突破"三端",故转而要求清政府修改"三端"。⑤ 赵秉式奉国王之命见袁世凯,先为朴定阳在

---

① 《袁世凯照会沈舜泽》,光绪十三年十二月十二日,《中韩关系议定之三端》,案卷号 016-10。

② 《袁世凯致李鸿章密函》,《朴定阳违章》,案卷号 016-02。

③ 《促求五国全权赵臣熙遵行三个条行事札》,载高丽大学亚细亚问题研究所编:《旧韩国外交文书》第 8 卷,首尔高丽大学出版社,1970 年,第 410 页。

④ 《赵秉式照覆袁世凯》,光绪十三年十二月十三日,《朴定阳违章》,案卷号 016-02。

⑤ 远在美国的朴定阳也意识到,袁世凯的坚持,"专为五国公使赵臣熙往赴各国递呈国书之际无捱而然也"(朴定阳:《从宦日记》,载《朴定阳集》第 3 册,首尔亚细亚文化社刊行,1984 年,第 674 页)。

美国的行动辩解,继而提出:

> 王意如五国使继至各国,再有此种难便,重违定章,殊非事体。拟请先探宪意,如垂念难便苦情,准其将挈同赴外部一节变通办理,即具咨恳请,得允后再饬知五国使恪遵各端,先见华使商明,免挈同往,以全事体而免违章等语。①

朝鲜国王不仅不惩处朴定阳,反而以其说法为依据,要求修改"三端"。李鸿章断然拒绝:"三端既经议定,岂容轻改更张",要求袁世凯"电知该国王恪遵前议办理"。②

朝鲜政府曾一度强令赵臣熙启程,但赵鉴于清政府处罚朴定阳的强硬态度,逗留在香港不敢赴欧,最后竟称病返回朝鲜,其继任者也因"三端"在前,未能成行。③至此,朝鲜派使欧洲的计划受挫。

然而,朝鲜并未放弃修改"三端"以独立向欧洲派使的努力,并艰难地取得些许进展。至1890年,李鸿章鉴于朝鲜国王多次请求废除"三端",怕事情拖延太久,夜长梦多,从羁縻朝鲜的角度考虑,立场有所松动,转而令朝鲜"自行妥议如何改法,再为酌核"。朝鲜提出其派出使节的级别从"全权"降为"三等使",清朝废除"三端"的方案。李鸿章认为,"该国君臣反复无常,狡变莫测",当时并未同意。④

1891年2月,朝鲜国王派特使卞元圭奉命拜会李鸿章,当面提出修改"三端"的要求。卞元圭称,朝鲜通知欧洲各国派使将近五年,至今未成行,"皆所以尊上国之命而遵中堂之旨也",希望李鸿章"慨允",使朝鲜"得自立于各国之间"。李鸿章虽有松动,但见卞元圭所呈咨稿中有"自主"、

---

① 《袁世凯照会沈舜泽》,光绪十三年十二月十二日,《朴定阳违章》,案卷号016-02。
② 《袁世凯照会沈舜泽》,光绪十三年十二月十二日,《朴定阳违章》,案卷号016-02。
③ 与要求惩治朴定阳形成强烈对比的是,袁世凯对赵臣熙的行为十分赞赏,在给李鸿章的电报中称:"五国使赵臣熙前在香港称病请回,王未允。今遽回,实非王命,必将治罪……赵因国信未立,朴案久悬,今擅回国,未始非明白大局者,若身罹不测,殊可悯,凯拟设法密为呵护。"(《寄译署》,光绪十六年正月十二日酉刻到,载《李鸿章全集》第10册(电稿·卷十二),时代文艺出版社,1998年,第5719页。)
④ 《论朝鲜请改出使原议》,光绪十六年二月初十日,载《李鸿章全集》第8册(译署函稿·卷二十),时代文艺出版社,1998年,第4945页。

"中朝已经准许"等语,①便大加反驳说:

> 所称各国约章,曰自主,乃鄙人斟酌之辞,殊属捏饰。当日
> 国王缮函达各国,系在韩境自行缮办,后录报。中朝不加驳斥,
> 姑示宽容,竟擅谓业经商允,何其谬也。岂擅称自主而遂非属
> 邦,更昏谬之甚矣。②

卞元圭称,因为有"三端",美国欲将驻朝鲜的使节由公使降低为领事,而英国表示"碍难"接受朝鲜来使,"各国从而和之,传言狼藉"。"三端第一条在中朝属邦之体无甚损益,而于朝鲜外交之际多有窒碍,……可否拟改首端为韩使初至各国后,即往谒中国使馆,报明外部接见及呈递国书日期,庶体制交涉均归两全。"李鸿章坚持,朝鲜的要求以"治外交向由自主"立论,"意存挟制,糊涂已极",断难接受。③此次谈话不欢而散。其实,李鸿章的立场已经动摇,只是要保持"上国尊严",给朝鲜来使下马威。

20 天后,李鸿章派道员罗丰禄、潘志俊与卞元圭再谈朝鲜修改"三端"第一条的要求。罗丰禄开场即说:

> 鄙人衡时局,以情、理、势三者论之朝鲜,惟有臣附中国,方
> 足以自存。外洋遣使或因保护权利,或因交际往来,现在朝鲜在
> 欧、墨(美——引者)两洲无通商往来,原可不必派使,乃误听旁
> 人耸动,使议既成。中朝素以字小为心,深加体恤,不即斥撤示,
> 以"三端"而立上国属邦之制,何敢轻议更张。今既据称外人以
> "挈同"二字为口实,鄙意阁下如能另拟一款于上国属邦体制仍
> 毫无假借,方敢酌量转禀。④

---

① 《复朝鲜袁道》,光绪十七年二月十九日申刻,载《李鸿章全集》第 10 册(电稿·卷十三),时代文艺出版社,1998 年,第 5795 页。

② 《李鸿章与朝鲜卞元圭笔谈》,光绪十六年十二月二十四日,《中韩关系议定之三端》,案卷号 016-10。

③ 《李鸿章与朝鲜卞元圭笔谈》,光绪十六年十二月二十四日,《中韩关系议定之三端》,案卷号 016-10。

④ 《道员罗丰禄潘志俊与朝鲜使员卞元圭笔谈》,光绪十七年正月十四日,《中韩关系议定之三端》,案卷号 016-10。

罗在坚持"三端"必要性的原则下,也露出了商量的余地,前提是要符合宗藩习惯。罗丰禄向卞元圭建议:"改'挈同'为朝鲜使臣归中国钦使节制,钦使有随时撤退朝鲜使臣之权。"节制之意为"上司之于属吏有进退黜陟之权"。同时,朝鲜使节必须改为"三等"。如朝鲜同意此两项,则可对"三端"中的第一条进行修改。卞元圭将修改归纳为"外无挈同,内受节制",同意报回国内。①

促使清政府与李鸿章同意修改"三端"的直接原因尚不知,但修改后的内容部分满足了朝鲜方面开展独立外交要求,也顾全了清政府的面子。②

(二)惩处朴定阳的交涉

清政府坚持要严惩朴定阳,朝鲜政府则百般呵护,其过程十分曲折。事发之初,朝鲜政府完全认可清政府对朴的指责,保证将从严"议处"朴定阳:

> 查前议三端已于赴美使臣启行之前饬令遵办,业经国王咨请傅相(李鸿章——引者)转奏在案,未知该使至美为何托词不遵,致此诘问,实属惊怪。且念设遇难处尤当先询张大臣商请妥协,乃竟托病未往,言词支吾,兹行谬异,甚非国王前饬唯事恭谨之本意也。国王闻知愧惜深为不安。敝政府实忧无以自暴以解中朝之惑也。所有该使违章之罪,亟应议处,而现在本人出疆无以施谴,拟俟调回到国,再行议处,以重体制为要。③

清政府认为,国王在朴行前已回复李鸿章称令朴遵行,而朴又坚称未接到明文,两相矛盾。"韩政府之言实,则朴使之言虚矣;若朴使之言实,

---

① 《道员罗丰禄潘志俊与朝鲜使员卞元圭笔谈》,光绪十七年正月十四日,《中韩关系议定之三端》,案卷号016-10。
② 笔者尚未见到修改"三端"的正式记录,但可以肯定的是,清政府已不再坚持原先的文字表述,而李鸿章曾电告袁世凯,卞元圭等曾将谈话内容电达朝鲜国内,"迄无回信,遂径辞归"(《复朝鲜袁道》,光绪十七年二月十九日申刻,载《李鸿章全集》第10册(电稿·卷十三),时代文艺出版社,1998年,第5795页)。
③ 《沈舜泽复袁世凯》,光绪十三年十二月二十五日,《朴定阳违章》,案卷号016-02。

则韩政府之言虚矣。"①朴所说的"查探物情"，究竟有何依据？朴定阳给中国驻美公使馆写信，强调行前虽知"三端"，但确实因时间差而未明确接到政府指令。对"查探物情"的内容，则称"本公使设或有随闻内达于本国，本国外署或与袁总理密商，是由视同一家之谊，容俟本国公文后再复，恐合事体"。②坚持通过本国政府与清廷打交道，可谓不卑不亢。

袁世凯遂逼迫朝鲜，要求朴就收到"三端"的时间与所"查探物情"具体内容提供合理的解释。朝鲜方面采用了拖延策略。对于朴启程与收到"三端"时间上的差别，朝鲜的解释是："至其起行日期或因该使主辞朝而言，贵总理所报以其开船为据，致有此不符钦。"③这理由十分牵强，因朴何时向国王"辞朝"，朝方可任意说，无法查证。果然，袁世凯以后便不再在时间上纠缠。对于"查探物情"一节，沈舜泽回复袁世凯，"本政府无以悬揣臆对，俟诘明该使，再行详覆，实合事理"。④7 月 21 日，袁世凯再次照会朝鲜政府：

> 六月初八日至本月十八日，已经百日之久，想贵政府早应诘明该使，详细见覆，俾得明白转详，何以至今尚无一词相告，本总理殊为疑讶，相应备函布问，即希贵政府速将诘明该使各节详晰见覆，以便转报，至为至盼。⑤

朝鲜政府的回复是，已经诘问朴定阳，但仍未接到答复：

> 本年六月间，本署将贵照会各节，备函邮致驻敞邦驻美使臣朴定阳，逐细诘问，至今未接回音。正在悬望间，兹奉函询，实不知所以为对也。思朴使所云查探物情等语，如非有十分确证，则该使之轻信不审，亦可以知之矣。该使将非久回国，拟面询事

① 《李鸿章致袁世凯》，光绪十四年六月初二日，《朴定阳违章》，案卷号 016－02。
② 《朴定阳致中国钦差驻美公署申呈》，光绪十四年四月初三日，《朝派美使卷》，案卷号 016－03。
③ 《赵秉稷复袁世凯》，光绪十四年六月十三日，《朴定阳违章》，案卷号 016－02。
④ 《沈舜泽复袁世凯》，光绪十四年六月十三日，《朴定阳违章》，案卷号 016－02。
⑤ 《袁世凯致朝鲜政府》，光绪十四年九月十八日，《朴定阳违章》，案卷号 016－02。

实,彻底查究,据禀议处。[①]

朴定阳的日记中,多次记奉到"本国电旨"与"电奏"国内,说明彼此间电报是畅通的。朝鲜政府借口与朴之间是以"函"联络,有意拖延时间,又将事情推到待朴定阳回国再"查究",态度已从一味附合清政府责备朴"违章",改变为"如(朴)非有十分确证,则其轻信不审,亦可以知之矣"。为日后替朴开脱进行铺垫。朝鲜国王在此期间还赐给朴定阳红参、麝香等药品与青玉盒等物品,加以抚慰,令其感动万分。[②]

清政府清楚朴定阳行为的背景,故要通过逼迫朝鲜政府处分朴来使其付出代价,一再催促将朴定阳迅速调回处分。朴定阳故意拖拉,直到1888年底才通知中国驻美公使馆,因"有病暂行回国"。此时距事发已经近一年,且回国理由是"有病"。袁世凯闻讯,立即照会朝鲜政府,要求通报朴定阳何时可抵韩境。朝鲜政府拖延不报,袁世凯在给李鸿章的信中报告了交涉的经过:

> 查韩廷向于此案任意狡抗,意图拖延,其云匪久回国一语,似难准信。复于二十八日函诘,以该使已否启行,何时抵境,望明白详覆。十月初五日复准该政府外署覆函,概称该使已否启行,何时抵境,未可的对等语。复查该朴使行止进退,韩廷岂有未闻,显系狡抗拖延,殊非商办要公之道。因于十月初七日逐层函诘,该政府外署自知无可置辩,乃禀请韩王撤该使速回,王亦自知词语术穷,非含糊推诿所能了事,乃允电招该使速回国,并令政府派员暨外署督办赵秉式先后来○(袁自称代——引者)署

---

① 《对催促回报驻美使臣朴定阳诘明各节照会的回答》,载高丽大学亚细亚问题研究所编:《旧韩国外交文书》第8卷,首尔高丽大学出版部,1970年,第410页。

② 朴定阳在日记中有如下感言:"贱臣素以卤莽,猥承专对之命,有百偾误无一裨效,上以有贻忧于朝家,下不能见重于异邦,居恒兢惧,措躬无地,今不惟不严加谴罚,乃伏蒙宠渥十行,温谕谆谆,若慈父之诏迷子……祗受荣感之至,不胜万万。"(朴定阳:《从宦日记》,载《朴定阳集》第3册,首尔亚细亚文化社刊行,1984年,第697页。)

谢罪请恕，力恳缴销诘函。①

朝鲜政府曾答复袁世凯，朴于 11 月间可抵韩境，但一个月后仍无消息，再去追问，得到的答复竟是："朴定阳由美启发已久，逾期未回，正悬望间，得便船来信，早于去月十七日行至日本东京，病势添尤，不得已中留调理，病间自当言旋，至前次电禀各节，一俟回国彻底查究。"②此一变故，让严阵以待的袁世凯无计可施。

朴定阳留在日本是朝鲜政府的决定。在他抵达日本之前，朝鲜驻日本公使金嘉镇收到国内的指令，"驻美公使已为发行向横滨云，到即见之，姑留调病"。12 月 21 日，金嘉镇电告国内，"朴使十七来到，故以姑留之事传命事也"。③朴定阳知道其留在日本系因得罪清朝之故，感到"去留之怅，实所难堪"。他在日记中写道："此留住于日本，虽未详知，似缘丁亥冬外署督办赵秉式与清馆袁总理谈办时，以我电中有'查探物情'等说云云。其后袁总理屡有照会于外署云，则似缘此事也。"④

朴定阳在日本滞留半年多，于 1889 年 6 月回到汉城，朝鲜政府并没有向袁世凯通报。从报纸上得到消息的袁世凯立即致函沈舜泽，追问何以朴定阳回到汉城而朝鲜政府并未按照承诺"一俟该使回国到境，即彻查究办"。⑤沈舜泽回复："此一案殊甚絮烦，宜致审慎，有难一时彻究。拟俟查完立行奉覆，尚求原谅。"⑥只许以"审慎"查报，并不直接面对为何不"彻查究办"及不立即回复等问题。袁世凯十分气愤，他也不再掩饰，在 8 月 28 日的照会中将矛头直接指向了朝鲜政府：

---

① 《袁世凯致李鸿章》，光绪十四年十月十二日，《朝驻美使朴定阳请假返国卷》，案卷号 016－04。
② 《沈舜泽致袁世凯》，戊子十二月十一日，《朝驻美使朴定阳请假返国卷》，案卷号 016－04。朴定阳的日记中常有生病的记载，如光绪十四年十月初四日有："病证忽添，委顿。书记官二员以'公使病重'四字电奏于本国内。"（朴定阳：《从宦日记》，载《朴定阳集》第 3 册，首尔亚细亚文化社刊行，1984 年，第 705 页。）
③ 朴定阳：《从宦日记》，载《朴定阳集》第 3 册，首尔亚细亚文化社刊行，1984 年，第 718 页。
④ 朴定阳：《从宦日记》，载《朴定阳集》第 3 册，首尔亚细亚文化社刊行，1984 年，第 719 页。
⑤ 《袁世凯致沈舜泽》，七月二十八日，《朝驻美使朴定阳请假返国卷》，案卷号 016－04。
⑥ 《沈舜泽致袁世凯》，八月初二日，《朝驻美使朴定阳请假返国卷》，案卷号 016－04。

朴定阳抗违定章为一事，而擅报漫称又为一事，是一案而两事者也。其既抗违，即应于其覆命后属诸法司，按律议处，不过片时可以判决。其既擅报，即应于其到汉后，一再研究，得其确情，又不过一二日可以明晰。乃事经九日，本总理复早经照会，而该使仍安然自处，未置吏议，尚复成何事体？又经两次函催，而贵政府惟以絮颠审重为推延支吾之词，本总理诚所不解。岂贵政府犹疑多端，顾惜有在，不肯一秉至公分别查究，而欲敷衍事乎？不知事关中东大局，既要且重，实非推延支吾所能了事，望贵政府早另善图之。①

朝鲜政府接到这样的诘难，也改变态度，不再以暧昧敷衍之词来应付："查敝政府前因海路修滔，又每多隔膜，谓该使谬妄歧异，今据该使所陈，实非故意违背，而参以事状，容有可原。"② 由顺从清政府的意见谴责朴定阳，明确改为同情朴，为他辩解，并希望结束此案，不再追究，这是朝鲜一次重要的转变。袁世凯逐条批驳朴定阳(亦即朝鲜政府认可的)的理由，坚持要惩处，甚至将朝鲜政府的照会退回，以示愤怒。③ 朝鲜国王不为所动，称如果治罪朴定阳，"则大失国体，不能再与各国员相见"，请求清朝"免究"，"以全国体"。④

双方僵持之际，朝鲜政府突然任命朴定阳都承旨兼副提学。从报纸上得知此消息的袁世凯恼羞成怒，他要求朝鲜政府"迅将朴定阳所以除授之故，在贵政府意果何居？何为至此？明白见覆为要"，并要入宫直接向国王"面陈一切"。⑤朝鲜方面则复以："朴定阳授官一事不过循例而授，实非别有起见，恐不必致为诧讶也。近日寒事总至，国王有问寝之忧，未便

---

① 《袁世凯致沈舜泽》，八月初三日，《朝驻美使朴定阳请假返国卷》，案卷号016－04。
② 《朝鲜政府照覆袁世凯》，八月初九日，《朝驻美使朴定阳请假返国卷》，案卷号016－04。
③ 朴定阳：《从宦日记》，载《朴定阳集》第4册，首尔亚细亚文化社刊行，1984年，第29页。
④ 《寄译署》，光绪十五年八月初七日午刻到，载《李鸿章全集》第10册(电稿·卷十一)，时代文艺出版社，1998年，第5689页。
⑤ 《袁世凯照会沈舜泽》，光绪十五年十一月十三日，《朝驻美使朴定阳请假返国卷》，案卷号016－04。

接见，以此涵谅为荷。"①在袁的一再压力之下，朴定阳以病辞，未敢就职。②朝鲜政府则以"驻美公使朴禀于殿下，施以罢职之典"，报告于袁世凯。③

1890年12月25日，袁世凯见到朝鲜国王，逼问惩处朴定阳事："三端定章本由奏定，殿下亦曾咨请中堂（李鸿章——引者）转奏遵照，乃朴定阳至美京后，竟不遵行，迭经○（袁世凯自称代——引者）照诘政府商办，案悬二年仍未能结，且政府并允俟定阳回国议处，不意上月忽除授都承官兼副提学，未知殿下详知其事否？"国王回答："惟饬请阁下周旋，求为免究为幸。"袁世凯反复逼问："究竟殿下办定阳否？"国王顾左右而言他，始终"不言办否"。袁世凯自述，当时宫廷内气氛紧张，"宦者迭出，力言未便，如再固请，亦无益，且恐失和"。④袁世凯对出使国国君咄咄逼人，这是长期"宗藩体制"形成的习惯，必然引起朝鲜上下的极度不满。

袁世凯初上宦途，意欲建功立业，故态度强硬。朝鲜政府也坚持立场，不肯退步。1891年秋，袁世凯因其母病暂时离开朝鲜，唐绍仪代理其职。11月，朝鲜政府乘机任命朴定阳为户曹判书，唐绍仪受李鸿章之命责问朝鲜政府：

> 朴使待罪未治，旋授户曹判书，未审贵政府果何意见。如以违章拒命为无罪，即不应施以罢职，如以违章拒命为有罪，则仅施罢职，已属曲宥，即不应复行录用。贵政府赏罚黜陟，量有权衡，该朴使宜罚而赏，既黜旋陟，是明示以为人臣者之可以抗逆，而抗逆者不惟不加之罪，且复荣以显秩，既非教忠之道，亦非政体所宜，恐非中朝所愿闻。想贵政府必不出此，兹忽前后谬异若

① 《沈舜泽复袁世凯》，光绪十五年十一月十四日，《朝驻美使朴定阳请假返国卷》，案卷号016－04。
② 朴定阳：《从宦日记》，载《朴定阳集》第4册，首尔亚细亚文化社刊行，1984年，第33页。
③ 朴定阳：《从宦日记》，载《朴定阳集》第4册，首尔亚细亚文化社刊行，1984年，第41页。
④ 《袁世凯与韩王晤谈琐记录》，十二月初四日未刻，《朝驻美使朴定阳请假返国卷》，案卷号016－04。

是,惟贵政府图之。①

朝鲜政府回复,朴定阳"抗违定章,案情重大",故前次已施以罢职,以示惩罚。此次任他为户曹判书,是"先惩后叙",并非要职,"事无甚关系"。希望清政府"厚待敝邦,不至有所见责于敝政府"。② 李鸿章意识到再拖下去,对中朝关系伤害更大,报请总理各国事务衙门批准对朴定阳的任命。1891 年 11 月 25 日,总理各国事务衙门批准所请:

> 本衙门查朴定阳前充使臣,遇事播弄,抗违定章,案情甚重,迭经诘责,始议定罢职示惩,此次起用虽曰给以简职,仍恐复蹈故辙,应请贵大臣转饬唐丞知函朝鲜政府,朴定阳虽准起用,不得委以重任,并不准再充使臣之职,庶足以惩前失而毖后患。③

清政府一直要求严惩朴定阳,但最后只得以"不得委以重任"、"不准再充使臣之职"为台阶,无奈地接受了朝鲜政府对朴的任命。

至此,中朝之间围绕朝鲜派使持续了五年的冲突暂告结束。单从结果看,朝鲜在清廷重压之下,完成了向美国派使、单独递交国书的外交行动,保护了执行使命的外交官,但向欧洲派使的计划则受到阻碍。清政府勉强保住了宗主国的面子,但对于朝鲜的一些行为也无可奈何,只得承认现实。

综上所述,中朝双方围绕 1887 年朝鲜遣使事件产生争议的实质,是朝鲜政府试图借助新的国际形势以突破宗藩体制,独立面向国际社会,自主开展外交活动,从而引发了与清政府之间的外交冲突。清政府力图维持旧制,控制朝鲜的对外活动,防止朝鲜成为外国势力侵略中国的跳板。交涉过程中,清政府颇为强硬,节节进逼,朝鲜政府为实现目标,步步为

---

① 《朴定阳再登用抗议》,载高丽大学亚细亚问题研究所编:《旧韩国外交文书》第 9 卷,首尔高丽大学出版部,1970 年,第 69 页。

② 《同上件回答》,载高丽大学亚细亚问题研究所编:《旧韩国外交文书》第 9 卷,首尔高丽大学出版部,1970 年,第 69 页。

③ 《李鸿章致唐绍仪》,光绪十七年十月廿二日,《朝驻美使朴定阳请假返国卷》,案卷号 016-04。

营，使清政府每每有落空之感，不得不一再承认既成事实。晚清政府实行的是"二重外交"：被列强打得晕头转向，屈辱退让，对原藩属国朝鲜却采强硬政策。然而，由于自身国力不济，清政府不得不以表面上维持面子，实际上"让步"的方式来处理。清政府在面对近邻小国挣脱其控制的努力时，也遇到一种难以处理的困境。这是研究晚清外交史所不能不加以注意的。

（原文载于《历史研究》2008 年第 2 期，
收入本论文集时作者在文字上略有修改。）

"民国史观"与中华民国史新学科体系的建立[*]

  自 20 世纪 70 年代初期大陆学者开始中华民国史学术研究以来,中华民国史学科从无到有,从小到大,研究队伍逐渐壮大,研究成果丰硕,不少高校与科研单位均设立研究机构、开设相关课程、培养硕士博士研究生。2000 年第四次中华民国史国际学术研讨会开幕式上,时任中国史学会会长的金冲及教授曾总结道:"改革开放以来,中国史学界成果最大的领域就是民国史学科从无到有,迅速发展。"2010 年 8 月,由南京大学中华民国史研究中心与美国哈佛大学,英国剑桥大学、牛津大学,俄罗斯莫斯科国立大学,日本东京大学六所知名大学联合举办了"第六次中华民国史国际学术研讨会",共有海内外 150 余位学者参加,收到论文 115 篇,内容涉及民国时期的政治、经济、社会、文化、外交、人物研究与方法论等多个领域,代表了该学科研究的最新成果与高水平。

  在充分肯定中华民国史学科建设成就的同时,中外学者们也开始总结近 40 年的学术史,对民国史学科的研究对象、方法论等方面进行反省,以期建立新的学科体系,完成学术转型,继往开来,将民国史研究推向新的平台。基于此背景,本文提出以"民国史观"来构建中华民国史学科新体系的设想,抛砖引玉,就教于同行。

---

* 本文基本观点曾在"第六次中华民国史国际学术研讨会"(2010 年 8 月,南京)闭幕式上发言。其后,承张宪文教授详细指点,徐思彦编审、张生教授、郭必强研究员、刘大禹副教授等提供了建设性意见,谨致谢忱。

一　中华民国史研究学科体系的提出

　　中华民国史研究的起步相当艰难。1956 年国家在制订 12 年科学规划时,就提出了研究民国史的问题,但在当时,"开展这样的研究是困难的"。① 1972 年,中国社会科学院近代史研究所接受了编写《中华民国史》的任务,②为此专门成立了"民国史研究组"。《中华民国史》的编写虽是上级指派的任务,但正值极"左"路线占据主导的"文革"时期,在"为革命研究历史"、"历史研究为无产阶级政治服务"的大环境中,如何在革命史、中共党史已经占据中国近现代史主导地位的情况下开展中华民国史研究,还是很费思量也需要巨大勇气的事情。

　　担负主要责任的李新等人经过反复研究,提出了一个在当时看来非常有说服力的理由:为了更好地研究革命史,必须研究革命对象的历史,研究反革命的历史。因此,基本上把民国史的研究对象限定在"以研究统治阶级方面为主",以与革命史、中共党史相区别。1978 年,民国史研究的最初成果《民国人物传》第一卷公开出版,其选录草案中,共列了"清末(1905 年后)反动统治阶级中的重要人物"等 17 类,明确规定,"著名人物中凡是中国共产党党员并在党内有相当影响的,以党史记载为宜,此处不列入"。③

　　1981 年,李新在《中华民国史》第一编的"序言"中,对中华民国史的研究对象、中华民国史与中共党史、中国革命史的关系有了清晰的论述:

　　　　中华民国是由中国共产党领导全国人民在一个长期的人民大革命的过程中把它推翻的,这个过程就是新民主主义革命。中华民国覆灭的过程和中国新民主主义革命胜利的过程,是同一个历史过程的两个方面。详细地阐述中国共产党领导中国人

---

　　① 　张海鹏:《民国史研究的现状与几个问题的讨论》,《近代史研究》2002 年第 4 期,第 2 页。
　　② 　此任务由周恩来、董必武布置。见"李新生平简介",《流逝的岁月:李新回忆录》,山西人民出版社,2008 年,第 438 页。
　　③ 　李新、孙思白主编:《民国人物传》第一卷,中华书局,1978 年,第 407 页。

民进行反对帝国主义、封建主义和官僚资本主义的革命斗争过程,是中国共产党党史和新民主主义革命的任务,《中华民国史》主要地是写民国时期帝国主义在中国的势力怎样由扩大、深入而逐步被赶走和被消灭;封建主义如何由没落而走向灭亡;官僚资本主义如何形成、发展和被消灭;民族资本主义又怎样在受压迫、排挤中得到发展,民族资产阶级怎样由领导中国旧民主主义革命、几经挫折和反复动摇而最后接受中国共产党的领导。这些力量的消长兴亡以及它们之间的相互关系,就构成了民国史的主要内容。但这些都是和新民主主义革命的发展分不开的。换句话说,是以新民主主义革命的发展为前提的。写民国史离不开革命史,正如写革命史离不开民国史一样。中华民国之灭亡以中国人民革命之兴为前提,中国人民革命之兴则以中华民国之亡为背景。民国史与革命史二者密不可分,但又各有其侧重点。也可以说,它们的研究对象有联系,但还是可以区别,而且应该加以区别的。①

李新曾主编过四卷本《中国新民主主义革命通史》,他这段颇为绕口的文字,充满了智慧,使得研究帝国主义、封建主义、官僚资本主义、民族资产阶级为主体的"民国史",在"革命热情"高涨的年代,得以依附于革命史的研究而展开。这种对民国史与革命史在研究对象上的联系与区别的表述,简单而明确,非常有意义,在当时规定了民国史研究的基本方向与任务,也确定了民国史学科的基本性质,是与中共党史、中国革命史相辅相成,研究对象各有侧重的"专门史"。

随着民国史研究的进一步发展,尤其是进入改革开放、思想解放的新时期,近代史研究所的学者对其研究对象与学科性质有了更新的思考。李宗一在 1987 年召开的"民国档案与民国史学术讨论会"上提出,他们全力编写的多卷本《中华民国史》,是"一部带有专史性质的断代史"。他特

---

① 李新主编:《中华民国史》第一编《中华民国的创立》上,中华书局,1981 年,"序言",第1—2 页。

别提出建立民国史研究的理论体系问题,并围绕此点展开论述:

> 对中国古代的断代研究,一向以政治史为主,民国史继承了这个传统;并且考虑到长期以来近代史研究领域在革命史研究方面取得的巨大成就,民国史的主要研究对象是关于统治阶级方面。明确主要研究对象十分重要。只有明确了研究对象,并针对它建立起学术理论体系,才能写出民国史的特点,使其和中国近代史或革命史区分开来。当然,从民国史的内容来说,统治阶级和被统治阶级、革命方面和反革命方面都要写。历史是由两方面组成的。一部民国史没有被压迫者、革命者,是很难想象的。所以不仅对这方面要写,而且要实事求是地写充分。目前,治民国史者大都主张民国史主要应反映民国统治者由盛而衰以至灭亡的过程,从这一角度来阐述民族民主革命的必要性和必然性,以别于其他专著。多卷本的《中华民国史》正是本着这个设想来编纂的。该书对理论体系的构筑,是在编写过程中逐渐完善起来的,至今只有阶段性的成果。①

归纳李宗一的观点,民国史研究的学科性质是"带有专史性质的断代史"、研究内容是"以政治史为主",主要的研究对象是"关于统治阶级方面"。李宗一的观点,实际上是近代史所编辑多卷本《中华民国史》的指导思想,对中华民国史研究学科体系的发展有重要影响。它为民国史研究在当时的环境下,找到了"合理的"生存空间。之后多年,民国史研究基本上是循着这一思路发展,一些大学与科研单位的民国史学科建设也以此为指导思想。民国史学科能有今天的繁荣,李新等学者审时度势的智慧功不可没。

这种影响至今尚在,仅举二例。其一,由近代史所负责编写、李新主编的多卷本《中华民国史》第一卷于 1981 年出版,将近 30 年过去了,但全

---

① 李宗一:《近两年来民国史研究的几点进展》,载《民国档案与民国史学术讨论会论文集》,档案出版社,1988 年,第 16 页。

套书至今仍未出齐。① 这 30 年间,民国史研究的新资料、新成果、新理论大量涌现,研究环境与中外学术交流的程度更是当年无法想象的。2000年出版的《中华民国史》第三编第五卷《从抗战胜利到内战爆发前后》(汪朝光著)、第六卷《国民党政权的总崩溃和中华民国时期的结束》(朱宗震、陶文钊著),叙述抗日战争胜利后至中华人民共和国建立之间的民国历史。这两卷书在史料运用、立论与评价标准等方面,有重要建树,但其内容则基本上是国民党统治区域的政治史与军事史为主体,兼及当时对政治发展有影响的经济状况与对外关系,而对于共产党及其领导下的军队、区域较少涉及。即使在国民党统治区域内,城乡社会、民众生活、文教事业等各方面的内容,也完全没有提及。可以说,该书较忠实地继承了当年的“以政治史为主”、“关于统治阶级方面”的研究路径。为保持全套著作风格的统一,这种继承是必需的。

其二,时至今日,将中共党史与中国革命史内容与民国史对立起来的倾向,有时仍十分明显。2009 年,大象出版社隆重推出了鸿篇巨制的《民国史料丛刊》(张研、孙燕京主编),影印民国稀见基础史料,包括政治、经济、社会、史地、文教 5 类 30 目,共 1128 册,含 2194 种民国版的史料。其收录原则中明确规定,不收录“有专门门类集中编辑出版,属中共党史范畴的史料书籍”。②

二　学界关于民国史学科建设的不断思考

如前所述,20 世纪 70 年代初期,李新等人提出民国史研究起步之时,明确其与中共党史、革命史的区别,强调在“革命史观”的指导下研究民国史,是极明智,也是必需的。但随着民国史学科的发展,学者们的认识也在深化,这种认识与内容限定就遇到了挑战。

1987 年召开的民国档案与民国史学术讨论会开幕式上,李新回顾

① 该套书中的抗日战争相关的部分尚未出版。
② 《中华读书报》第 9 版,2009 年 9 月 2 日。

说，"我们在 70 年代接受编写民国史任务的时候，就明确地规定了民国史特殊的研究对象，以研究统治阶级方面为主，并且提出了要在民国史研究中坚持实事求是的科学态度"。他特别强调，要"坚持和提高民国史研究的科学性"。[①] 此时，国家推行改革开放政策，学术界也经过了一场伟大的思想解放运动，民国史研究的环境大为改善，有了相当多的进步，李新特别提出民国史研究的"科学性"问题，符合学科发展的要求。1994 年，李新因病未参加"振兴中华 100 年——第三次中华民国史国际学术讨论会"，开幕式上宣读了他致会议的信，其中提到，民国史应该将革命史的内容包括进来。[②] 虽然他未详细论述，但"包括"二字，已经显示了他对民国史学科研究内容及其与革命史关系的新思考。[③]

1995 年第 2 期的《历史研究》上发表了南京大学中华民国史研究中心主任张宪文教授的"民国史研究述评"，在充分肯定了已有成绩的基础上，也提出了"构筑新的民国史理论体系"的设想。他认为，"长期以来民国史采取了一种过渡性体系，即把重点放在北洋政府与国民党政权方面。在目前史学研究迅速发展的形势下，摆脱中共党史或政治史的架构，以一种新思路、新体系、新观点重新编写民国史是非常必要的"。[④]

1999 年，中国社会科学院近代史研究所民国室主任汪朝光研究员在《近代史研究》上著文指出，20 世纪 70 年代该单位对民国史学科研究对象的界定，实际上是"一种狭义范围的民国史研究"，随着民国史研究的日益发展，仍然沿用这样的概念，其不足之处"正日益凸显"。"毕竟，仅仅研究民国时期统治阶级的历史，还不能称为真正意义上的民国通史，同时也会给研究带来诸多不便。如果我们将民国时期当做中国历史的一个发展阶段，我们就没有理由将研究局限在统治阶级，从而人为地割裂这段历史。"汪朝光的思考是，"由于民国史研究一定的特殊性和其研究深度的不

---

① 李新：《坚持和提高民国史研究的科学性》，载《民国档案与民国史学术讨论会论文集》，档案出版社，1988 年，第 1 页。

② 2010 年 8 月 30 日，张宪文教授接受笔者访问时口述。

③ 2008 年山西人民出版社出版了《流逝的岁月：李新回忆录》，可惜只写到 1965 年的"四清运动"，没有关于他负责中华民国史研究的相关内容。

④ 张宪文：《民国史研究述评》，《历史研究》1995 年第 2 期，第 159 页。

足,目前将民国史完全作为通史研究,条件还不成熟,未来一段时间内,民国史作为专史和通史研究将会并存。相信随着研究的不断深入,学术界最终可以解决民国史研究的体系与对象问题,包容民国时期所有政治、经济、军事、文化内容。研究民国时期所有历史事件和人物的民国通史,或将在未来某个时期出现,那样必将为民国史研究开拓一个更为广阔丰富的空间"。[①]

2002 年是大陆开展民国史学术研究的第 30 年,张海鹏研究员发表了《民国史研究的现状与几个问题的讨论》一文,对 30 年来的民国史研究进行了全面的总结。他认为,"中国大陆的民国史研究近年来得到了长足的发展,境外的民国史研究也有相当进展,民国史研究正在成为一部大有发展前途的新兴国际性学科"。[②]在充分肯定成绩的同时,张海鹏指出,以民国时期的统治阶级作为民国史的研究方向,过于"狭窄",但"这个处理方法一直延续到今天,虽然有人希望突破,但在实际上尚无明显改观"。[③]从未来民国史研究的拓展着眼,张海鹏明确提出了自己的思考:

> 在今天,以学术的眼光,从学科建设与发展的角度,究竟怎么看民国史的学科定义?以学术眼光看,把民国史看作中国历史过程中的一个断代史,是符合我们处理历史问题的传统办法的。从断代史的角度看,我们定义民国史学科,可以有狭义的,与广义的两种概念。所谓狭义的民国史,基本上可以说是民国时期的政治史。所谓广义的民国史,基本上是涉及民国时期政治、经济、军事、文化、社会发展、政党斗争等各方面的历史。[④]

张海鹏明确指出,"狭义的民国史"虽能反映民国历史的基本内容,但"终究不能反映民国历史的总体面貌",因此,"必须指出研究广义民国史

---

① 汪朝光:《50 年来的中华民国史研究》,《近代史研究》1999 年第 5 期,第 173—174 页。
② 张海鹏:《民国史研究的现状与几个问题的讨论》,《近代史研究》2002 年第 4 期,第 6 页。
③ 张海鹏:《民国史研究的现状与几个问题的讨论》,《近代史研究》2002 年第 4 期,第 7 页。
④ 张海鹏:《民国史研究的现状与几个问题的讨论》,《近代史研究》2002 年第 4 期,第 8 页。

的必要性"。他还对"广义民国史"所包括的研究内容进行了全面阐述。①
这是迄今对民国史学科最为全面的反思,也为未来的研究指出了方向。

2009年,陈红民另辟蹊径,从史观的变化着手,对民国史研究进行了
回顾与展望。他认为,民国史研究大致经历了一个从"中共史观"、"革命
史观"到"民族主义史观"、"现代化史观"、"民众史观"的演进过程,体现了
从"一元史观"到"多元史观"的转变。每一次新史观的出现,都会带来学
术研究的大发展,新史观不仅引出了新的研究方法、新的历史评价标准,
而且会使学者的研究视野扩大,关注以前所忽略的问题,得出新的结论。
该文认为,民国史研究在空前繁荣的基础上,也遇到了"瓶颈",其中最大
的"瓶颈"是"民国史研究对象与范围的重新界定"。作为解决问题的方
案,陈红民提出要构建民国史的"新解释体系",并提出了些具体建议。②

在大陆民国史研究的进展中,还有一个值得观察的角度,即海峡两岸
学者对民国史研究的态度与观念趋同的走向。20世纪70年代大陆学者
开始撰写民国史时,两岸仍处在严重对峙时期,台湾史学界大为紧张,感
到"震撼与关切"。有人提出"这是统战花样,不是史学研究"。③ 是要达
到"灭人之国,必先去其史"的鬼蜮用心。④这是"中共利用中国人历来纂
修'断代史'的惯例,以'后代为前朝修史'的态度,企图把中华民国当成一
个已经结束的'朝代',并任意篡改史实的动机与行为"。⑤ 台湾史学界也
曾有过是否应该加快修史,以对抗大陆的讨论。

大陆学界并无通过修史来"消灭中华民国"的动机,但在20世纪80
年代,配合中共中央提出两岸实现"三通"与"和平统一"的需要,民国史学
界也有要求与台湾学者合作的呼吁。如1987年"民国档案与民国史学术
讨论会"上,有人建议两岸学者的合作从交换资料的层次开始:"(大陆学

① 张海鹏:《民国史研究的现状与几个问题的讨论》,《近代史研究》2002年第4期,第9—10页。
② 陈红民:《大陆中国の民国史研究》,载《现代中国と历史学》(《20世纪中国史》第4卷),
东京大学出版会,2009年,第25—42页。中文版为:《回顾与展望:中国大陆地区的民国史研
究》,《安徽史学》2010年第1期,第118—125页。
③ 《民国史研究座谈会》开场白》,《传记文学》第35卷第6期,第10页。
④ 沈云龙:《我对纂修中华民国史的看法》,《传记文学》第35卷第6期,第14页。
⑤ 李雅卿:《史学家谈修纂中华民国史问题》,《中国时报》,1980年8月17日。

者)尤其希望与台湾的同行们,交换资料,共同探讨。我们相信,海峡两岸历史学家的合作,对民国史的研究,将会带来重大的突破。"①如今,两岸关系大为改善,学者们的交流与合作日益频繁,总体上说,民国史研究的许多具体问题上分歧越来越小,而共识越来越多,双方在学术层面上的合作已基本没有障碍,事实上,两岸学者就些专题进行共同研究的项目(如蒋介石的合作研究)已在进行中。②

伴随着研究的不断深入,民国史学界对于本学科建设的思考从未停止过,但总体上说,学者中关注具体研究课题的多,关注整个学科建设的少,在关注学科建设的少数学者中,也是对现有学科体系缺陷批评的多,提出建设性意见的少,通常是提出几条原则性意见,操作性不强。目前,尚无学者对新学科体系进行完整的规划。

三 "民国史观"与民国史学科新体系的构建

近40年过去了,民国史的研究成果无论是深度还是广度上,都大大突破了当时的界限。如张海鹏所指出的,中华民国是中国历史发展过程中的一个阶段,中华民国史研究的学科性质,应该定位为"断代史",而非"专门史",它是涉及民国时期政治、经济、军事、外交、文化艺术、社会发展等各方面的历史。只研究民国时期统治阶级及其人物活动,只能反映民国历史的一小部分内容,不能反映民国史的全面内容。作为一部断代史,民国史不仅要研究民国时期统治阶级的历史,也要研究被统治阶级的历史;不仅要研究党派斗争的历史,还要研究反映涉及社会生活、国家发展各方面广泛的历史现象。

由于特殊的背景,使得当初对中华民国史学科的研究对象进行了限制,人为地割裂了民国史的完整性,这种缺陷,随着研究的不断深入而越发显得明显。又由于研究对象的不完整,使得民国史研究的理论、方法论

---

① 施宣岑:《开幕词》,载《民国档案与民国史学术讨论会论文集》,档案出版社,1988年,第5页。
② 现阶段,两岸学者在研究上的最大分歧,是中华民国史研究的下限问题。

方面也受到制约,从而影响整个学科的发展。譬如,将中国革命史的内容排除在外,严重影响对民国史发展状况与规律的总结。中华民国是被中国共产党领导的革命运动推翻的,没有革命史的内容,如何能科学地阐述民国诞生、发展到灭亡的全过程呢?

总体而言,目前大陆民国史研究的环境是最好的。在民国史研究的全面推进过程中,研究的史观呈现多元化趋势,"中共史观"、"革命史观"、"民族主义史观"、"现代化史观"、"民众史观"等并存。①多种史观并存的状况,对民国史研究来说是好事。由此引发的思考是,在当下,什么才是属于民国史研究的主流史观。这意味着民国史要确立自己的学科体系,确定自身的研究对象、理论与方法,而不再是作为革命史的附属而存在。笔者认为,现在是提出一个全新的概念——"民国史观"的合适时机。

笔者认为,在目前多元史观存在的情况下,准确地界定"民国史观"的概念,仍然较有难度。"民国史观"的核心是将中华民国史学科的性质定位为"断代史",其研究对象应当包含民国时期所有的制度、事件、人物与社会面貌,要以民国为本位,从中国历史发展的长河中去评价与定位中华民国诞生、发展以至灭亡的历史过程。此一学科性质与研究对象的定义,与李新等人在民国史起步时所提出、目前仍通用的说法是不同的。②"民国史观"是近年来在民国史研究进程中逐渐形成的一种史观,是在海内外民国时期史学资料全面开放后,学术交流日益频繁,研究者在相对宽松的学术氛围中,基于扎实的史料,对民国时期的政治、经济、文化、思想、艺术、宗教等进行严谨的多维论证。民国史观既是一种学术研究的观念,即强调中立性,尊重历史发展的客观规律;又是一种方法论,立足于现代化

---

① 关于民国史研究史观的归纳,参见陈红民:《大陆中国の民国史研究》,载《现代中国と历史学》(《20世纪中国史》第4卷),东京大学出版会,2009年,第25—42页。

② 前引汪朝光1999年文中提出了"民国通史"的概念,认为民国史研究将会是"专史"与"通史"并存的状况。笔者理解,他所称之"民国通史"的概念,实际上应该是指"断代史"。因在史学著作体例分类上,"通史"与"断代史"是相对的。"通史"一般是指"连贯地记叙各个时代的史实的史书",可以理解为贯通的历史,如《史记》;而"断代史"是指"以朝代为断限的史书",此体裁创始于东汉史学家班固的《汉书》。"二十五史"中除《史记》为通史外,其余的"二十四史"都属断代史。

与国际化的研究视角,不拘泥于单一史料与"先验"结论。它与"唯物史观"是并行不悖的,同时具有"考据史学"的痕迹。

需要特别说明的,通常断代史的研究并不需要提出一个特别的"史观",我们也没有听说过"唐朝史观"、"宋朝史观",之所以要提出"民国史观",是要区别之前的那种虽然用了"中华民国史"名称,却把研究对象限定在以政治史为主,以统治阶级为主的"中华民国史研究",强调中华民国史研究对象必须以中华民国的全部存在为本体。借用汪朝光"狭义范围的民国史研究"的概念,未来在"民国史观"指导下进行的,应该是无所不包的"广义的民国史研究"。

"民国史观"将中华民国史学科的性质定位为中国历史中的一个"断代史",其研究对象是1912年1月1日中华民国诞生至1949年10月1日中华人民共和国建立之间发生在中国的全部历史存在。考虑到历史的整体延续性,在时间上,上可追溯到晚清(与民国建立有关的史实),下可延至中华人民共和国建立后的若干年(民国残余势力的影响)。在空间上,发生在中国本土之外,但对民国进程产生重要影响的国际环境,也应给予关注。

用"民国史观"构建中华民国史学科新体系,是项长期而艰巨的任务,需要努力探索,不断完善。笔者认为,在建立新体系的过程中,至少需要注意三个方面:

(1)独立性、完整性。中华民国时期是中国历史长河中在清代与中华人民共和国之间的一个完整的、独立的历史阶段。它的出现、存在、发展与覆亡均是中国历史发展的必然,是多种合力共同作用的结果,虽然其历史命运的某些方面可以印证某种重要理论,如"只有社会主义才能救中国"、"资本主义道路在中国行不通"等,但中华民国的历史发展有其自身的规律,而不是为了必然被推翻或印证某些理论存在的。作为学术研究,不应该先入为主地只抽出民国史的某一方面或某一时段,来印证某种结论或理论。此外,民国时期的政治、经济、文化、社会诸方面的发展各有其轨迹与特色,但却彼此间互相依存、互为因果,不能只强调一部分、一个方面而忽视另一部分、另一方面。学者的研究可以有侧重,但在研究心态与总体把握上,应当将民国时期视为一个独立的整体。以局部取代全局,以偏概全的方法,割裂了民国史的完整性,是不可取的。

(2)相关历史现象的评价标准。作为中国社会从传统到现代过程中的重要环节,民国时期出现了许多新的思潮与事物,影响中国发展至深至远。评价民国时期的思潮、制度、政党、人物与社会,需要用发展的眼光,要看它们比晚清时期的同类事物有何不同、有何进步或变化。超越时空,用些当时不可能做到的标准来衡量,苛求前人,不是历史唯物主义的研究态度。

(3)国际化的视角。民国时期是中国历史上国际化程度最深、与世界联系最紧密的时期,国际环境对中国发展的影响,莫此为甚。众所周知,民国时期所有的重大事件,均有深刻的国际背景。参与推翻清朝建立民国的同盟会诞生在日本(更早的兴中会建立在檀香山),推翻民国的中国共产党曾是共产国际的一个支部。其他大到民国时期的社会思潮,小至民众日常生活的衣食住行,多有外国影响的痕迹。关于此点,哈佛大学的柯伟林(William Kirby)教授已经有精辟论述。① 因而,研究民国史,必须有国际化的视野,比任何断代史更注意世界发展对中国的影响。

从中国历史漫长的发展脉络上,从中国已经是国际社会一员的角度上去研究,将会从整体上对民国史有新的认识,产生新的研究成果。

四 运用"民国史观"构建中华民国史学科的意义

运用"民国史观",将中华民国史学科性质回归到"断代史",在本学科建设上有着多重的意义:

(1)可以解决目前学科性质定义与研究现状不相称的窘境,拓展未来民国史研究的范围。如前所述,现在研究成果已经全面突破了当初所限定的范围,犹如一个发育成熟的青年,却仍穿着其童年的小衣,极不相称。

─────────────

① 近10多年来,柯伟林教授多次论述民国时期的国际化问题,其最新的见解参见《关于民国时期中国国际化问题的新思考》,《浙江大学学报》(人文社会科学版)2007年第1期。

如果在"民国史观"之下,研究范围必将扩大,不但能够容纳现有的全部成果,而且必能为作为断代史的全面研究准备了足够的空间。迄今为止,民国研究已经在政治史、经济史、文化史、外交史等方面取得了丰硕的成果,但作为一个断代史,需要对当时社会有个更全面的反映,因此,必须加强宗教史、医疗史、艺术史、妇女史、民众生活史等领域的研究,在原来"以政治史为主"的框架中,这些领域是没有空间的。学术史的经验告诉我们,随着研究领域与视野的扩大,新的方法引入,新的认识相互激荡,通常会导致对整体历史的新认识、新评价。

(2)可以作为国家修纂中华民国史的基点。中国历史上有"后代修前代史"的传统,中华人民共和国建立已经 60 年,虽有学者不断呼吁,政府主导修纂"中华民国史"的工作却至今尚未着手,反而是"重修清史"工程得到国家的大力支持。笔者认为,其中的一个原因就是现有的民国史学科所限定的研究对象有很大局限性,历史上各朝各代官方主修的"前代史",均是无所不包的"断代史"。因此,将民国史的学科性质定为"断代史"而非"专门史",会在学术上、研究内容上为政府主导的"中华民国史"修纂工作做好准备。"盛世修史",政府主导、举全国史学界之力修纂"中华民国史"的工作应尽早着手进行。作为第一步,可先从网罗资料,准备人才,筹建"中华民国史料馆"。

(3)可以与革命史(中共党史)研究相互促进,共同提高研究水准。将中华民国史学科的性质定为"断代史",扩大其研究内容,需要处理好与目前相关学科的关系,其中,最值得重视的,是如何处理作为"断代史"的民国史研究与作为"专门史"的中国革命史的关系。在旧有的学科设计中,中华民国史本来就是为深化中国革命史(中共党史)的研究而设计的,它们同为"专门史",同在"革命史观"指导下进行研究,但在研究对象上有明确的分工与区隔。学术史的逻辑是,民国史研究要晚于革命史(中共党史),甚至民国史一度是"寄生"于后者才得以"出生"的。现实的情况是,在中国大陆从事革命史(中共党史)的机构与研究人员,远远多于从事民国史研究的,他们的资源更充沛,有独立的研究体系、研究对象、理论与方法。

在新中华民国史学科体系建立后,两者的关系应该是既有区别,又有联系。区别在于学科性质，一个是"断代史"，一个是"专门史"，两者的研究时限、对象不同。民国史研究的起止时间是 1912 年至 1949 年，研究内容是当时中国的所有历史现象，相当广泛；中国新民主主义革命史研究的起止时间是 1919 年至 1949 年，研究内容是中国共产党领导人民推翻帝国主义、封建主义、官僚资本主义"三座大山"的历史过程，相关的事件、人物，相对狭窄。① 联系在于，两者在时间上有相当长的重合；在研究对象上，民国史也包括了革命史的内容。在中华民国史变成为"断代史"后，中国革命史（中共党史）作为"专门史"，可以继续深入下去。它们之间是大与小、整体与局部的关系，研究中国革命史的学者，要有整个民国史的大视野，研究民国史的学者，要随时吸取革命史学者新成果，两者可以相辅相成，互相促进。就如民国企业史、民国佛教史的研究也能促进整个民国史学科的发展类似，无须详论。值得注意的问题是，目前无论是革命史还是民国史，都已经是相当完备的学科，有相对独立的研究队伍、研究体系、研究对象、研究理论与方法。两者在"民国史观"下进行融合，并不是内容的简单地相加就能解决的，需要整合出一套新的东西来。如果从事革命史与从事民国史研究的学者能够选择相关课题合作，交叉研究，则其成果必然会增强学术研究的科学性，更有利于两个学科的共同发展。

回顾历史学科建设的一般规律，通常是先提出一个宏观框架，在此框架指导下进行微观研究，待到具体研究深化后，往往会冲破旧的框架，这时就需要提出新的框架。宏观——微观——宏观——微观，如此循环往复，不断丰富学科，推动学术进步。目前，对中华民国史学科建设而言，无论是外在的研究环境，还是自身的研究现实，都到了可以提出新框架，建立新解释体系，以将学科推向新高度的阶段。一个新学科的构建，既需要有构想、设计，更需要研究实践的不断充实，是个长时间的过程。

笔者对中华民国史新学科构建问题思虑甚久，深感为了学科的进一步发展，现在确实到了必须将此问题提出来的时候。但笔者知识浅陋，在

---

① 中共党史的研究上限是 1921 年，而下限则到了当代。

此只能提出问题,就教于方家,冀抛砖引玉,有更多同仁关注此事关学科未来的大课题,共同讨论。

（原文载于《民国档案》2011 年第 1 期,
收入本论文集时作者在文字上略有修改。）

差异何其大:台湾时代蒋介石与胡适对彼此间交往的记录[*]

  蒋介石与胡适是中国近代两个著名的人物,他们是不同领域的佼佼者,蒋介石是国民党的领袖、政治威权者与军事强人,胡适是学者、自由主义知识分子的旗手,他们的关系为人所乐道,也被赋予诸多的历史意蕴。国民党政权退台后,蒋介石胡适的关系进入新阶段。20 世纪 80 年代中期,台湾出版了由胡适秘书胡颂平编著的两部书——《胡适之先生年谱长编初稿》(联经出版事业公司,1984 年)、《胡适之先生晚年谈话录》(联经出版事业公司,1985 年),提供了较多蒋胡关系的细节。2004 年,联经出版事业公司又出版了 10 册一套的《胡适日记全集》(曹伯言整理),在某些方面提供了新史料。[①] 目前相关的学术论著在论及台湾时期蒋胡关系时,大多依据胡颂平著述,偏重于如下几个论题:胡适对蒋介石的支持与蒋对胡的礼遇;胡适对蒋介石连任"总统"的批评;两人因"雷震案"而起冲突;胡适过世后蒋的悼念等。这些论著给人的总体印象是,尽管有观念上

  * 本文第二作者段智峰,浙江大学历史系博士研究生。本文初稿曾在"第三届近代中国与世界国际学术研讨会"(中国社会科学院近代史研究所主办,2010 年 5 月,北京)上宣读,承评论人杨奎松教授提供意见。
  ① 《胡适日记全集》第 8 册(1940—1952 年)、第 9 册(1953—1962 年)的内容与本文相关。该书虽称"全集",却并非胡适逐日所记,时断时续,其完整性不如《胡适之先生年谱长编初稿》。

的冲突,胡对蒋始终尊重与支持,蒋也对胡维持着礼遇。[①]因此,当笔者阅读蒋介石日记,看到蒋从 20 世纪 50 年代起在日记中提到胡适便深恶痛绝,私下痛骂时,深感"震惊"。[②]

有趣的是,蒋介石、胡适在日记或回忆中对于他们的交往都有记录,可资"对质"。他们的表述与感觉却迥异。因蒋胡记载之差异不辩自明,本文在写作上拟采用"留白"的方式,将彼此交往的记述以时间先后为序逐一对比罗列,更多的评论与思考留给读者。笔者的思考并非仅限于文章结尾所提的若干问题,也蕴含于对材料的选择与对照之中。不足之处,请专家教正。[③]

一

1949 年 4 月 6 日,胡适从上海乘"威尔逊总统轮"赴美国。在中国大陆政权易手,蒋介石与国民党政权逃至台湾的过程中,他一直住在美国,与蒋介石保持着联系。1950 年 3 月初,胡适联名曾琦致电蒋介石,贺其"复任总统"。[④]1951 年 5 月,胡适给蒋介石写一长信,托杭立武转交。信中劝蒋要"知己知彼","多读中共出版的书,如《斯大林论中国》之类",最

---

① 代表性的著作包括耿云志《胡适研究论稿》(四川人民出版社,1985 年),该著正文主要讨论 1950 年前大陆时期的胡适,所附"年谱"则包括胡适一生;曹言伯、季维龙《胡适年谱》(安徽教育出版社,无出版时间,编辑说明写于 1986 年 1 月,则该书肯定出于此后),对于胡适在 1950年后的言行记述相当翔实;易竹贤《胡适传》(湖北人民出版社,1987 年)、沈卫威《胡适传》(河南大学出版社,1988 年)、白吉庵《胡适传》(人民出版社,1993 年)、胡明《胡适论传》(人民文学出版社,1996 年)等,均论及台湾时期胡适与蒋介石的关系;代表性论文有沈卫威的《胡适与蒋介石三任总统》(《河南大学学报》1995 年第 3 期),该文对 1948 年、1954 年及 1960 年三次"总统"选举前后,蒋介石与胡适之间微妙的关系进行了阐释。最新的成果是余英时的《重寻胡适历程——胡适生平与思想再认识》(广西师范大学出版社,2004 年),该著以胡适日记为基本材料,探讨胡适在各个阶段与中国现代史进程的关联,其中对于雷震案、蒋介石"违宪"连任等深刻影响台湾时期蒋胡关系走向的历史事件,给予了较为深刻的诠释。

② 论文初稿审读者曾善意提醒笔者注意蒋介石是否在日记中对胡适有"较好的评论",如有,也要写人,以保证立论的"全面和平衡"。这也是笔者注意到的问题,正因为蒋日记中对胡几乎无一正面评价,才感到"震惊"。

③ 此种写作方式,很容易被批评为"材料堆砌",杨奎松教授即建议笔者增加评论的内容,但笔者认为对于本文内容而言,这是最合适的写作方式。

④ 曹言伯、季维龙:《胡适年谱》,安徽教育出版社,第 717 页。

后劝蒋想想"国民党自由分化，分成几个独立的新政党"，而最重要的是"蒋先生先辞去国民党总裁"。① 1952 年，英国牛津大学邀胡适出任东方哲学与宗教讲座教授，胡有意应聘，但鉴于英国已承认中华人民共和国，遂向"外交部长"叶公超请求，让叶征询蒋介石的意见，结果因蒋不赞成而作罢。② 1952 年 9 月 14 日，胡给蒋写八页的长信，对即将召开的国民党"七全大会"提出建议，希望蒋及国民党要表明"民主政治必须建立在多个政党并立的基础"之上、"国民党应废止总裁制"、"国民党可以自由分化，成为独立的几个党"、"国民党诚心培植言论自由"。他甚至要求国民党、蒋介石公开"罪己"，"罪己的话不可单说给党员听，要说给全台人民听，给大陆上人民听"。③ 蒋介石对此置之不理，国民党"七全大会"根本没有讨论此类建议。

　　1952 年 11 月至 1953 年初，胡适应台湾大学与台湾师范大学邀请，赴台湾讲学。他一下飞机，就受到热烈的欢迎，胡适为新朋故友及记者们的热情所感染，笑称"我今天好像是做新娘子"。④ 对于蒋介石给予很高规格的接待，胡适方面的记载为：

> （1952 年 11 月 19 日）上午八时三十分，先生（胡适——引者）坐西北航空公司的飞机，从东京飞抵台北松山机场。在历久不绝的掌声中，先生含笑挥帽，缓步下机，精神极为旺健。先生穿的西服和大衣，都是藏青色，绿色花领带，黑皮鞋。蒋总统的代表蒋经国，以及教育学术各界的人士约千余人，上前欢迎。
>
> 下午，七时三十分，晋谒蒋总统，并与总统共进晚餐。⑤
>
> （12 月 12 日）上午，蒋总统邀先生陪同检阅军队，在新竹"参加检阅的军队六万多人，由于天气关系，没有见到空军配合

---

① 曹伯言整理：《胡适日记全集》第 8 册，台北联经出版事业公司，2004 年，第 588—589 页。
② 曹伯言整理：《胡适日记全集》第 8 册，台北联经出版事业公司，2004 年，第 796 页。
③ 曹伯言整理：《胡适日记全集》第 8 册，台北联经出版事业公司，2004 年，第 799 页。
④ 曹言伯、季维龙：《胡适年谱》，安徽教育出版社，第 737 页。
⑤ 胡颂平：《胡适之先生年谱长编初稿》第 6 册，台北联经出版事业公司，1984 年，第 2227—2230 页。

参加。受检阅的部队装备都是新的,体格强健,精神很好,使我看了很高兴"。①

(1953年1月16日)蒋公约我吃饭……谈了共两点钟,我说一点逆耳的话,他居然容受了。我说,台湾今日实无言论自由。第一,无一人敢批评彭孟缉。第二,无一语批评蒋经国。第三,无一语批评蒋总统。所谓无言论自由,是"尽在不言中"也。我说,宪法止许总统有减刑与特赦之权,绝无加刑之权。而总统屡次加刑,是违宪甚明。然整个政府无一人敢向总统如此说!总统必须有诤臣一百人,最好一千人。开放言论自由,即是自己树立诤臣千百人也。②

(1月17日)蒋总统特派蒋经国代表送行(胡适返回美国——引者)。先生和他握手时说:蒋总统对我太好了。昨天我们谈得很多,请你替我谢谢他。③

蒋介石与胡适数次接触、谈话,但他日记中只记载了1952年12月邀胡参加阅兵时谈话的情形与感触:

(1952年12月12日)胡适来此游览,招待及听取其报告,约谈十五分时,乃寝。不料寝后竟未能安睡,直至今晨二时,服药后亦不奏效,苦痛极矣。此乃为胡之言行或为美国近情所致乎?④

(12月13日)十时,胡适之来谈,先谈台湾政治与议会感想,彼对民主自由高调,又言我国必须与民主国家制度一致,方

① 胡颂平:《胡适之先生年谱长编初稿》第6册,台北联经出版事业公司,1984年,第2283页。
② 曹伯言整理:《胡适日记全集》第9册,台北联经出版事业公司,2004年,第3页。彭孟缉(1908—1997),国民党军高级将领,曾任"台湾情报工作委员会"主任,时任"台湾保安司令部"副司令兼"台北市卫戍司令部"司令,负责协调指挥全台各谍报、治安部门。
③ 胡颂平:《胡适之先生年谱长编初稿》第6册,台北联经出版事业公司,1984年,第6册,第2334页。
④ 《蒋介石日记》(手稿),1952年12月12日。原件藏于斯坦福大学胡佛研究所,下同。

能并肩作战，感情融洽，以国家生命全在于自由阵线之中。余特斥之。彼不想第二次大战民主阵线胜利，而我在民主阵线中牺牲最大，但最后仍要被卖亡国矣。此等书生之思想言行，安得不为"共匪"所侮辱残杀。彼之今日犹得在台高唱无意识之自由，不自知其最难得之幸运，而竟忘其所以然也。同进午膳后别去。①

对于两人首次在台湾聚首与所受到的高规格接待，胡适感觉甚好，而与蒋谈话时所说的"逆耳的话"，蒋介石也"居然容受了"，故临行时发出"蒋总统对我太好了"的感叹。蒋介石的感受大不相同，在与胡谈话后竟然彻夜难眠，"苦痛极矣"。蒋对胡适大谈"自由""民主"的高调甚不以为然，认为是"书生之思想言行"，故"特斥之"。事后，蒋又记道："与胡适之谈话二小时，不知彼果有动于中否？"②胡适这段时间向蒋建言的内容，两人所记大致相同，胡认为蒋"容受了"，蒋却说对胡"特斥之"。两人都期许对方能回心转意。

二

1954 年，蒋介石的"总统"任期将届满，"第二届总统"该如何产生成为让蒋犯难的大问题。利用"第一届国民大会代表"选举"第二届总统"，似乎是胡适为蒋介石想出的招数。据胡适日记，1953 年 1 月胡在向蒋介石辞行时，两人间曾有一段问计与献计的对话：

> 最奇怪的，是他（蒋介石——引者）问我，召开国民大会有什么事可做？我说：当然是选举总统与副总统。他说，这一届国大可以两次选总统吗？我说，当然可以。此届国大，召集是民三十七年三月二十九日。总统任期到明年（民四三年）五月二十日满

---

① 《蒋介石日记》（手稿），1952 年 12 月 13 日。
② 《蒋介石日记》（手稿），1952 年 12 月 13 日后之"上星期反省录"。

任,二月二十日必须选出总统与副总统,故正在此第一届国大任期中。他说,请你早点回来,我是最怕开会的! 这最后一段话颇使我惊异,难道他们真估计可以不要宪法了吗?①

蒋介石最后用的就是这个办法。执意要参选的他对外界的反应非常敏感,胡适竟然成为防范对象。他在 1954 年 1 月记道:"对蔡斯来函及左舜生等政客要提胡适为副总统无理取闹,皆有深切研究与合理之腹案,但暂置不答,以静观其变化如何也。"②蔡斯(Williams C. Chase),美军少将,时任美国驻台湾军事技术援助团团长。左舜生,中国青年党党魁,1949年后移驻香港,对台湾时政常有批评。胡适这时虽是被别人提出,蒋介石还是相当反感。

由于胡适的特殊地位与影响力,2 月 9 日《中央日报》记者在纽约采访了他。胡适表示,身为"国大代表",他决定到台湾参加会议与选举,坚定地支持蒋介石。胡适回到台北后发表谈话:"国家处境艰难,除蒋总统以外,没有人比蒋总统领导政府更为适当,更能有效完成反攻复国建国的历史使命。"③当有人告诉胡适,传说蒋介石曾在国民党临全会中推荐胡适为总统候选人时,胡回答,他认为这是蒋介石的谦让,非常感谢。但他心脏病史已达 15 年,连人寿保险公司都不愿保他的寿险,怎能挑得起"总统"这副担子? 有人问,假如有代表不得其同意而签署提名甚至当选,又将如何? 胡适幽默地回答:"如有人提名,我一定否认;如果当选,我宣布无效。我是个自由主义者,我当然有不当总统的自由。"④

胡适此次在台湾逗留一个半月,与蒋介石见面七次,其中有长谈,有宴会,有便饭,蒋再一次邀胡参加阅兵式。

蒋介石当选"总统"后,胡适对记者说:"今后六年,是国家民族最艰难困苦的阶段,只有蒋先生才能克服一切困难,蒋先生肯负此项重大的责

---

① 曹伯言整理:《胡适日记全集》第 9 册,台北联经出版事业公司,2004 年,第 3 页。
② 《蒋介石日记》(手稿),1954 年 1 月 16 日后之"上星期反省录"。
③ 胡颂平:《胡适之先生年谱长编初稿》第 7 册,台北联经出版事业公司,1984 年,第 2363 页。
④ 胡颂平:《胡适之先生年谱长编初稿》第 7 册,台北联经出版事业公司,1984 年,第 2363 页。

任,表示万分的钦佩和感谢。"①对于在台湾实施民主问题,胡适甚至为蒋"解围"。他在 3 月 28 日答复记者问题时说:"蒋总统于三月九日招待国民大会的宴会上,曾保证今后政府将实施更多的民主措施,人民将获享更多的自由……蒋总统曾说:'这几年来,由于军事上的理由,使民主自由的措施,受到若干限制,很是遗憾。'"②

胡适的诚恳态度,似乎并未解除蒋介石对其的疑心。1955 年蒋介石考虑"孙立人事件"的善后时,将胡适与苏联、中共、吴国桢等敌对势力并列,他写道:"孙立人自写悔罪与求赦书,则对其第一步处置之办法,当可告一段落。今后惟对明令免职之方式与时机应加研究,总使俄、共与吴逆等在美反动宣传不致过于扩大为要,但对于胡适等自由分子之反感亦不可忽视耳。"③

<h1 style="text-align:center">三</h1>

1957 年 11 月 4 日,蒋介石发表命令,准许"中央研究院"代理院长朱家骅辞职,任命胡适为院长。任命发布后,蒋介石即电胡适,促其尽早回台就任,谓中研院为最高学术研究机构,"关系国家民族前途至深且钜,端赖硕彦领导,敦促早日回台就任"。④

胡适起初并无意接任,他先是请人代向蒋介石婉辞,11 月 6 日又直接致电蒋介石表达辞意:"前日曾托骝先(朱家骅字——引者)、思亮(钱思亮——引者)两兄代恳总统许我辞谢中研院长之职,因适今年二月施外科手术以来,体力迄未恢复,八、九、十三个月中五次发高烧,检查不出病因,惟最后一次是肺炎,亦由抵抗力弱之故,尚须请专家检验。最近期中,恐不能回国。故不敢接受中研院长的重任。李济之兄始终主持安阳发掘研究工作,负国际学界重望,顷年继任历史语言所长,百废具举,最可佩服。

---

① 胡颂平:《胡适之先生年谱长编初稿》第 7 册,台北联经出版事业公司,1984 年,第 2405 页。
② 胡颂平:《胡适之先生年谱长编初稿》第 7 册,台北联经出版事业公司,1984 年,第 2415 页。
③ 《蒋介石日记》(手稿),1955 年 8 月 6 日后之"上星期反省录"。
④ 胡颂平:《胡适之先生年谱长编初稿》第 7 册,台北联经出版事业公司,1984 年,第 2612 页。

鄙意深盼总统遴选济之兄继任院长,实胜适百倍。迫切恳辞,千万请总统鉴察矜许。"①

蒋介石再致电胡适,对其身体不适"深为系念",但坚持"中央研究院仍赖出而领导",希望胡能"早日康复回国就任"。②在各方敦促劝请之下,胡适的立场动摇,12 月 6 日,他复电蒋介石,请任命李济暂代院长,③等于同意未来将回台任职。蒋介石允其所请。

1958 年初,"中央研究院"开始为胡适建造住宅。几年前蒋介石知道胡有回台久居之意,"曾表示愿将他的《苏俄在中国》一书的版税内拨款兴建房子一座,送给先生居住",胡适允就"中研院"院长之后,"中央研究院与行政院研究商洽的结果,由中研院追加预算二十万,在院里建筑一栋平式小洋房,占地五十坪,里面有大客厅,连着小客厅各一间,书房一间,卧室两间,客房一间"。④ 4 月 8 日,胡适回到台湾,"副总统"陈诚等到机场欢迎。次日,"总统府秘书长"张群到其暂住处,"陪同前往士林官邸。总统以茶点款待,谈了一点钟⋯⋯先生(胡适——引者)对记者说:总统气色很好,很健康。对我的病况很关心,使我很感谢。总统对于学术研究,和发展自然科学,很关切,也很感兴趣,所以,今天所谈的都是关于学术问题"。⑤

4 月 10 日,胡适就任"中央研究院"院长,蒋介石到会祝贺并演讲。12 日晚,蒋介石在官邸宴请中研院全体院士,胡适方面的记录只有简捷的一句"蒋总统在官邸宴请全体院士,至八时半始毕"。⑥

胡适归来,蒋介石很高兴,9 日初次与胡适见面时,"对其研究学术与办理大学意见颇多可取"。⑦ 第二天蒋亲自出席胡就职典礼,当他发表精心准备的祝贺演讲词时,却被胡适当场"纠正",蒋视此为奇耻大辱,竟至

① 胡颂平:《胡适之先生年谱长编初稿》第 7 册,台北联经出版事业公司,1984 年,第 2613 页。
② 胡颂平:《胡适之先生年谱长编初稿》第 7 册,台北联经出版事业公司,1984 年,第 2613 页。
③ 胡颂平:《胡适之先生年谱长编初稿》第 7 册,台北联经出版事业公司,1984 年,第 2613 页。
④ 胡颂平:《胡适之先生年谱长编初稿》第 7 册,台北联经出版事业公司,1984 年,第 2637 页。
⑤ 胡颂平:《胡适之先生年谱长编初稿》第 7 册,台北联经出版事业公司,1984 年,第 2658 页。
⑥ 胡颂平:《胡适之先生年谱长编初稿》第 7 册,台北联经出版事业公司,1984 年,第 2671 页。
⑦ 《蒋介石日记》(手稿),1958 年 4 月 9 日。

夜不成寐。他记道:

> 今天实为我平生所遭遇的第二次最大的横逆之来。第一次
> 乃是民国十五年冬、十六年初在武汉受鲍尔廷宴会中之侮辱。
> 而今天在中央研究院听胡适就职典礼中之答拜的侮辱,亦可说
> 是求全之毁,我不知其人之狂妄荒谬至此,真是一狂人。今后又
> 增我一次交友不易之经验。而我轻交过誉,待人过厚,反为人所
> 轻侮,应切戒之。惟仍恐其心理病态已深,不久于人世为虑也。
>
> 十时,到南港中央研究院参加院长就职典礼,致辞约半小
> 时,闻胡答辞为憾,但对其仍礼遇不予计较⋯⋯因胡事终日抑
> 郁,服药后方可安眠。①

蒋将所受胡适之辱形容为平生"最大的横逆",甚至与 1958 年在武汉
受到鲍罗廷的"侮辱"相类比,显然是言过其实,但亦可见被胡适刺激之
深;到第二天仍需服用安眠药才能入睡,"知此一刺激太深,仍不能彻底消
除,甚恐驱入意识之中"。② 12 日晚,蒋介石在官邸招待"中央研究院"全
体院士,或许是因为已经对胡适反感在先,所以他怎么看胡都不顺眼了:

> 晚宴中央研究院院士及梅贻琦等,胡适首座,余起立敬酒,
> 先欢迎胡、梅同回国服务之语一出,胡颜色目光突变,测其意或
> 以为不能将梅与彼并提也,可知其人之狭小妒忌。③

在周末写的"上星期反省录"中,蒋介石用较长的篇幅详细记录了胡

---

① 《蒋介石日记》(手稿),1958 年 4 月 10 日。当天的情形是:蒋介石在胡适就职典礼致词
中,借大陆当时批判胡适一事称赞胡的能力与品德,并提出"中央研究院不但为全国学术之最高
研究机构,且应担负起复兴民族文化之艰巨任务",要配合当局"早日完成反共抗俄使命"。胡适
在答辞中并未领蒋的情,当场指正:"刚才总统对我个人的看法不免有点错误,至少,总统夸奖我
的话是错误的。我被共产党清算,并不是清算个人的所谓道德。"对于中研院未来的工作重点,
胡也不赞同蒋的提法,他说:"我们学术界和中央研究院挑起反共复国的任务,我们所做的工作
还是在学术上,我们要提倡学术。"胡适还强调,"我的话并不是驳总统"。(胡颂平:《胡适之先生
年谱长编初稿》第 7 册,台北联经出版事业公司,1984 年,第 2662—2668 页。)
② 《蒋介石日记》(手稿),1958 年 4 月 11 日。
③ 《蒋介石日记》(手稿),1958 年 4 月 12 日。

适对其"不恭"的表现：

> 胡适就职典礼中，余在无意中提起其民国八、九年间，彼所参加领导之新文化运动，特别提及其"打倒孔家店"一点，又将民国卅八、九年以后"共匪"清算胡适之相比较，余实有尊重之意，而乃反触其怒，殊为可叹。甚至在典礼中，特提余为错误者二次，余并不介意。但事后回忆，甚觉奇怪。又是，在星六招宴席中，以胡与梅贻琦此次由美国返回，余乃提起卅八年初将下野之前，特以专派飞机往北平接学者，惟有胡、梅二人同机来京，脱离北平围困，今日他二人又同机来台，皆主持学术要务为欣幸之意。梅即答谢当时余救他脱险之感情，否则亦如其他学者陷在北平被"共匪"奴役，而无复有今日其人之辞，殊出至诚。胡则毫不在乎，并无表情。惟彼亦闻梅之所言耳，其心中是否醒悟一点，则不得而知矣。余总希望其能领悟，而能为国效忠，合力反共也。①

蒋介石对胡适的不满无可掩饰，他不仅用梅贻琦的谦恭来反衬胡适的"狂妄"，而且还想到了逝去多年的前"中央研究院"院长蔡元培："胡适的言行，更使我想起蔡子民先生道德学问，特别是他安详雅逸不与人争的品行之可敬可慕也。"②蒋介石此处也道出了其"尊重"胡适的重要原因，是希望他能"为国效忠，合力反共"。

四

胡适1958年回台与蒋介石初次见面后，曾表示"希望有两三年的安静生活，当可将未完成的著作《中国思想史》写完，然后再写一部英文本《中国思想史》，接着就要写《中国白话文学史》下册"。③ 实际上他并未专注于学术写作，兑现其完成几部大书写作的计划，反而乐此不疲地参加各

---

① 《蒋介石日记》（手稿），1958年4月12日后之"上星期反省录"。
② 《蒋介石日记》（手稿），1958年4月12日后之"上星期反省录"。
③ 曹言伯、季维龙：《胡适年谱》，安徽教育出版社，第815页。

种活动，自我感觉良好。伊朗国王巴列维与约旦国王侯赛因先后访问台北，蒋介石均邀胡适参加接待。胡出任"光复大陆设计委员会副主任委员"，四处讲话，公开支持蒋介石。他曾对胡颂平说："我对总统是很恭维的。现在有些人想恢复'五五宪法'，无论如何，这部宪法比'五五宪法'高明得多。当初在胡汉民、孙科时代的立法院，立法委员只有四十九人，像王雪艇、傅秉常等都是。那时是个法制局的性质，并不是国会，现在要想回到'五五宪法'时代是不可能的了。"①

　　蒋介石欢迎胡适回台，意在将老虎收笼，免得其在美国乱发言，不便控制。不料胡返台后，却非常"不识相"，这使蒋如芒刺在背。4月底，蒋在"上月反省录"中将胡专列一条："忍受胡适之侮辱，不予计较，此或修养之进步欤？"②从5月起，蒋在日记中只要提到胡适，都是负面的：

　　　　对于政客以学者身份向政府投机要胁，而以官位与钱财为其目的。伍宪子等于骗钱，左舜生要求钱唱中立，不送钱就反腔，而胡适今日之所为，亦几乎等于此矣，殊所不料也。总之，政客既要做官，又要讨钱，而特别要以"独立学者"身份标榜其清廉不苟之态度。甚叹士风堕落，人心卑污……今日更感蔡先生之不可得矣。③

　　　　以今日一般政客如胡适等无道义，无人格，只卖其"自由""民主"的假名，以提高其地位，期达其私欲，对国家前途与事实概置不顾，令人悲叹……经儿（蒋经国——引者）婉报胡适与其谈话经过，乃知其不仅狂妄，而且是愚劣成性，竟劝我要"毁党救国"，此与共匪之目的如出一辙，不知其对我党之仇恨甚于"共匪"之对我也。可耻。④

---

　　①　胡颂平：《胡适之先生晚年谈话录》，台北联经出版事业公司，1985年，第5页。
　　②　《蒋介石日记》（手稿），1958年4月30日后之"上月反省录"。
　　③　《蒋介石日记》（手稿），1958年5月10日。伍宪子（1881—1959），时任中国民主社会党中央主席，常居香港著书讲学。
　　④　《蒋介石日记》（手稿），1958年5月30日。

朝课后,与经儿谈反动派抬胡适组党,及其勾结美国之情形,此时美未必为其供应什么也。惟胡有跃跃欲试之意,但为过去关系,余对胡适应有一次最后规诫之义务。①

午课后,手拟去年反省录,开始感想千万:胡适态度最近更为猖狂,无法理喻,只有不加理会,但亦不必予之作对,因为小人自有小人对头也。对于其所言反对修宪与连任总统之谣诼,乃是一般投机政客有意诬蔑之毁蒋运动,不仅余本人,即本党亦从未有此意向,希其审慎,勿受愚弄。至于"毁党救国"之说,闻之不胜骇异。中华民国本由国民党创造,今迁台湾,亦由国民党负责保全,如果毁了国民党,只有拯救"共匪"的中华人民共和伪国,如何还能拯救中华民国乎?何况国民党人以党为其第一生命,而且视党为国家民族以及祖宗历史所寄托者,如要我毁党,亦即要我毁我自己祖宗与民族国家无异。如他认其自己为人,而当我亦是一个人,那不应出此谬论,以降低其人格也。以上各言,应由辞修(陈诚字——引者)或岳军(张群字——引者)转告予其切诫。②

胡适狂妄言行,决不予理睬。与辞修谈胡适问题,认其"毁党救国"之说,是要其现在领袖自毁其党基,无异强其自毁祖基,此其惩治比之"共匪"在大陆要其知识分子自骂起三代为更惨乎。③

今后最不愿见的无赖胡适政客及悔改之党员程沧波,勉强而行,是乃品性修养之进步之效也。④

随着胡适表示反对"修宪"、反对蒋"连任总统"与要求蒋把国民党一

---

① 《蒋介石日记》(手稿),1958 年 5 月 31 日。
② 《蒋介石日记》(手稿),1958 年 6 月 3 日。
③ 《蒋介石日记》(手稿),1958 年 6 月 6 日。
④ 《蒋介石日记》(手稿),1958 年 11 月 22 日后之"上星期反省录"。程沧波(1901—1990),著名报人,《中央日报》首任社长。大陆时期曾任国民党中央宣传部副部长,到台湾后历任国民党中央评议委员、"立法委员"等职。

分为二以增加竞争活力,蒋介石对胡的不满逐步升级,所用词语从"狭小妒忌","甚觉奇怪"到"猖狂"、"狂妄",最后是骂其"无赖"、"可耻"、"政客",讨厌到不愿再见胡适的地步。这段时间,如何对付胡适,也是蒋日记中的重要内容。① 1959 年初,蒋介石接见赵元任后,颇有感想,胡适再次被拉出来反衬:"见赵元任夫妇,甚和洽。余近对学者心理,以为如胡适一样,殊不然也。毕竟真正学者,其言行风度多可敬爱者也。"②言下之意,蒋认定胡不是"真正学者"。

五

1959 年 3 月底,胡适在台大医院接受割除背部粉瘤手术,蒋介石曾派蒋经国前往"慰问"。③5 月 28 日,胡适晋谒蒋介石,蒋对胡住院手术"表示关切",胡则邀请蒋参加 7 月 1 日的院士会议:"先生(胡适——引者)因将出国,向总统请假三月。接着说七月一日举行院士会议,可能有十四位院士出席。这天上午举行开幕典礼,请总统能在开幕典礼中训词。总统说:'那时除非我不在台北,我一定来的。'"④

蒋介石也记了这次见面:"召见胡适,约我七月一日中央研究院院士会议致训,其客辞特表亲善为怪。凡政客爱好面子而不重品性者,皆如此耳。"⑤"胡适无聊,面约我七月一日到其研究院院士会致训,可矣。"⑥

蒋介石要了手腕,他先未如约参加 7 月 1 日的院士会议,冷落胡适,再于次日在官邸设宴款待胡与全体院士,由陈诚、张群、梅贻琦等作陪。⑦蒋对此举不无得意地写道:

---

① 如蒋介石在"工作预定"中列入要考虑"胡适趋向与利害"、"胡适狂妄言论决不予理睬"(1958 年 6 月 6 日),"对胡适方针与处理"(1958 年 6 月 7 日后之"上星期反省录"),"对胡适之趋向如何"(1959 年 6 月 20 日"本星期预定工作课目")。

② 《蒋介石日记》(手稿),1959 年 3 月 5 日。

③ 胡颂平:《胡适之先生年谱长编初稿》第 8 册,台北联经出版事业公司,1984 年,第 2870 页。

④ 胡颂平:《胡适之先生年谱长编初稿》第 8 册,台北联经出版事业公司,1984 年,第 2907 页。

⑤ 《蒋介石日记》(手稿),1959 年 5 月 28 日。

⑥ 《蒋介石日记》(手稿),1959 年 5 月 30 日后之"上星期反省录"。

⑦ 胡颂平:《胡适之先生年谱长编初稿》第 8 册,台北联经出版事业公司,1984 年,第 2952 页。

中央研究院院士会议未应邀参加,而仍约宴其院士,此乃对胡适作不接不离之态度又一表示也。对此无聊政客,惟有消极作不抵抗之方针,乃是最佳办法耳。①

因厌恶胡适,与胡关系亲疏的程度竟成为蒋介石用人的取舍标准。1959年3月,蒋介石记道:"召见谷风翔同志,提及陈雪屏为反动分子包围,并借胡适来胁制本党,此人积恶已深,其卑劣言行再不可恕谅,但余仍能抑制情感,出之以忍也。"②然而,蒋不久之后就为陈雪屏与胡适的亲密关系而惩罚了陈:"三中全会准备闭幕讲词……正午,选举常委。陈雪屏、胡建中、王(黄)朝琴三人同票,本应抽签。余乃决定除去陈而取胡、王,以陈籍党外势力以自重,并招摇挑拨也。"③

六

相关论著对于胡适一度公开反对蒋介石"修宪"与参选"第三届总统"一事的研究已经相当细致。胡适日记中记载,他曾试图当面向蒋介石进言,未获机会,便通过张群、王云五、黄少谷等党政要人向蒋转达意见。1959年11月15日,他再次托"总统府秘书长"张群向蒋系统地转达如下四点(反对蒋参选的四点理由):

(1)明年二三月里,国民大会期中,是中华民国宪法受考验的时期,不可轻易错过。

(2)为国家的长久打算,我盼望蒋总统给国家树立一个"合法的、和平的转移政权"的风范。不违反宪法,一切依据宪法,是"合法的"。人人视为当然,鸡犬不惊,是"和平的"。

---

① 《蒋介石日记》(手稿),1959年7月4日后之"上星期反省录"。

② 《蒋介石日记》(手稿),1959年3月4日。

③ 《蒋介石日记》(手稿),1959年5月19日。陈雪屏(1901—1999),曾任教于北京大学等处,后转至政界,1948年任教育部次长,主持部务。到台湾后任台湾省教育厅长,参与"国民党改造运动",时任"考选部长"、"行政院秘书长"等职。与胡适关系密切。

（3）为蒋先生的千秋万世盛名打算，我盼望蒋先生能在这一两个月里，作一个公开的表示，明白宣布他不要作第三任总统，并且宣布他郑重考虑后盼望某人可以继他的后任；如果国民大会能选出他所期望的人作他的继任者，他本人一定用他的全力支持他，帮助他。如果他作此表示，我相信全国人与全世界人都会对他表示尊敬与佩服。

（4）如果国民党另有别的主张，他们应该用正大光明的手段明白宣布出来，决不可用现在报纸上注销登的"劝进电报"方式。这种方式，对蒋先生是一种侮辱，对国民党是一种侮辱，对我们老百姓是一种侮辱。[1]

蒋介石对胡适避而不见，双方没有形成正面交锋，但蒋在日记中对胡充斥着敌视与谩骂，对胡适的建议也逐条"批驳"：

> （蒋介石认为，美国未公开反对他连任，这）对目前国内反动派胡适等反蒋之心理无异予以打击，以彼等假想美国不赞成连任，为其反蒋之惟一基础也。可耻。[2]

> 与辞修谈话。彼以胡适要我即作不连任声明。余谓，其以何资格言此？若无我党与政府在台行使职权，则不知彼将在何处流亡矣。[3]

> 胡适反对总统连任事，各处运用其关系，间接施用其威胁技〔伎〕俩，余皆置若罔闻。昨其来与岳军相谈其意，要求与余个人关门密谈，并托岳军转达其告辞修等相同之意。乃余对岳军曰：余此时之脑筋，惟有如何消灭"共匪"，收复大陆，以解救同胞，之外再无其他问题留存于心。至于国代大会与选举总统等问题，皆在我心中，亦无暇与人讨论，否则我即不能计划反攻复国要务矣。如胡再来询问时，即以此意答之可也。此种无耻政客，自抬

---

① 曹伯言整理：《胡适日记全集》第 9 册，台北联经出版事业公司，2004 年，第 458 页。
② 《蒋介石日记》（手稿），1959 年 11 月 4 日。
③ 《蒋介石日记》（手稿），1959 年 11 月 7 日。

身份,莫名其妙,不知他人对之如何讨厌也,可怜实甚。①

胡适无耻,要求与我二人密谈选举总统问题,殊为可笑。此人最不自知,故亦最不自量,必欲以其不知政治而又反对革命之学者身份,满心想来操纵革命政治,危险极矣。彼之所以欲我不再任总统之用意,完全在此,更非真有爱于辞修也。因之,余乃不能不下决心,而更不能辞也。以若辈用心不正,国事如果操纵在其手,则必断送国脉矣。②

胡适无耻言行,暗中反对连任,与张君劢亡国言论皆狂妄背谬已极。惟有置之不理而已。③

其后,胡适虽未改变基本立场,但也在他人劝说下"识相地"不再公开发表反对蒋"连任"的言论,并在 1960 年 2 月出席"国民大会",任主席团主席,参与主持选举蒋任"第三届总统"。④蒋介石并未因胡适的"让步"而感到宽慰,反而转成对胡的讥讽与蔑视:

近闻胡适受梦麟(蒋梦麟——引者)之劝,其对国大代会选举与连任问题不再反对,并愿担任此次国代联谊会年会主席。此乃其观望美国政府之态度而转变者,可耻之至。余昔认其为比张君劢等人格界高,其实彼此皆为政客,其只有个人,而绝无国家与民族观念,其对革命自必始终主张敌对与破坏之地位,无足奇哉。⑤

入府见胡适,其态度神气似已大有改变。为怪。⑥

---

① 《蒋介石日记》(手稿),1959 年 11 月 20 日。
② 《蒋介石日记》(手稿),1959 年 11 月 28 日后之"上星期反省录"。
③ 《蒋介石日记》(手稿),1959 年 11 月 30 日后之"上月反省录"。
④ 蒋介石当选"总统"后,《中央日报》记者询问胡适的意见。胡回答:"我站在老百姓的立场上,跟老百姓一样的高兴。"曹言伯、季维龙:《胡适年谱》,安徽教育出版社,第 894 页。
⑤ 《蒋介石日记》(手稿),1959 年 12 月 19 日。蒋梦麟(1886—1964),教育家,曾任北京大学校长,时任"中国农村复兴联合委员会主任委员",系胡适挚友。
⑥ 《蒋介石日记》(手稿),1960 年 1 月 15 日。

七

1960 年的"雷震案"，是蒋介石与胡适关系中的重要事件。关于胡适与雷震、《自由中国》杂志及组建反对党的关系，其在"雷震案"发生后的态度，已公开的资料与研究相当充分。[①] 本文只披露蒋介石在处置"雷震案"时对胡适言行的反应。

蒋介石对《自由中国》怀恨在心，对胡适与《自由中国》的关系也相当清楚："所谓反对党之活动与进行，乃以美国与胡适为其招摇号召之标帜。"[②]就是因为投鼠忌器，怕处置《自由中国》与雷震，引起胡适、美国的反对，蒋才迟迟未下决心。1960 年，雷震等人加快了组织反对党的步伐，而蒋在完成"修改宪法"及"连任总统"后，终于决定要对雷震下手了，台湾警方在胡适离台湾赴美国访问期间（胡适 7 月 9 日飞西雅图参加"中美学术合作会议"，行前，蒋介石曾设宴招待[③]），于 9 月 4 日逮捕雷震。蒋介石在下最后决心之前，对"雷震逮捕之考虑，不厌其详"。[④] 蒋考虑的中心点是事后如何应对胡适与美国，他在 8 月 31 日确定了详细的应对计划："一、雷逆逮捕后，胡适如出而干涉，或其在美公开反对政府时，应有所准备：甲、置之不理；乙、间接警告其不宜返国。二、对美间接通知其逮雷原因，以免误会。三、谈话公告应先译英文。四、何时谈话为宜，以何种方式亦应考虑：甲、纪念周训词方式；乙、对中央社记者谈话方式。"[⑤]

果不出蒋所预料，雷震被捕后胡适便在美国发表了声明。蒋深不以为然，他在日记中除对胡本人破口大骂外，也点明了所以容忍胡的关键，是胡的言行恰能用来粉饰台湾的"民主体制"。他记道：

> 胡适对雷案发表其应交司法机关审判，且称雷为反共人士，而决不叛乱之声。此种真正的"胡说"，本不足道。但有"胡说"

---

① 胡适在 1960 年 11 月 18 日的日记中，极其详细地记载了为雷震案与蒋介石交涉的情形。
② 《蒋介石日记》(手稿)，1960 年 9 月 2 日。
③ 曹言伯、季维龙：《胡适年谱》，安徽教育出版社，第 909 页。
④ 《蒋介石日记》(手稿)，1960 年 8 月 31 日后之"上月反省录"。
⑤ 《蒋介石日记》(手稿)，1960 年 8 月 31 日。

对政府民主体制亦有其补益,否则,不能表明其政治为民主矣,故乃予以容忍。但此人徒有个人而无国家,徒恃外势而无国法,只有自私而无道义,其人格等于野犬之狂吠。余昔认为可友者,今后对察人择交更不知其将如何审慎矣。①

在审判雷震那段时间,蒋十分注意国外的反应,而将一切不利反响与批评意见全归之于胡适:

胡适挟外力以凌政府为荣,其与"匪共"挟俄寇以颠覆国家的心理并无二致,故其形式虽有不同,而重外轻内,忘本逐末,徒使民族遭受如此空前洗劫与无穷耻辱。②

本月工作以雷震案为重点,自四日逮捕至廿六日起诉作为第一阶段,除国内外少数反动言论外,一般反响并不如所预想之激烈,惟一纽约《时代》杂志乃受胡适之影响,亦作不良之评论,殊出意外。③

10月,蒋闻胡适将从美国返回台湾,颇感紧张与头痛:

闻胡适定于十六日回来,是其想在雷案未覆判以前要求减刑或释放之用意甚明。此人实为一个最无品格之文化买办,无以名之,只可名曰"狐仙",乃为害国家,为害民族文化之蟊贼,彼尚不知其已为他人所鄙弃,而仍以"民主""自由"来号召,反对革命,破坏反共基地也。④

闻胡适已于昨由美起飞回国,其存心捣乱为难可知,而且若辈所谓自由主义之文化买办们从中纵容无疑,应加防范,但以忍耐为重。⑤

---

① 《蒋介石日记》(手稿),1960年9月8日。
② 《蒋介石日记》(手稿),1960年9月20日。
③ 《蒋介石日记》(手稿),1960年9月30日后之"上月反省录"。
④ 《蒋介石日记》(手稿),1960年10月13日。
⑤ 《蒋介石日记》(手稿),1960年10月18日。

> 今日闻胡适回来后对雷案各种"胡说"，不以为意，听之。我
> 行我事可也。①

> 本日为胡适无赖卑鄙之言行考虑，痛苦不置。其实对此等
> 小肖〔宵小〕不值较量，更不宜痛苦，惟有我行我事，置之一笑，则
> 彼自无奈我何矣。②

胡适回到台北，不断向"总统府秘书长"张群表达见蒋的要求。蒋认为，"胡适为雷震张目，回国后似并未变更，故其对国内外反动之鼓励不少也"，③再次采用避而不见的策略。在"冷落"胡近一个月后，蒋介石在11月18日才准胡见面。对这次见面经过与所谈内容，胡适方面的资料有详细记载。蒋介石的记载大致相同：

> 召见胡适约谈三刻时，彼最后提到雷震案与美国对雷案舆
> 论。余简答其雷系关匪谍案，凡破坏反共复国者，无论其人为
> 谁，皆必须依本国法律处理，不能例外，此为国家关系，不能受任
> 何内外舆论之影响。否则政府无法反共，即使存在亦无意义。
> 余只知有国家，而不知其他，如为忌国际舆论则不能再言救国
> 矣。此大陆沦陷之教训，不能不作前车之鉴也。最后，略提过去
> 个人与胡之情感关键，彼或有所感也。④

这段描述比较平实，可见蒋事先经过精心准备，特别是最后用"个人感情"诘难胡，使其无语，顿时只能自辩，转而强调自己对蒋与"政府"的一

---

① 《蒋介石日记》（手稿），1960 年 10 月 24 日。
② 《蒋介石日记》（手稿），1960 年 10 月 29 日。
③ 《蒋介石日记》（手稿），1960 年 10 月 31 日后之"上月反省录"。
④ 《蒋介石日记》（手稿），1960 年 11 月 18 日。

贯支持。① 在该周的"反省录"中，蒋对自己的策略颇为自得："胡适之'胡说'，凡其自夸与妄语皆置之不理，只明答其雷为匪谍案，应依本国法律处治，不能例外示之，使之无话可说。即认其为卑劣之政客，何必多予辩论矣。"②

在对雷震等人进行宣判，押入监狱执行徒刑后，蒋介石感觉对胡适的斗争取得重大胜利，他总结道，此为退台后"十一年来对内对外的反动投机分子的最激烈之斗争，至此或可告一段落"。③ "胡适投机政客卖空与胁制政策未能达其目的，只可以'很失望'三字了之。"④

八

蒋介石对胡有打有拉。在"雷震案"宣判结束后，他听说胡适、成舍我等人发起要求特赦雷震运动，断定"此与美国、共产党同路人内外相应之行动"。⑤ 但一星期后，蒋就张罗着给为胡适做七十大寿。他先是派人给胡宅送去亲笔所写的"寿匾"，后又在官邸设宴为胡祝寿。胡适很是感激，12 月 19 日给蒋写信：

---

① 胡适日记中对此细节的记述如下：当他还在对蒋介石强调雷震案处置不当时，蒋突然转移话题："总统忽然讲一件旧事。他说，去年□□回来，我对他谈起，'胡先生同我向来是感情很好的。但是这一两年来，胡先生好像只相信雷儆寰，不相信我们政府'。□□对你说过没有？我说，□□从来没有对我说这句话。现在总统说了，这话太重了，我当不起。我是常常劝告雷儆寰的。我对他说过：那年(民国三十八年四月)总统要我去美国。我坐的轮船四月二十一日到旧金山。四月二十一日在中国已是四月二十二日了。船还没进港口，美国新闻记者多人已坐小汽轮到大船上来了。他们手里拿著早报，头条大字新闻是'中国和谈破裂了，红军过江了'！这些访员要我发表意见，我说了一些话，其中有一句话，'我愿意用我道义力量来支持蒋介石先生的政府'。我在十一年前说的这句话，我至今没有改变。当时我也说过，我的道义的支持也许不值得什么，但我说的话是诚心的。因为我们若不支持这个政府，还有什么政府可以支持？如果这个政府垮了，我们到那儿去！——这番话，我屡次对雷儆寰说过。今天总统说的话太重，我受不了，我要向总统重述我在民国三十八年四月二十一日很郑重的说过的那句话。"(曹伯言整理：《胡适日记全集》第 9 册，台北联经出版事业公司，2004 年，第 667—668 页。)
② 《蒋介石日记》(手稿)，1960 年 11 月 19 日后之"上星期反省录"。
③ 《蒋介石日记》(手稿)，1960 年 11 月 30 日后之"上月反省录"。
④ 《蒋介石日记》(手稿)，1960 年 11 月 24 日。
⑤ 《蒋介石日记》(手稿)，1960 年 12 月 9 日。

介公总统赐鉴:

十五日晨,黄伯度先生来南港,带来总统亲笔写的大"寿"字赐贺我的七十生日,伯度并说,这幅字装了框,总统看了不很满意,还指示重装新框。总统的厚意,真使我十分感谢!

回忆三十七年十二月十四日夜,北平已在围城中,十五日,蒙总统派飞机接内人和我和几家学人眷属南下,十六日下午,从南苑飞到京。次日就蒙总统邀内人和我到官邸晚餐,给我们作生日。十二年过去了,总统的厚意,至今不能忘记。

今天本想到府致谢,因张岳军先生面告总统有会议,故写短信敬致最诚恳的谢意。并祝总统健康百福。

胡适敬上 四十九、十二、十九①

对于蒋介石 12 月 21 日在官邸所设寿宴情形与众人的表现,胡适方面的资料记述相当详尽:

中午,蒋总统在官邸为先生祝寿,约了陈诚副总统、张群、谢冠生、王云五、黄伯度、陈雪屏、罗家伦、毛子水、沈刚伯、钱思亮、唐纵等十一人作陪。总统和夫人是主人,共四十人。中菜西吃,有寿桃、寿面,吃的是寿酒。吃饭时,总统和夫人站起来给先生祝寿,干了一杯。先生也站起来,干了一杯。这时大家都站起来了。先生说:"祝总统、夫人健康。我也干了一杯。"先生又祝在座的老朋友健康,再干了一杯。接着就随便谈谈。最后,先生对总统说:"我今年是满六十九岁,今天总统祝我七十岁,我就当作七十岁了,我声明明年不作七十了。"②

胡适的感激溢于言表,且真的在一年后以蒋已为其过生日为由,婉拒他人为其过七十大寿。③ 1962 年 2 月 6 日,蒋经国到胡宅拜农历新年,并

---

① 胡颂平:《胡适之先生年谱长编初稿》第 9 册,台北联经出版事业公司,1984 年,第 3419 页。
② 胡颂平:《胡适之先生年谱长编初稿》第 9 册,台北联经出版事业公司,1984 年,第 3420 页。
③ 曹言伯、季维龙:《胡适年谱》,安徽教育出版社,第 957 页。

代表其父邀胡适夫妇到士林官邸吃饭。两天后,胡适夫妇如约与蒋介石夫妇共进午餐。"饭后,蒋夫人送给胡夫人一些年糕、卤肉,也带回来了。"①

16 天之后的 1962 年 2 月 24 日晚 7 时 10 分,胡适在演讲中因心脏病发突然跌倒,不治逝世。蒋介石在当天日记中写道:

> 晚,闻胡适心脏病暴卒。②

"暴卒"二字,强烈地表明了蒋对胡适压抑已久的负面情绪,也与其对胡长期的"礼遇"形成鲜明对比。胡之死,蒋介石顿时感觉除却心头大患,长舒一口气:

> 胡适之死,在革命事业与民族复兴的建国思想言,乃除了障碍也。③

胡适过世次日,蒋与张群商谈胡适丧事,并确定挽胡适的联句:"新文化中旧道德的楷模;旧伦理中新思想的师表。"此联句是他在与宋美龄在后公园浏览时,"途中得挽适之联语,自认公平无私也"。从这个表述,不能确定这个后来流传甚广的联句是蒋介石自己想出来的,还是他人代拟的,但蒋甚为得意,"自认为对胡氏并未过奖,更无深贬之意也"。④ 3 月 1 日,蒋介石携张群去殡仪馆,瞻胡适遗容。次日,蒋对胡适有个"盖棺"之论:

> 盖棺论定胡适实不失为自由评论者,其个人生活亦无缺点,有时亦有正义感与爱国心,惟其太褊狭自私,且崇拜西风,而自卑其固有文化,故仍不能脱出中国书生与政客之旧习也。⑤

这段评论有褒有贬,算是台湾时代的蒋介石在日记中对胡适"最客

---

① 胡颂平:《胡适之先生晚年谈话录》,台北联经出版事业公司,1985 年,第 297 页。

② 《蒋介石日记》(手稿),1962 年 2 月 24 日。

③ 《蒋介石日记》(手稿),1962 年 3 月 3 日后之"上星期反省录"。

④ 《蒋介石日记》(手稿),1962 年 2 月 25 日。

⑤ 《蒋介石日记》(手稿),1962 年 3 月 2 日。

观"的评论了。

1962年6月27日蒋介石以"总统"名义颁布"褒扬令"赞颂胡适一生的贡献,①算是"盖棺定论"。但蒋介石对胡适的不满,并未因其过世而消除,日后偶有提到胡适都是抱怨批评之语。在处理完胡适丧事的当月,蒋在日记中提到:"昨齐如山先生丧期,以事忙遗忘未能视祭为憾。以齐先生之有功于文化与社会之供〔贡〕献,以及其品格高超,胡适远不能及耳。"②齐如山是戏曲理论家、作家,早年游历各国,回国后投入中国戏曲的改造工作,为梅兰芳编写剧本40余种,协助梅出国演出。蒋说齐在文化与社会的贡献远在胡适之上,显然是过于情绪化的评价。

1968年为蔡元培百年诞辰,蒋到台北南港"中央研究院"参加纪念活动后记道:"该院之环境污秽,设备零乱,毫无近代管理知识,殊为心痛。此乃自胡适以至今日院长王世杰,所谓新文化之成绩也。最高学府如此现状,何以立国与兴学耶? 应该设法改革为要。回寓心绪沉闷。"③此时胡适已经过世近六年,蒋介石仍不忘将眼前过错归咎于他。

九

以上罗列的史料,分别出自蒋介石的日记与胡适日记及《胡适之先生年谱长编初稿》等,蒋、胡二人的观感是基本可信的,而两个当事人对同一事情的叙述却差异如此之大,真所谓"一个事实,各自表述"。这就引发出一系列的疑问。

---

① 蒋介石的"褒扬令"全文如下:"中央研究院院长胡适,沉潜道义,潆沧新知。学识宏通,令闻卓著。首倡国语文学,对于普及教育,发扬民智,收效甚宏。嗣讲学于寇深患急之地,团结学人,危身明志,正气凛然。抗战军兴,特膺驻美大使之命,竭虑惮精,折冲坛坫,勋猷懋著,诚信孔昭。胜利还都以后,仍以治学育才为职志,并膺选国民大会代表,弼成宪政,献替良多。近年受命出掌中央研究院,鞠躬尽瘁,罔自顾惜。遽然溘逝,震悼殊深! 综其平生,忠于谋国,孝以事亲,恕以待人,严以律己,诚以治学,恺悌劳谦,贞坚不拔,洵为新文化中旧道德之楷模,旧伦理中新思想之师表。应予明令褒扬,用示政府笃念耆硕之至意。此令。总统蒋中正。"(胡颂平:《胡适之先生年谱长编初稿》第10册,台北联经出版事业公司,1984年,第3902—3903页。)
② 《蒋介石日记》(手稿),1962年3月23日。
③ 《蒋介石日记》(手稿),1968年1月11日。

本文标题"差异何其大",也恰如其分地表现出蒋介石对胡适的两面态度。在公开场合,蒋对胡作十分诚恳的"尊崇状",高规格地迎送、接见慰问、请教问计、祝寿邀宴,但在私下里(日记中)对胡适几乎是"深恶痛绝",破口大骂。两者的反差实在太大,以至真难说蒋介石的哪一种态度更真实。胡适有个著名的命题"容忍比自由更重要",蒋对胡适采取"容忍"态度,似乎是这个命题的践行者。如果说蒋介石在公开场合"尊崇"胡适是姿态,是要利用胡适,而在日记中大骂胡适,多是他的"心理活动",是"私下泄愤"。那蒋对"公"与"私"、感情与理智的把握真是到位,能10多年掩饰个人感情不外露,在公开场合"压抑"与"伪装",把戏演得如此逼真,让胡适长期产生错觉,"演技"到了炉火纯青的地步。真可用"成熟"、"冷静"与"理智"来形容蒋介石,这与以往论著对他的描绘大不相同。①

在胡适一边,他虽有些书生气,却也有着丰富的经历、阅历与成熟的处世之道。他对于蒋长时期的厌恶感,难道真的毫无察觉,还是感觉到后却装成浑然不知,而刻意维持与蒋的关系?② 连蒋介石都感叹胡:"不知他人对之如何讨厌也,可怜实甚。"笔者认为,胡适早在20世纪30年代就将自传《四十自述》、日记《藏晖室札记》(即《胡适留学日记》)公开出版,晚年的他更自知日记等文字必被人所关注,故在下笔时可能会"有选择地"记载。

在20世纪五六十年代,蒋介石是台湾的威权统治者,是"强者";胡适是自由主义知识分子的代表,是"智者"。他们两人的关系,常被当成具有代表性的两个群体的个案加以探讨。笔者认为,两人到台湾后的关系既是大陆时代的延续,又有在台湾环境下的新发展。如前文所显示,蒋介石

---

① 《蒋介石日记》中,相同的例子不少,他对一些国民党军政要员一面责骂,一面重用。如陈诚为蒋在台湾所倚重,但蒋日记中多处对陈诚表示不满,用词尖刻,包括"气量狭小"、"心理病态"、"不智与懦弱"等。

② 1957年1月,台湾军方曾发出"极机密"的特种指示《向毒素思想总攻击》,不点名地攻击身在美国的胡适为"毒素思想"的总代表,展开了一场批判运动。胡适对此有所知,他在1957年7月致赵元任的信中说:"这半年来所谓'围剿《自由中国》半月刊'的事件,其中受'围剿'的一个人,就是我。"(胡颂平:《胡适之先生年谱长编初稿》第7册,台北联经出版事业公司,1984年,第2594页。)然而,胡适此后不久还是选择了回台湾。

何故内心里极度讨厌胡适而又要长期对其"礼遇"？胡适何以对蒋多有不满与批评，却又与蒋保持着密切关系，不断地"恭维"蒋？更深一层，威权主义者如何看待"自由"、"民主"，自由主义者如何面对威权所给予的权利、实惠？"强者"与"智者"的分歧点在哪里，交集点又在哪里，在何种条件下可以"携手共进"？是"强者"单方面地利用"智者"维持其统治，抑或双方互相利用，"智者"也在利用"强者"谋取个人（团体）利益与空间？他们是如何处理理想与现实，主义与环境、感情与理智、"公"与"私"等诸多剪不断理还乱的矛盾与纠结的？这些都是值得深究的问题。① 证诸史实，蒋介石、胡适间这种"强者"与"智者"的微妙关系，在近代历史上似乎不是绝无仅有的特例。

（原文载于《近代史研究》2011 年第 2 期，
收入本论文集时作者在文字上略有修改。）

---

① 目前有两种解释较典型，均对蒋介石与胡适双方给予"同情之理解"。智效民的解释是："就胡适而言，他既然不像革命家似的与当局有一种不共戴天的敌意，更不像投机者那样给人以曲意逢迎、依阿取容的嫌疑；从蒋介石来看，他能够结交胡适这样的诤友，接受对方批评与讽谏，也不大容易。"（智效民：《胡适和他的朋友们》（增补本），世界知识出版社，2010 年，第 174 页。）游宇明认为，"蒋介石对傅斯年和胡适能够忍耐和宽容的原因是多方面的"：如"胡适、傅斯年多年与蒋介石有很好的私交，他们提意见是以'改良政治'为目的，不会动摇老蒋的统治"；蒋有自我反省习惯，可以帮助他听取某些不同的意见等；"最根本的还是蒋介石希望通过这些举动'感动'知识分子"。（游宇明：《蒋介石的忍耐心》，《中国经济时报》，2008 年 11 月 14 日，"芥子园"。）不过，持此二种议论者，都只采用胡适日记等资料，而未利用《蒋介石日记》。

方新德

方新德，1952 年出生，浙江海宁人，浙江大学历史学博士。现任浙江大学人文学院历史系副主任，蒋介石和近现代中国研究中心副主任、副教授。兼任浙江省档案学会副理事长、浙江省历史学会理事。曾赴美国、意大利等国作访问学者。主要研究方向为中华民国史、浙江地方史、档案学等。已发表论文《论我国历史上的毁档现象及教训》、《论建国后头十七年档案学研究的时代特点》、《论建国初档案工作的"学苏联"问题》、《国民政府的一次县政实验运动——论兰溪实验县》、《蒋介石日记中的故乡情结》、《蒋介石在杭活动初考》等。正式出版论著有《中国档案事业史》（合著，中国人民大学出版社，2002 年）、《国民政府时期浙江县政研究》（浙江大学出版社，2012 年）等。

评国民政府的"官办"县政样板：
"兰溪实验县"

在国民政府时期，"县政"是一个常见的政治用词，指的是县的行政即官府对县的治理。在当时，由于县属于中国行政体系中的最低层级，县政开展情况直接关系到社会基层能否稳定，政府法令在民众中能否有效实施等问题，执政党中国国民党和国民政府在理论上把实行县自治作为开展"训政"的重点和实行"宪政"的前提，在实际施政上则是把改革县政作为控制社会基层的重要手段，从而使县政得到了空前的重视。在 20 世纪二三十年代，中国出现了一股县政实验热潮，各省纷纷建立县政"实验县"。其中，华北的河北定县，山东邹平、菏泽①和江南的江苏江宁、浙江兰溪最为著名，并称"五大实验县"。目前学术界对前四县都已作了较详细研究，而对兰溪尚无专文，笔者对此试作介绍与分析。

一

兰溪位处浙江省中部，在 20 世纪 30 年代初时，全县人口 26 万，面积1000 平方千米上下，②为浙江 29 个一等县之一。因水路交通方便，号称"三江之汇"、"六水之腰"，"绾闽皖赣浙四省之交通，故商业宿昔称盛"，③而有"小上海"之称。1933 年 9 月 6 日，该县继"江宁自治实验县"后被指

---

① 因历史原因，山东现在被列入华东地区。但在民国时期，不论是在习惯，还是在风俗、语言等方面，山东都被视为中国北方的一部分。

② 当时各种统计数字均称兰溪面积为 6300 平方市里，合 1575 平方千米。但冯紫岗《兰溪农村调查》中引用陆军测量局的数字为 3034 平方市里，合 857.51575 平方千米，相差近一倍。1949 年后辖区几经调整，今测为 1310 平方千米。

③ 行政院农村复兴委员会：《浙江省农村调查》，商务印书馆，1934 年，第 243 页。

163

定成立"兰溪实验县"。

江南的两个实验县与华北三县间有一根本的区别,即后者的实验主要由社会人士发动和主持,而兰溪和江宁则是由执政党中国国民党的主流派系所一手发动和操办,并为国民政府最高统治者蒋介石所"钦定",属于南京政府的官办县政实验样板。兰溪实验县的建立过程就充分体现出这一点。

按《浙江省兰溪实验县县政府章程》第一条:"浙江省政府为实地试验县政之建设及县政府之制度,特指定兰溪县为实验县。"①但这只是政府机构办事程序所需的具文而已,实际上兰溪实验县的发动来自于南京方面。据时任中央政治学校教育主任的罗家伦回忆:"办江宁实验县的主动是校长蒋先生。他有一次同我说:'在南京城里许多现象,已经看不顺眼了,到了离城几十里的汤山附近,更不像样子。本校何不拿江宁县来作实验,把他办好呢!'于是我和陈果夫先生去和江苏省顾祝同主席商量,把江宁县作为实验县,以为将来推广和改革县政的参考……后来又在浙江选择了一个地方虽不富广而为交通枢纽的兰溪为实验县,县长为政校法律系主任胡次威先生,校方也拨了几十个毕业生去工作。在这县办事的艰苦过于江宁,而实验的成绩,并不亚于江宁。"②

又据胡次威本人回忆,在1931年冬天的一个晚上,蒋介石约请陈果夫陈立夫兄弟和中政校的一些系主任到家晚餐。谈到实验县时,蒋说:"'梁漱溟们搞什么实验县,把地方弄得乱七八糟。与其让他们胡来,还不如由我们自己负起责任,先在江浙两省各办一个实验县,以中央政治学校学生为班底,请两位先生去做县长,专办地方自治,就叫做自治实验县,再来取缔那些实验县、实验乡……他还说,江浙两省是国民党的政治根据地,办不好是不行的,等到这两个实验县办有成绩,再扩大为实验区(县以上的区)和实验省。'当然大家都表示赞成,蒋介石当即指定陈果夫筹划进

---

① 《浙江省政府公报》第1969期,1933年11月6日。
② 罗家伦:《政大的诞生与成长》,《中外杂志》第41卷第6期,1987年,第69—70页。

行。后来我才知道这是陈果夫向蒋介石上的条陈。"①

从上述两段回忆看,他们对蒋、陈何人率先提出在江浙进行官办县政实验的说法似有不同,但都肯定了两人在其中所起的关键作用。而具体到为何要在兰溪建立实验县这点,则另有过程。

在江宁于 1933 年 2 月成立实验县后,同年 4 月 16 日以陈果夫为首的中央政治学校一干负责人向蒋发电请示:"南昌蒋委员长钧鉴:恪查政治人才之训练,应以经验与学问并重。学生出校之后,非实习场所决不以资历练。现江宁县政进行颇为顺利,在县工作学生因在师长指导下办事效率更见加倍猛进。将来继续努力,不特可以养成行政干才,且可转移风气。上届毕业生大部分发浙省各厅县工作,迄逾半载,因无实际工作,又乏人指导,各生渐形失望,尤难免不受政治社会不良影响,急宜设法补救。拟请钧座电嘱浙省府,于建德、兰溪两县中择一为自治实验县,委本校法律系主任胡次威为县长,一切依照江宁县成规办理,并请嘱浙省府与本校接洽进行。事属训练干部,故敢上渎,务乞裁可。陈果夫、罗家伦、吴挹峰叩。"②从上述材料中可见,至少在将官办县政实验从江苏扩大到浙江这点上,是陈果夫等人主动的提议,而且其中提出两个备选县份供蒋介石选择,也表明了以兰溪为实验地并非出于蒋介石的授意。

从兰溪的具体环境看,它与江宁在天子脚下不同,离省会杭州有近200 公里,途中还隔有宽阔难渡的钱塘江,除地处浙江中部外并不见得有何突出优势。陈果夫等为何要在浙江 75 县中将目光投向兰溪?据后来任浙江省民政厅厅长的阮毅成先生回忆:"据说,浙江省的实验县,本来想就比较富庶的浙西各县之中,选定一县。而省政府的许多绍兴师爷,却咬文嚼字地一再签拟,选了兰溪县。在他们以为兰溪县离杭州较远,不容易

---

① 胡次威:《国民党反动统治时期的"新县制"》,载全国文史资料委员会:《文史资料选辑》总 129 期,第 195—196 页。胡在《兰溪文史资料》第 4 辑上又回忆蒋是 1932 年夏在庐山召见他们的。邱溪源《兰溪实验县县长胡次威事略》(载《兰溪文史资料》第 10 辑)一文,更说是"1933年,暑期,校长蒋介石召'政大'五位系主任赴庐山避暑,亲命次威为兰溪实验县县长"。可见,究竟蒋在何时见胡及次数尚需考证。

② 台湾"国史馆"藏"蒋中正总统文物",典藏号 002080200077008。发电具名三人均为当时中央政治学校的主要负责人,陈果夫为校务委员,罗家伦为教务主任,吴挹峰为总务主任。

有人去参观。县长与干部尽管努力，难以有表现的机会。"①阮氏虽非当事人，所记也是传闻，但中政校要在浙江进行实验，理应事前征求当地政府意见，地方政府也有权利提出可供实验的地点，所以阮氏所闻合乎情理。这说明挑中兰溪出自浙江省政府的动议，是中政校与浙江省政府商议的结果。

蒋介石接电后，裁定以兰溪为实验县，并在 4 月 18 日电示浙江省政府主席鲁涤平："查政治人才之训练，应以学术与实验并重。江苏江宁县自改为实验县后，以中央政治学校毕业生在其师长指导下，分任工作，县政进行颇为顺利，办事效力均见增加，浙省殊可仿办。拟请即以兰溪县定为自治实验县，委中央政校法律系主任胡次威担任该县县长。俾政校上届毕业分发浙省工作各生，多得有系统的实习之机会。一切依照江宁县成规办理。兄如同意，请即迳与中央政校接洽进行为盼。"②鲁涤平于 5 月 12 日回电："南昌委员长蒋：海密。前奉巧机电饬，以兰溪县为自治实验县，现正从事筹备，并已由民政厅派员前往江宁县调查成规，一俟该员回省即可实行。届时当遵训迳与中央政治校接洽进行，并邀胡君次威担任该县县长，谨先呈复。"③

在发动建立起兰溪实验县后，陈果夫等还在实验过程中继续予以关心和支持，蒋介石也时加过问。这主要体现在经费方面。

按规定，兰溪实验县在经费上有远优于他县的特殊待遇，但因国民政府的财政拮据，往往不能及时到位，陈果夫等中政校领导就出面代为请命。如 1933 年 10 月 13 日陈果夫等致电蒋介石："胡次威同志任职兰溪实验县长，布衣草履，抚绥四乡，刻苦求治，人所难能。该县经费异常困难，无米之炊，难责巧妇。前为钧座俯允津贴之事业费一万元，乞赐手谕，并电军需署拨发，无任感祷。"蒋介石先批示："缓。年来以实验县为名，委出无甚实际经验者为县长，供其尝试，动须助以巨款为津贴，不特成绩甚

---

① 阮毅成：《毅成自撰年谱及自述》卷 2，载台北《中山学术文化集刊》第 11 集，1962 年 10 月。
② 台湾"国史馆"藏"蒋中正总统文物"，典藏号 002060100060018。
③ 台湾"国史馆"藏"蒋中正总统文物"，典藏号 002080200082069。

少,纵稍有成绩,亦殊不足奇。盖每月津贴一万,则全年十二万。原县应有之收入尚不在内,所费实不赀。未免费大而功小,在今日苦干时代,殊不适宜。何如也?"①但陈等再次陈情:"兰溪实验县胡次威先生率领学生工作异常努力,唯经济困难万状。前奉面谕将江宁补助费一万元划拨兰溪。现江宁补助费奉令停发,务乞手谕军需署自本月起月发兰溪一万元,以扶植钧长领导之新兴事业,无任感祷。"蒋介石侍从室签呈:"拟办:兰溪实验县之补助费,前由果夫先生来电请示,奉批缓办。现以军费困难江宁停拨之款,应否移助兰溪,请核示。"蒋批:"准月移助五千元可也。"②

由于补助费在蒋批之后仍不能持续到位,于是陈果夫等在1934年3月6日又请示:"南昌蒋委员长钧鉴:盼密。兰溪实验县前蒙月拨补助费五千元,尚祗到一个月。兹闻军需署将呈请钧座重新核定,务乞赐予维持,以利进行,无任感祷。"侍从室拟批:"军费困难,此种补助费应否照旧发给,抑折发半数,或折发七成,请核示。"蒋批:"照发。"③

由上可见,兰溪实验县的建立是由陈果夫等中政校领导提议,并由蒋介石亲自批准的。中央政治学校是实验的主持机构,而兰溪县的直接上级——浙江省政府仅是被动受命而已,阮毅成回忆说明地方当局对实验还有抵触情绪。所以兰溪虽在浙江,实验县县长却是由中政校推荐该校教授担任,还随带数十名政校毕业生一起前来担任县政府重要职务。实验县经费由中政校出面催请,兰溪实验县政府的匾额也由陈果夫所题写。

要说明的是,陈果夫在其中的各种活动都是以中央政治学校的名义进行的。在表面上,中政校和主持定县实验的"中华平民教育促进会"和主持邹平、菏泽两县的"山东乡村建设研究院"一样,都被称为是学术团体,而实际上性质大不相同。不管二陈兄弟是如何百般辩解否认,CC派的存在是个不争的事实。而中政校与CC派的关系又是人所共知的。它隶属于国民党中央党部,其校长是一直由蒋介石兼任,陈果夫兄弟则长期

---

① 台湾"国史馆"藏"蒋中正总统文物",典藏号 002080200127030。
② 台湾"国史馆"藏"蒋中正总统文物",典藏号 002080200132050。
③ 台湾"国史馆"藏"蒋中正总统文物",典藏号 002080200152064。

兼任校务委员,实际操控着校务。在他们长期经营下,该校被称为 CC 派的大本营,毕业学生大都进入国民党政权的党政部门工作。因此说,包括兰溪的官办县政实验实际上是由国民党的主流派系——CC 派所发起、推动甚至一手操办的,这也体现了兰溪实验的官办性质。

CC 派为何要积极发动和投入此种实验? 笔者认为,蒋介石把国民党党务交由陈氏兄弟掌管,但当时的政治体制虽名为国民党实行训政,党的系统除最高层面外在实权和实利上都远逊于行政部门,所以 CC 派并不满足于固有地盘,企图向行政、司法等领域扩张势力。中央政治学校就成为实现其目标的重要工具,它的大批学生被设法分到地方上担任行政官员,像 1932 年时有 120 余名中政校毕业生被派遣到浙江佐治县政。尤其在政学系杨永泰等人为蒋介石重用后,CC 派想方设法与之争宠,中政校进行县政实验可视为他们扩张势力的重要手段。[①] 因此在实验县工作的中政校学生后来"都分别由两陈派到各省任行政督察专员之类的工作"。[②] 也正因为兰溪实验的 CC 派背景,在 1936 年底原被视为 CC 派重要成员,后来反出山门且处处与 CC 派作对的朱家骅来浙江任省主席后不久,便不顾各方反对,在江宁实验尚在进行的情况下,于 1937 年 4 月 15 日结束了兰溪实验。

CC 派的建议固有私心,但确也符合了蒋介石当时的政治需要。对这点下文再加分析。

二

由于主办者不同,使得江南两个实验县和华北三县的实验指导思想、方法途径和目的都有很大区别。定县、邹平两个实验县的前身均是 20 世纪 20 年代后期的乡村建设实验区,只是 1932 年第二次全国内政会议要

---

① 参见胡次威:《国民党反动统治时期的"新县制"》,载中国人民政治协商会议全国委员会文史资料委员会:《文史资料选辑》总 129 期,中国文史出版社,第 198—199 页。

② 赵澍:《CC 的扩张活动》,载中国人民政治协商会议全国委员会文史资料委员会:《文史资料选辑》第 37 辑,第 161 页。

求各省建立县政建设实验区后，河北、山东两省政府为便利起见，顺势将此两实验区改为实验县。它们的县长由民间人士主持的河北县政建设研究院与山东乡村建设研究院推荐出任，实验本身也基本上延续了以前的工作。菏泽虽无乡村建设的历史，却也是参照邹平成规开展工作。它们都认为农村是中国的根本，不论是晏阳初所说的要解决农村的"愚"、"穷"、"弱"、"私"四大问题，还是梁漱溟提出的从乡村着手重建社会组织，都是要自下而上通过改进农村来再造民族。而官办县政实验县则不同，是要探索如何提高政府的行政效率，使统治者的意志能得到顺利贯彻的经验。因此其着眼点不在社会基层而在政府本身，走自上而下改造社会的途径。而且这一点在兰溪实验县更为明显，和同为官办实验的江宁自治实验县不同，它的正式名称中无"自治"二字。按照《浙江省兰溪实验县政府章程》，成立该实验县的目的是"实地试验县政之建设及县政府之制度"，实验的具体步骤，则是按由内政部根据第二次内政会议的精神制定并颁布的《各省设立县政建设实验区办法》规定，分为"行政整理时期"和"地方建设时期"两个阶段分别进行。

就"行政整理时期"言，兰溪将进行时间定为1933年9月6日县政府成立起至12月31日止。在此阶段中主要改革现行的县政府组织体制与运作方式，加强县长的职权，"以先求机关内部组织的健全，实行科学的管理，为其实验工作的总纲"。[1]

在组织上，首先是在县政府外另设"县政委员会"，由省政府全体委员、省政府秘书长及实验县县长组成，职权为"掌规画及监督县政事宜"，[2]实际上省政府成员远在杭州各有专职，不可能太多考虑一县的事务，之所以设此机构并将他们列为委员，目的是要避免省政府各厅处对该县政务掣肘，以给县长更大的行事方便，具体实验仍由县政府进行。这种做法学自江宁，不过在职权上两县还是有区别："……一般通行的章制，江宁尽可留供参考，不必遵行。"而兰溪对于"省政府所颁布的章则，如认为

---

[1] 黄绍竑：《五十回忆》下，云风出版社，1945年，第297页。

[2] 《浙江省兰溪实验县政府章程》第3条，《浙江省政府公报》第1969期。

与实验县有窒碍的地方,得叙述理由,呈准变通"。江宁"县政府的各科科长,系由县长直接委任。而兰溪则县长对于各科科长只有权遴选,而委任大权仍属于主管厅"。[1] 这方面的一个实例是,兰溪实验县政府曾将1935年县行政计划呈送省政府"审核",省政府主席黄绍竑按民政、财政、公安、建设、教育等方面分别作出"所拟各项,核无不合,应即分别切实进行"、"于处分时,亦应先行呈候核示办理"、机构"应暂缓裁撤"等指示。[2] 这说明,兰溪实验县的自主权力比江宁小得多,它仍须按现行法令行事,只是可以请求变通而已。笔者推测这种现象的原因是,江宁实验的是"自治",所以可以较自由地处置本县事务。而兰溪实验的是"县政",当然要在现行制度框架内试验如何更好地遵照法令行事和执行上级指示,否则就失去示范的意义。这一点,也是兰溪在"五大实验县"中最为特殊之处。

其次是对县政府进行"裁局设科"的改革。原先的兰溪县政府内设第一、第二和建设三个科,府外设财务、公安、教育三局。实验县成立后撤销府外三局,在府内改设民政、财务、建设、公安、教育、土地六个科,科长"秉承县长综理科务"。[3] 另外县政府中设总办公厅,除公安科外五科均集中于此处办公,公文收发需县长判行,由总办公厅负责缮写、用印和登记等,从而提高了县长对县政的决定权。要注意的是,"裁局设科"并不意味是要精简机构。与《县组织法》规定不同,实验县的科下设股,加上较他县多设一名县政府秘书(相当于今之县政府办公室主任),县政府本身组织实际较前是大为膨胀了,当时称之为充实机构。

其三是组建"参政委员会"。通行县制下兰溪本设有20余个各类委员会,迭床架屋,非但徒废经费,还可能牵制县政府。现一律撤销,只另组一咨询机构性质的"参政委员会"以为代替。目的在于减少民间势力的发言权,以加强县政府权力。

其四是对县以下各级组织。1934年1月按统一规定撤区后,全县改

---

[1] 胡次威:《县政府制度的实地试验》,兰溪实验县县政府出版物之7,1934年10月印行,第5页。

[2] 《浙江省政府公报》第2436期,第5页。

[3] 《浙江省兰溪实验县政府章程》第7条,《浙江省政府公报》第1969期。

设 15 个乡镇公所联合办事处。原先机械地按十进制划分的闾邻则改编为与自然情况相适应的村里,是年秋又在全省率先废村里而实行保甲制。

在人事安排上,各科长表面由县长遴请主管厅委任,由于委任只是形式而实际上由县长决定,故"各科科长亦如秘书一样,同为县长的幕僚"。① 而且胡次威带来的中政校学生占县政府工作人员的近四分之一,各科科长及各股主任基本上由其占据。胡又因自己书生从政,特托绍兴县长介绍该县财政科长韩钺(前清绍兴府官吏)到兰溪担任县政府秘书,替自己出谋划策和应付官场例行事务,职同旧时的师爷。各区的区长也逐步被更换,还对乡镇长、副镇长进行了甄别。这使得整个县政府都由"自己人"掌控,让县长能免去不少牵制和人事摩擦。

因为重要职位都由中政校学生占据,所以这是一个非常年轻的县政府。除县长、秘书外,各科长、股主任中,只有田赋征收处主任一人年过 40,其余最大的 28 岁,最小的仅 22 岁。② 可以说,基本上都还没有沾染上官场习气。

为了提高行政效率,县政府对内务也进行了一些改革,如建立较科学的公文处理程序,规定公文处理期限等,尤其对档案管理的改革尤著。旧中国地方机关的管卷人员被称为"卷阀",垄断档案管理而大大影响行政效率。兰溪于 1934 年专门从当时唯一设立正规档案管理教育的武昌文华图书馆专科学校请来毕业生程长源到县政府管理档案,颇有成效。被称为旧中国档案学形成标志的三本著作之一的《县政府档案管理法》,就是程在兰溪整理档案的经验总结。

总之,按胡次威自己的说法,这一时期各种措施"唯一的目标,则在集中权力,使行政效率更见增加"。③

在改革了县政府组织后,1934 年起进行第二期实验,即"实地试验县

---

① 胡次威:《县政府制度的实地试验》,兰溪实验县县政府出版物之 7,1934 年 10 月印行,第 16 页。

② 叶乾初:《兰溪实验县实习调查报告》上,台北成文出版社、美国中文资料中心合作发行,1977 年,第 77193—77195 页。

③ 胡次威:《县政府制度的实地试验》,兰溪实验县县政府出版物之 7,1934 年 10 月印行,第 6 页。

政之建设"。兰溪将县政分为"县政基础工作"和"县政建设工作"两类。基础工作主要包括治安、土地、财政及户籍四个方面，取得了一定的进展，而在建设方面建树甚少。

县庶政堪称千头万绪，处理应从何着手？胡次威"深信无论何种设施，必自安定社会秩序始"。[①]而"本县治安上之障碍为何，即红军、红丸及青帮是"。[②] 他到任时，正值红军在浙南积极活动之时，县政府改编了警察队伍，成立侦缉队，整顿了保卫团的基干队并筹组常备队加以防范，后来还尝试实行所谓"警保合一"。兰溪鸦片烟祸盛行，烟民达3000余人，势必影响社会稳定。县府把肃清烟毒列为当务之急，用强力禁止种、制、运、贩和吸用，拘捕烟民近1500人、贩制红丸者150余名，并设立戒烟所强制戒毒。县内有较强的青红帮势力作恶一方，为首者有"一龙五虎"之称。胡次威到任后不久，即将"五虎"予以拘押训斥，"一龙"外出寻找关系，终因胡来头大而无用。从此帮会气焰大减。

财政为庶政之母。实验县经费相对比较充足。在实验县成立之前的1932年，全县政府机关预算每月6119.698元，其中省款2886元、县款3233.698元；而1933年后每月预算6162元，全由省政府支给，且每月还从兰溪征得之省税中划拨5000元给县作特种事业费。加上原有县款，经费情况自然大大好转。县财政收支也被统一起来。按胡次威的说法："财政是一切权力命脉。集中权力，而不统一财政，其结果是有名无实。"[③]兰溪主要财政收入除省补贴外，主要是田赋、杂税两项，分别占岁入的四分之一左右。为加强征收工作，田赋征收处被进行改组；杂税原分别由四个收支机关收取，收支情况难于考查，胡将这些单位予以撤并，将税款分公产部分与公款部分通归公产管理处和杂税征收处征收。各类收入均存入县政府指定银行，支款权归财政科会计股。这样做后，使量入为出地编制预算成为可能。另外在财会工作上实行了一些新的做法，如拟定了新的

---

① 胡次威：《兰溪实验县工作报告》，载《乡村建设实验》第2集，中华书局，1934年，第308页。

② 《现阶段之县政建设》，兰溪实验县县政府出版物之25，1937年4月印行，第9页。

③ 胡次威：《县政府制度的实地试验》，兰溪实验县县政府出版物之7，1934年10月印行，第8页。

会计制度,确立新式簿记组织,采用复式记账;编制支出预算月份分配表;拟定经费报销办法等。这样,财务相对有所正规并得到统一。

在整顿财源上实验县也有重要动作。其中在全国最著名的应属土地陈报和整理田赋。兰溪自清同治年间简易清丈土地后,到国民政府时期土地登记情况已十分混乱。1934年初,县政府在全县进行了土地整理和转移登记工作,重新编制了土地登记册,向业主颁发《土地管业证》。整顿后土地较前增多约5万亩,由于江南普遍现象是查报后亩数反较前减少,故这是个不小的成绩。在此基础上再整理田赋,使征额分摊较前既有所减轻又更合理。在具体征收方面,兰溪历年欠赋情况十分严重,1927年来一直只能征得应征数额的四至五成,拖欠情况为全省之冠。其关键原因在当地大户以不完粮为体面,从而影响到小户和公产田。县政府定下催征原则为:"总催大户,严催公户,多催豪绅,暂催新赋。"[1]县长亲自挂帅四出劝导,还采取奖励经征人、把每年上下两次征期合并为一次、对久拖不交者处于罚金甚至拘捕等办法,取得了一定效果。

户籍"为一切施政张本,亦即完成地方自治之重要条件"。[2] 胡次威上任后,发现全县户口混乱,数据失实。为此设置县户籍室,设计清查户口表式和各乡镇人事变动登记表式,在统一的标准时间内全县同时清查户口。以后人口变动均要由户长报户籍室登记,使全县总户口数据能随时保持准确。此外还实行了门牌制度。

在基础工作有所进展的情况下,实验县也搞了一定的建设工作。如于1934年与浙江大学农学院联合组织了乡村建设委员会,进行了农村社会调查(出有《兰溪农村调查》一书),兴办了实验农场,在推广新法养蜂、防治病虫害、兴修水利等方面做了些工作。另外,整顿了农村合作社事业和农民借贷所,设立农产品抵押仓库等,对稳定农业生产起了一定作用。由于原始资金的缺乏,工业方面并无大的动作,只是在交通建设上,兴建

---

① 《兰溪实验县二十三年九月份工作报告》,浙江省档案馆"资·政府730"。

② 《兰溪实验县行政整理时期工作总报告,二十二年九月至十二月》,兰溪实验县县政府出版物之1,1934年4月印行,第29页。

了若干砂石路面的县际公路和架设了几条县内电话线。总体上,因整个国内环境和本县基础条件所限,这些建设并没有给兰溪经济带来质的变化。

教育被认为是推行自治的关键之一。胡次威对教育的理想有二:一是以教师帮助推行地方自治工作的"政教合一";二是以全体民众为教育对象的"校社合一"。但所做的主要工作也就是对各类学校进行了整顿,统一教材,加强师资训练,完善巡视制度,增加一定经费投入,以及办了若干民众学校等。离以此来改造整个社会的目标相距尚远。

在解决当时突出的社会问题方面,实验县做了一些事情。如为了缓和社会矛盾,将原城区救济院改组为县救济院,收容孤寡老人、残疾人员、孤儿和乞丐等。又设立"平民习艺所",收容已戒绝之无业烟民,以及游民、娼妓等,通过劳动教育,使收容人员在学会某种技艺后能出所自立。成立县医院、卫生所各一,除治病外还开展接种牛痘和防疫等业务。城区的街道卫生也有所改善。为防灾荒,设立积谷所以调节市场,等等。为整顿社会风气,也因胡次威"经济建设以节制消费为先"①的经济观点,着重整顿了如花舫中船娘、茶馆中茶娘等变相色情服务,使这类社会丑恶现象得到一定程度的遏止。余不一一列举。

综上所述,兰溪实验县所做工作,主要可分为三个方面:一是改动了现行的县政府组织体制,提高了县长对全县的控制力;二是掌握了人口、土地等基本情况,为实行近代行政管理打下基础;三是进行了一定的经济和文化方面建设工作,使某些社会落后现象有所改观。但总体上说,它的实验对象主要是政府而非民众,这也是它官办性质的一个体现。

三

兰溪县政实验在当时是有较大影响的,如何看待这一实验?

应该承认,相比传统县政而言,兰溪的实验取得了一定的改良效果。

---

① 《现阶段之县政建设》,兰溪实验县县政府出版物之 25,1937 年 4 月印行,第 29 页。

县政府开始往现代政府方向转化,施政工作在较前或较他县有所起色,有些措施还可说是积极合理的,取得了一定成效。如通过实验者的努力加上享有的特殊政策,兰溪实现了较彻底的"裁局设科",县长的权力大大加强,机构的办事效率也有所提高。这一点,后来就被作为成功经验广泛推开,到1939年时更被作为"新县制"的重要内容成为政府的正式政策。土地陈报工作也得到广泛称道。因此,浙江省政府于1935年3月下令说,兰溪实验"颇著成效",要将实验办法推广到金华、浦江,该两县行政应接受兰溪县长指导云云。① 50年后,有当事人自豪地声称兰溪实验成绩居五大实验县之首。② 胡次威本人也因此名声远扬,甚至上达天听。1936年5月20日的《蒋介石日记》中记道:"预定:一、问胡次威成绩。"浙江省政府主席黄绍竑则于23日答复蒋道:"查胡专员次威自任兰溪实验县县长以来,对于该县之禁烟清匪、整地赋、办保甲、办积谷,及劳动服务等要政,皆卓著成绩。至该区内各县,亦能尽辅导督察之责。为人果敢明毅,廉洁严正,学力经验,皆有素养。在浙省各专员中,虽不能有过人独异之处,而实为第一流人选中之一也。"③从此胡便完全步入政坛,后来升任至国民政府内政部次长。即使在1949年后,他在回忆在兰溪这段经历时尚颇为自得。至于他手下的县政府科长们也被视为人才而得到一定的重用,大都在实验县结束前就纷纷调他县任县长,有的后来还升任厅长、专员等职。④

然而我们更应看到,兰溪实验的成绩是有很大局限性的。

其一,实验毕竟没有达到预定的目标。按内政部1933年11月咨各省政府文中的提法,"此次设立实验县之目的,在形成一最低限度之标准县,以供他县或他省办理县政建设者之借镜"。那么什么是"标准县"呢?胡次威说:"实验县,实验什么?……《建国大纲》又要求实现地方自治。

① 浙江省档案馆"资·政府395"。
② 邱溪源:《兰溪实验县施政概况》,《兰溪文史资料》第8辑,1990年8月。
③ 台湾"国史馆"藏"蒋中正总统文物",典藏号002080200471052。
④ 徐希庆:《重才育才的胡次威》,《兰溪文史资料》第10辑,第61页。

……兰溪实验县是依照《建国大纲》办事的。"[①]地方自治一直被孙中山认为是建国的基础,在《建国大纲》中,他明确了"县为自治之单位",并提出了自治县的标准。按《大纲》第八条:"在训政时期,政府当派曾经训练、考试合格之员,到各县协助人民筹备自治。其程度以全县人口调查清楚,全县土地测量完竣,全县警卫办理妥善,四境纵横之道路修筑成功;而其人民曾受四权使用之训练,而完毕其国民之义务,誓行革命之主义者得选举县官,以执行一县之政事;得选举议员,以议立一县之法律,始成为一完全自治之县。"但无疑直到实验县结束,兰溪也没有达到这样的标准,只是在土地清丈和人口普查上做了点事,道路建设还未大规模开展,至于县长民选更无从谈起。又按《各省设立县政建设实验区办法》第十七条规定:"实验区内之县,应在其他各县之先依法成立人民代表机关,实行监督财政、审核法规,以树立民治之基础。"所谓"人民代表机关",指的当是县参议会,而兰溪实验县直到结束也没有成立。从这样一些标准来检验,兰溪并没有因实验而成为一个成功的"标准县"。

其二,即使兰溪取得一定成绩,也是在权力、人员和财力等方面条件有特殊之处的结果,其先进之处他县纵有心也不能仿效。上述内政部咨文说,实验"并非萃全省之人力财力尽用之于一县,藉以装点门面",要防止畸形发展。但事实上实验县还是得到种种超常的优惠政策和待遇,如经费数倍于他县、有较大的职权等,尤其在人员上,能集中大批有一定抱负,尚未沾染旧官场习气的中政校师生从事实验,更是为充斥旧官吏、党棍、政客争权夺利现象的地方所不具备。这样的"标准县"即使实现,也是缺乏普遍的现实意义的。就是兰溪本身,当实验县结束优惠条件取消后,其县政也并不能因曾经实验而体现出有多少先进性。更何况,它的成绩有些也是弄虚作假的产物。据胡次威回忆,县政府每年要向省各厅处上报数百种表格,大部分都是闭门造车填写的。说明在当时官僚主义盛行的大环境下,兰溪实验纵然作为样板,也不可能异花独放。

进一步说,我们不能局限于就县论县地看待兰溪县政实验,而应将之

---

① 胡次威口述:《云山潋水忆兰溪》,《兰溪文史资料》第4辑,第20页。

放在 20 世纪 30 年代的中国大环境中考察其历史意义。如前所言,兰溪等官办县政实验是因蒋介石的政治需要而进行的。

　　一方面,辛亥以来主要在华北地区开展的社会人士的地方自治实验活动,在二三十年代因"乡建派"的加入而影响日增,一时内大有要成为改造中国社会的主流途径之势,各地纷纷模仿建立各类实验区。面对这样一个关系到中国政治走向的大问题,在社会舆论普遍为这些实验活动称好的时候,南京政府当然不能置身事外。蒋介石还亲自过问此事,他在军书旁午之际曾专门约请主持定县实验的晏阳初和主持邹平实验的梁漱溟南下面谈。但乡建派从基层入手改造社会的思路,与蒋介石南京政府当时亟需加强对地方控制的现实需要是矛盾的。梁漱溟更是布衣傲王侯,一度拒绝与蒋会面,表示出一种不愿与之合作的倾向。在此背景下,南京政府必须拿出自己的改革思路,将乡村自治实验改变成县政改革实验,并树立起自身的实验样板,以能在实验运动中占据主导地位。进一步看,华北的几个实验活动并不单纯是少数知识分子无关政治的行为,晏、梁为首的"平民教育促进会"和"山东乡村建设研究院"等本身固然是民间学术组织,背后却有东北军于学忠的河北省政府和原西北军韩复榘的山东省政府的许可和支持。冯玉祥旧部彭禹庭在豫西镇平搞的地方自治强调"自卫",更有把民团转变为地方政府的趋向,甚至对抗蒋控制的省政府,已经对南京政府的统治造成了威胁。这也迫使国民党政权对实验运动不再任其自流,而是积极介入,使之转入自己可控制的轨道上来。

　　另一方面,对蒋介石南京政府来说,其县政也确有改革需要。1928年国民政府宣布开始训政,颁布了《县组织法》和《省组织法》等地方政治制度法规,实行了垂直领导的行政体制。实行结果,发现这种体制存在许多弊端。按蒋介石的说法:"县之组织,为奉行政令、实地亲民之官,运用务求敏活,意志尤宜一致。切忌牵制繁复,呼应不灵。依照《县组织法》第十六条之规定,分设各局,职掌既经分赋,县长将无事可为。且机关林立,开支浩大,非一县之财力所能胜,薪俸所需,事业费不免受其影响。虽同条第二项有改局为科之规定,奉行绝少,等于具文。各局局长,依同法第十七条之规定。系由县遴员请委,实际上多由各厅委任,动辄龃龉,指挥不易。如此而欲责县长之尽其职务,实无异北辙而南辕。"①总之在县一级,因为县政府失去统筹的作用,县政被割裂,行政效率不免降低,因此这种体制不利于政府对社会基层的控制。

而在20年代末30年代初,蒋介石面临的是四面受敌的形势,如不能牢固控制地方基层、有效地贯彻自己的政令和调用地方的人财物力,就难于应付共产党领导的红军不断壮大、外患日紧、地方军阀分庭抗礼的局面。他此时对国内政局的基本政略是"对内以政治建设为目的,不主张内战亦不参加。树立中心势力,巩固七省基础"。②这"七省"当指他所能直接控制的苏浙皖赣豫鄂闽等省,属中国最富庶地区。如能牢牢加以控制,加上拥有中央政府的合法地位,则衅不必自我发,蒋介石就能在军阀内斗中占据有利地位。

然问题是当时蒋介石的统治势力总体上并未能深入到社会基层。南京国民政府是在北伐胜利的基础上建立起来的。由于北伐战争没有得到政治的很好配合,加上蒋介石实行招降纳叛的策略,因此战争进展虽快,却未能对传统社会根基进行荡涤,地方上北洋乃至前清沉淀下来的旧势力大都得以留存。它们在社会基层根深蒂固,对地方政治有很大的影响力,对国民党政府的施政时有妨碍。而蒋的亲信势力主要在军队,即使掌握了中央政府,也缺乏足够的行政人才去控制基层。南京政府的初年之所以要实行"部(中央)厅(省)局(县)"行政体制,分割地方庶政,集权于中央部会和省厅,可说是在当时情况下不得已而为之的办法。它的一个不良后果,就是造成地方政府效率低下、组织涣散等情况。面对这种两难的状况,蒋介石在多次讲话中予以痛责,他曾说,北伐之后因政治不良,"剩下的只是一个比较更支离破碎更腐败黑暗更纷乱贫弱的社会。因此内忧外患相逼而来,到今天已显然证实我们几年以来的革命失败了。……在这种情势之下我们要使革命不再失败,要使革命能复兴成功,有什么办法

---

① 蒋介石在1932年12月第二次全国内政会议上提出的《修改地方行政机关组织案》,转引自胡次威:《民国县制史》,上海大东书局,1948年,第91页。

② 1932年《蒋介石日记》首页,未刊稿,藏美国斯坦福大学胡佛研究所。

呢? ……改革政治,是目前起死回生救亡复兴的唯一良方"。① 充分反映出其对地方政治现状的不满之情。

在"围剿"红军的过程中,蒋介石逐步认识到必须改动现行体制,强化地方政府,提高行政效率,加强政府对社会基层控制,否则虽军事一时得手亦不能最后成功,为此甚至提出要"寄军令于内政"。② 说明面对乱局,他不再把推行孙中山要求的地方自治奉为经典,而是转为要强化"官治"。所以在30年代前期,国民政府的地方制度出现了很大变化,如省政府合署办公、设立行政督察专员等。探索如何改革县制,也是蒋介石考虑的一个重要课题。兰溪县政等官办实验就是这种思考和政治需要的结果。

不管兰溪官办实验的目的何在,它的无疾而终证明了孙中山《建国大纲》中有关条文和国民政府相关政策的空想性。孙中山的政治理想是建立一个"全民政治"国家,建成这样一个国家的标志是宪法颁布,中央政府民选,这以全国有过半数省份实行地方自治为前提。而完成省自治的标准又是"一省全数之县皆达完全自治者",也就是说建国的关键首在县自治。国民党政权以孙中山的理想为自己政治目标,并提出了实施的程序和时间表。按1929年6月国民党三届二中全会的《完成县自治期限案》规定,全国要在1934年底完成县自治,事实上连到1948年"行宪"时国内都没有一个符合标准的自治县。其实从今天眼光看,上述标准对现代政府来说只是起码要求而已。而在当时,虽然确实存在战争等因素的干扰,但连兰溪这样一个地处中国最发达地区,环境相对稳定,还得到最高当局关心,拥有大量优惠条件的实验县到1937年都不能达标,毕竟说明为当时中国制定这样一个县自治标准,且要求在短时期内达到是不现实的。国民党的社会政策,就是在这样一个矛盾中摇摆不定,少有所成。

不管如何,兰溪的实验证明了原有县制是可以改动的。虽然兰溪实验县存在时间并不很长,但其一些做法,如县政府组织"裁局设科"、县财

---

① 蒋介石:《革命成败的机势和建设工作的方法》,载台北中国国民党中央党史委员会:《总统蒋公思想言论总集》卷11,1984年。

② 蒋介石:《剿匪区县长及党政人员的职责与行政的办法》,载台北中国国民党中央党史委员会:《总统蒋公思想言论总集》卷11,1984年。

政"统收统支"等,并没有因实验县的结束而消失,反而成为 1939 年"新县制"中许多规定的滥觞。所以它不是历史上的一个孤立现象,在研究国民政府地方政治时应加重视。

（原文载于《新史料からみる中国现代史》,东京东方书店,2010 年,发表时文稿被译成日文,收入本论文集时作者在文字上略有修改。）

论建国初档案工作的"学苏联"问题

在中华人民共和国成立之初,中国共产党和中国政府即着手建立新中国的档案事业。在这初创时期,苏联的档案工作经验和档案学理论曾是中国学习借鉴的主要对象。虽因后来中苏两党两国关系的恶化,这段历史逐步不为人所提起,但事实上该问题与如何看待和理解中国当今的档案事业与档案学关系甚大,故"文革"后新中国档案学的主要开拓者,中国人民大学教授吴宝康先生率先旧事重提,之后又有一些学者在讨论中国档案学发展方向时也对此进行了评述,毁誉不一。本文拟对有关史实进行回顾和总结,以尽量求得历史之公正,并为中外档案工作的交流提供一定的借鉴。

一

首先对该问题的发展过程作一大致的回顾。在新民主主义革命时期,中国共产党领导的档案工作已有了一定的基础。但限于条件,它既不统一也欠完善,更难于适应执政后机关工作正规化和开展各项建设事业的需要,势必应尽快加以改进。而长期习惯于农村游击环境的新政权缺乏这方面的经验,有必要取得外来的帮助。

1949年7月,刘少奇率中国共产党代表团访问苏联,邀请苏联专家来华帮助新中国的建设,其中有一部分专家将协助制定国家管理体制和将来中央各部委的职能与章程。[①] 9月,苏联档案专家米留申到达北京。

---

① 李越然:《外交舞台上的新中国领袖》,解放军出版社,1989年,第4页;奥·鲍·鲍里索夫、鲍·特·科洛斯科夫:《苏中关系》,生活·读书·新知三联书店,1982年,第31—32页。

他调查了 20 多个机关的档案工作情况；多次进行演讲并撰写文章，介绍苏联档案工作的情况和经验，指出中国档案工作当时存在的问题；还代拟了中国档案管理机构组织条例、文书档案工作暂行办法、文书保管期限表等文件的草案。政务院秘书厅于 1950 年 9 月将这些材料汇编成《关于档案工作及文书处理的参考资料》一书，作为内部学习材料。《档案工作》总第 4 期上曾用此书中观点为据答复来信，可见在新政权未制订正式办法前，米氏的意见也是中国档案工作开展的某种依据。

米留申于 1950 年回国，虽在华时间不长，却是苏联档案工作理论和经验在中国的第一个传播者。通过他的介绍，使中国档案工作者接触到了在当时相对先进的苏联经验，从而确定了起步时的学习榜样。按 1954 年 12 月 13 日中办秘书局关于全国档案工作会议给党中央报告中的提法，此前几年我们处在"学习苏联、局部改进"的阶段。[1] 中办副主任兼秘书局局长曾三在这次会上还正式提出，今后档案战线的任务是"边做边学、稳步前进"。这个"学"，就是"学习和宣传苏联的先进理论和经验"。[2] 因此可以说，学苏联是中国 50 年代初、中期档案工作的一项重要任务，也是其一个主要特点。

由于米留申的介绍尚比较笼统，"所以我们初期的学习还是肤浅的"。[3] 为了进一步地全面引进苏联经验，之后中国方面又采取以下措施：

一是继续聘请苏联专家来华指导。1952 年为创办新中国第一个档案正规教育机构——中国人民大学档案专修班（科），周恩来总理亲自打电话给苏联政府邀请档案专家，苏联方面派出了谢列兹涅夫来华协助。他在人民大学三年中，除讲课外还积极辅导研究生。当时专修班（科）的专业课程，主要就是介绍苏联档案学的理论和方法。谢氏还到各地调查指导，撰文演讲。因此他的讲学不仅对专修班（科），而且对中国整个档案

---

① 《档案工作》第 18 期，第 3 页。
② 《档案工作》第 18 期，第 30 页。
③ 曾三：《学习苏联档案工作的经验》，《档案工作》1957 年第 6 期，第 2 页。

事业的建设都有着相当大的影响。另外,国家档案局还在 1956 年聘请沃尔钦科夫担任顾问一年。

二是翻译出版了许多苏联档案学的著作和文章。谢列兹涅夫在专修班(科)的讲义被翻译成《苏联档案工作理论与实践》、《苏联档案史》和《苏联文献公布学》并正式出版。尤其前者自 1953 年首次出版后又多次再版,成为这一时期中国档案工作学习苏联理论的主要教科书。苏联在当时还赠送中国其他许多专业书籍和材料,其中《苏联机关的文书处理工作》等四本专著和一些苏联档案工作的文件条例汇编被翻成中文。这些材料对中国档案事业和档案学理论建设都起了重要的引导、借鉴作用。

以上措施使中国更好地了解掌握了苏联经验,也帮助了新中国档案事业基础的奠定。到 20 世纪 50 年代中期,国际形势发生了某些变化,中国共产党开始形成了"以苏为鉴"的思想,加上中国在数年建设实践后积累了一定的经验,档案工作就逐步开始较多强调要结合中国实际和发掘自己的遗产(这一转变下面将进一步论述)。但毕竟当时两党两国间矛盾尚未激化和公开,所以中国的档案工作还继续提倡学习苏联。以致 1957 年时有人提出要反学习苏联中存在的教条主义现象,竟被作为右派言论而遭批判。

到 1958 年,中国档案工作形势发生了很大变化,并提出了新的档案工作方针,这样档案事业的建设就进入了一个新的阶段。按《档案工作》1961 年第 5 期社论的提法:"在这十二年间(指 1949—1961 年——引者),我国档案事业的建设,可以说已经走过了两个阶段。一九四九年全国解放到一九五七年是第一阶段,这个阶段可以叫做训练干部、建立组织、制定制度的奠定档案工作基础的阶段。第二阶段就是从一九五八年到一九六〇年,在这阶段里,我国档案工作在党的总路线的照耀下,实现了大跃进,档案事业获得了全面发展,因此也可以叫做档案工作的大发展阶段。"虽然这里没有直接提到学苏联的问题,但撇开对 1958—1961 年档案工作如何评价不谈,是否可理解为从 1958 年起档案工作的重点已从"学"转变为"用"了呢?尤其在当年 6 月 6 日国家档案局给国务院的报告中还明确提到:"但是在学习苏联经验过程中也发生了一些生搬硬套、生吞活剥的教条主义错误。"①虽然这种认识并非起于此时,但公开提出却是从未有过的。另外,以后各级领导讲话和各类文章中,提到学苏联的词句也越来越少。在当时全国唯一的档案专业杂志《档案工作》上,最后一次明确提到要学苏联经验的地方是 1960 年第 2 期为庆祝中苏友好同盟条约缔结十周年所发表的社论。到了 1962 年后,该刊就再未正面提到过"苏联"两字。而在 1963 年后国家档案局汇编的《外国档案工作参考资料》上,先后登载的有关苏联档案工作的材料更是被作为"修正主义"的批判对象。从此,苏联档案工作至少在表面上就不再是中国学习的榜样了。

从上述过程中可以看出如下线索,自建国初中国的档案工作即已学习苏联,在 50 年代的头几年更达到高潮,自 1956 年起则逐步降温。虽在 60 年代事实上还在借鉴苏联经验,它对中国的影响也仍处处可见,但在建设档案事业的过程中把学习、效仿苏联作为工作重点的阶段在 1958 年已正式结束。

二

以上简要回顾了建国初档案工作学习苏联的过程,那么该如何评价这段历史呢?

前段时间,有文章提出中国在"文革"前的档案学是"苏联经验加中国实际"的模式,从而引起了一些争议。我的看法是,首先应该承认这确是实情。《档案工作》总 17 期上关于庆祝国家档案局成立的编委会文章中指出:"这几年来,可以说是学习和传播苏联经验的过程,是苏联经验和中国的实际情况结合的过程。"虽然之后情况有所变化,但平心而论,"文革"前中国档案工作体制和具体管理方法的基本框架还是向苏联学来的,如果说世界档案工作和档案学存在几种不同类型模式的话,中国和苏联应该可归为一类。其基本特征是:把政治性视为档案的最基本属性;否认档案的私有制,社会的各种类别、形式的档案都属于国家档案全宗;随之各

---

① 《档案工作》1958 年第 7 期,第 2 页。

级各类的档案工作都被整合进一个集中统一的国家档案事业中去,并由国家组织进行。而另一方面,假如外国经验确是先进且又可用,那么将之引进并结合本国实际加以应用,应说是改变落后状况的一条捷径,中国革命的胜利就是马列主义与中国革命的具体实践相结合的结果,改革开放同样也是学习借鉴外国的成功经验。因此,我们不必考虑上述提法有多少褒贬的含义,而应着重探讨为什么要学苏联,学的效果如何。这只有结合当时具体历史背景来考察,才能得出客观公正的结论。下文分三个问题对此进行具体分析:

第一个问题,当时为什么要选苏联为学习榜样?

总体上说,这是由整个国家形势所决定的。在新民主主义革命任务基本完成之后,中国将如何进一步去开展社会主义革命和建设工作呢?毛泽东在 1950 年就宣布:"苏联经济文化及其他各项重要的建设经验,将成为新中国建设的榜样。"①既然整个国家的建设都要学苏联,档案工作又如何能例外?可以说在这一点上,档案工作者根本就没有选择余地。而同样,在"反修"斗争开始后,档案工作也不可能再提出什么学习苏联之类的口号了。

然而就当时中国档案工作的具体情况言,向苏联学习确也符合其本身的内在需要。《档案工作》1957 年第 4 期社论指出:"在解放以后我们所以比较多的学习了苏联,是有其政治原因和历史原因的。第一,苏联是世界第一个社会主义国家,学习他们的先进经验,就可以少走弯路,加快社会主义建设的速度。第二,在建国以后才从苏联传来了档案工作的先进理论和经验,这些理论、经验,不仅是科学的先进的,而且是系统的完整的。在另一方面,我们从旧中国接收下来的档案工作经验却是零碎的落后的,既没有国家规模的现成基础,又没有系统完整的科学理论著述和统一的制度办法。在这种情况下,不向苏联学习向谁学习呢?"应该说,这一分析是中肯的、符合历史事实的,除此之外,对此还可作进一步的理论分析。作为一条规律,一国的档案工作体制总体上必须与整个社会的根本

---

① 《毛主席离苏临别演说》,《新华月报》第 1 卷第 5 期,第 1112 页。

制度相适应。当时中国政治上主要实行中央集中统一领导,经济上实行以生产资料公有制为基础的计划经济,为之服务的档案工作当然也要建成为一项既包括档案馆又包括档案室工作的集中统一的国家事业。这样,学习的榜样也只能是社会制度与中国相似的苏联。由此可见,出于内外两方面历史原因,档案工作当时学苏联是必然的。

第二个问题,学习苏联的成效如何? 如对上一问题还较易取得共识的话,对此问题的不同意见则相对较多。我认为,虽存在某些问题,但收获是主要的,主要可归纳为下列几点:

首先,通过学习苏联,新中国确立了档案事业建设的指导思想,即档案工作应建设成为一项集中统一的国家事业。今天随我国不同经济成分的涌现,笔者认为国家档案事业的内涵是可重加探讨的问题。档案工作的集中统一,有利于提高管理效率和便于利用,是近代以来在世界范围内的一种发展趋势,其积极意义是值得肯定的。而在中国,限于种种因素,历代都没有能把全国档案工作作为一个整体来组织进行,即使共产党的档案工作在解放前也是分散、不统一的。正如《档案工作》1954 年总 17 期编委会文章所说的那样:"在苏联的档案工作经验来到中国以前,我们只知道有机关档案工作,而不知道有国家的档案工作。"是米留申首先帮助中国档案工作者开阔了眼界,提高了认识。1950 年 4 月,他在《对于目前中央各机关档案工作及文书处理的意见》一文中指出,中国当时档案工作有着缺少领导中心,全国各机关档案工作缺少统一工作细则及管理办法等缺点,他具体介绍了"列宁档案法令",并代为起草了若干统一的国家档案工作条例和办法。对此曾三给予了很高的评价,他指出米氏"使我们对档案和档案工作有了全面的认识:档案不仅是机关的财产,而且是国家的财产,它在社会主义建设中有极为重要的作用;档案工作不应该只是机关各自进行的工作,而应该同时是国家统一的工作;……他传播的这些思想,加上他的许多建议……为社会主义国家的档案事业打下了初步的思想基础"。[①] 后来谢列兹涅夫在华也阐述了苏联建设"国家档案全宗"的

---

① 曾三:《学习苏联档案工作的经验》,《档案工作》1957 年第 6 期,第 2 页。

情况。在学习了苏联经验后,中国才确立了"集中统一地管理国家档案,维护档案的完整与安全,便于国家各项工作的利用"这一基本原则。① 这种国家规模的档案事业的建设,使新中国的档案工作与旧政权时期相比出现了质的飞跃。假如不是国家进行组织规划,很难想象中国的档案工作能发展到今天的水平。

其次,通过学习苏联,新中国开始了解和开展档案馆的建设工作。

档案馆工作是档案事业的一个主要的组成部分,但解放前国民党政府基本上没有建设起什么像样的档案馆,旧档案学著作只能根据外国情况对档案馆工作进行零星的介绍;中国共产党当时也没有条件去从事档案馆建设。直到解放初,我们所说的档案工作还仅指机关档案工作。这方面比较完整的理论和经验也是从苏联传入的。从历版《苏联档案工作理论与实践》中可以看出,苏联的档案工作主要是指档案馆工作。当建国初中国各级政府机关还在着重建立和完善机关档案工作时,米留申已向我们阐述放在"档案管理局"(原译如此,从上下文看应为"档案馆"——笔者)的档案对社会的种种作用。在他起草的《中央人民政府政务院档案局暂行条例》(草案)的说明中,建议中国以苏联为榜样,成立七个中央级档案馆和建立省与地方的国家档案馆网。谢列兹涅夫在中国人民大学讲课时,又系统介绍了苏联档案馆的情况,尤其是还详细讲解了主要应用于档案馆工作的"全宗"理论。这样,当时中国几个保存历史档案的库所虽还未能全面开展档案馆的业务工作,但像南京史料整理处就已根据谢氏建议按全宗来整理保管档案了。后来沃尔钦科夫来华,就中国档案馆工作和档案事业管理机构的建设共作了19次报告,起草了17份业务指导文件,这些都为中国各级档案馆的建设提供了经验。无疑,档案馆的建设是中国迟早都会开展的工作,但苏联经验对我们起了启蒙作用这点还是应予肯定的。

如果说上述两点为全局性概念,第三点则是中国从苏联引进了许多具体的方法和理论,其中不少是旧中国档案学所未涉及或研究甚浅的,从

---

① 《国务院关于加强国家档案工作的决定》,1956年。

而为中国档案工作具体业务的开展和档案学各科目的建设提供了较高的起点。

这方面的例子很多,如文书学中的文书部门立卷和立卷要掌握的六个特征,档案管理学中的全宗理论、鉴定与保管期限、参考工具(如档案馆指南等)的编制,文献公布的原则、形式,等等,在当时都是使我们耳目一新的。保护技术学则更是如此。就连后来我们认为是突破苏联框框的科技档案管理学,在初建时也借鉴参考了苏联的有关理论,如1958年国家档案局编的《技术资料工作通讯》上,曾连续摘要登载了苏联学者库金所著的《技术档案的管理》一书中的八章;1959年翻译出版的《苏联档案工作的理论与实践》中,也有专门的一章《技术档案室》。可以说,新中国档案学初建之时,除中国档案史外,各个科目基本上都是在苏联经验的基础上起步的。因此不难理解,新中国最初一批档案学教材之所以与苏联同类教材有相似之处,就是出自于这种历史渊源。

上面所列的几点收获固不完全,但足以看出中国档案工作学习苏联取得了较好的效果。那种认为我们不去继承旧中国档案学而学苏联是"舍长江而就游池"的说法,只要将档案学旧著与苏联档案学著作及中国人民大学历史档案系编著的教材进行简单比较,就可看出多少是属于想当然的。

第三个问题,学苏联虽有成效,但是否同时也存在问题,对此应如何看待?

上面提到苏联经验在建国初对中国来说确属先进,但它毕竟不是绝对真理。且不论档案工作实践本身在不断发展,手工时代的一套做法在电脑时代难免成为"明日黄花",就是在当时苏联经验有许多地方也只能限于参考而不能机械模仿,某些地方还很可加以商榷。这一方面因为,他们的具体做法是按苏联实际情况制订的,如苏共各个省委都设有档案馆,而苏共和共青团的市委、区委的档案都要移交到省委档案馆去,这当然不是"放之四海而皆准"的。另一方面,由于受长期存在的大国主义和"左"的思想的影响,苏联档案界自以为"天下第一",一些观点政治味道过重,往往言过其甚而不够实事求是,如谢列兹涅夫曾断言:"在资本主义国家里,也同样没有任何鉴定文件材料的方法。"又认为资本主义国家中所普遍采用的"来源原则"是"反映了资产阶级档案学家对待文件材料系统化的形而上学观点,反映了他们对待文件的反历史主义的态度"。① 阶级观点被应用到如此程度,实难令人信服。

当然苏联档案学纵有不足之处,主要也是他们自己的事。对中国的档案工作者来说,重要的是对这种外国经验取何种学习态度。大致说来,在一开始中国是诚心诚意将之作为楷模全盘学习的,如薄一波同志所言:"那时,在我们不少同志的心目中,一提起苏联的经验,是很有些肃然起敬、钦羡不已的味道的。"② 在 20 世纪 50 年代前期的《材料工作通讯》和《档案工作》上,可说是言必称苏联。虽然并非完全没有考虑如何把苏联理论和经验与中国具体情况相结合的问题,也确在尝试摸索自己的道路〔如中国人民大学档案专修班(科)在一开始就从事"中国档案史"课程的建设,出发点就是要发掘中国自己的遗产〕,但毋庸讳言,在学习中存在着教条主义的学风问题。

在 20 世纪 50 年代前期,有关部门主要强调的是苏联经验的普遍适用性。虽也说要考虑与中国实际相结合,事实上这方面的研究讨论并没有能展开进行,至于对苏联经验是否也有不适用于中国的问题,更是避而不谈的。在国家档案局,"对于各地根据自己的实际情况和工作经验所采取的不同于苏联经验的一些做法,积极支持不够"。③ 在某些地区和部门,把苏联专家的意见视为金科玉律,不问青红皂白一律不加变动而执行(如文书部门立卷制度的推广中就有此种情况)。随之而来的必然就是对旧中国档案学和一些传统做法(如"三联单"的应用和整理历史档案的一些原则方法等)的全盘彻底否定。后来还甚至将学习中出现的某些不同意见提到政治高度来批判,从而伤害了一些同志。之所以出现这种情况,

---

① 谢列兹涅夫:《苏联档案工作的理论与实践》,韩玉梅等译,中国人民大学出版社,1955年,第 52、132 页。

② 薄一波:《若干重大决策与事件的回顾》上卷,中共中央党校出版社,1991 年,第 404 页。

③ 《国务院关于转发国家档案局关于全国档案工作会议的报告的指示》,《档案工作》1958年第 7 期,第 2 页。

决定性的因素是当时的政治大气候,学不学苏联已成为一个政治问题而非简单的业务问题。另外,中国的档案工作队伍的水平确也不高,对苏联经验自然地产生盲目崇拜思想,再加上生活在当时的人们头脑中不可避免地受到"左"的思想的影响,很难容忍异己观点的存在,就也是滋生教条主义学风的内在原因。

然而,随着政治气候的变化和自己工作水平的提高,中国方面开始注意到了教条主义的问题并着手予以纠正。1954年第11期《档案工作》上的编委会文章中已告诫:"但要使苏联的经验应用到中国,还要从中国的实际情况出发,无论在实行的步骤上和具体细节上,都不能不有所区别,不能机械搬运。"当然,这样说的出发点还是为了更好地学苏联。而到1955年后,中国共产党高层领导陆续觉察到了斯大林和苏联经验中的一些问题,也逐步发现苏联的某些经验并不适合中国国情。此时毛泽东提出了"以苏为鉴"的思想,并指示:"一切国家的先进经验都要学,要派人到资本主义国家去学技术。不论英国、法国、瑞士、挪威,只要他要我们的学生,我们就去嘛!学习苏联也不要迷信。对的就学,不对的就不学。……所以学习苏联也得具体分析。"[①]周恩来也指出,学苏联"要独立思考,避免盲从,不要迷信"。[②] 在1956年8月中共第八次代表大会预备会议和同年11月的八届二中全会上,毛泽东先后明确指示要反对学习苏联经验时的教条主义倾向。这种党和国家总的形势的变化,当然要影响到档案工作。所以1957年第4期《档案工作》社论虽仍肯定要学苏联,但已具体列举了学习中的一些教条主义毛病。吴宝康先生也能在此时第一次提出,档案工作"还可以向资本主义国家的好经验学习"。[③] 国家档案局还多次强调要总结我们自己在工作中创造和积累的经验,发掘我国历史上的档案学遗产。到1958年,如上所述就明确提出在学苏联过程中发生了教条主义错误,并为之承担了一定责任。可以说,盲从苏联的教条主义学风在

---

① 薄一波:《若干重大决策与事件的回顾》上卷,中共中央党校出版社,1991年,第484页。

② 周恩来:《向一切国家的长处学习》,载《周恩来外交文选》,中央文献出版社,1990年,第160页。

③ 吴宝康:《努力发展档案学》,《档案工作》1957年第2期,第18页。

此时已基本得到纠正。虽然此后到"文革"前，还不能说中国档案工作已彻底摆脱苏联的影响，形成了一套完全属于自创的理论和方法，但确已改变了过去单纯模仿的做法，而能大胆地予以变革和创新了。如在实践上，实行了党政档案的统一管理；在理论上，开始创立档案学概论课程，建立和完善科技档案管理学，提出了许多苏联所没有的新观点。由此可见，即使在五六十年代，我们学习苏联所得也已只是前进发展的基础而非桎梏，那么，认为学苏联影响了今天中国档案学发展的说法更是值得商榷了。

总的说来，我认为建国初档案工作学习苏联既是必然的，又是必要的，总的学习效果也是好的，使我们明确了前进方向，能在一个较高的起点上起步，虽然其中也存在一定的问题，但不能说是关键性的，而且后来还得到了克服。所以，只要我们能联系整个国家和档案工作发展的具体历史背景，实事求是地看待问题，就应基本上肯定这一段历史，而不应过分非议。

"苏维埃社会主义共和国联盟"至今已成为历史名词，中国档案工作全盘学苏联的情况更是早已成为往事。之所以要重温这段历史，目的是为了更好地理解今天的中国档案事业和档案学。要说明的是，虽然上面对这段史实予以了较多肯定，但正如陈云所言："过去行之有效的一些做法，在当前改革开放的新形势下很多已经不再适用。"[①]如果说在建国初我们只选择一国为学习对象仍有效地帮助改变了落后状况的话，如今面对着多种所有制经济成分并存和现代科技在档案工作中得到广泛应用的现实，就不应再走老路，而要采取广泛的"拿来主义"，吸收任何国家档案工作的长处，帮助改革中国的档案事业。在这一点上，学苏联这段历史必可给我们以重要经验教训，那就是：外国档案工作可为我们提供借鉴和帮助，必须重视这方面的中外交流；但必须以我为主，注意与中国社会和档案工作的实际情况相结合。

（原文载于《档案学研究》1995 年第 4 期，
收入本论文集时作者在文字上略有修改，个别地方作了补充。）

---

① 　陈云：《悼念李先念同志》，《人民日报》，1992 年 7 月 23 日。

肖如平

肖如平，1973 年出生，江西信丰人，南京大学历史学博士。现为浙江大学人文学院历史学系副教授，浙江大学中国近现代史研究所副所长，浙江大学蒋介石与近代中国研究中心主任助理。2011 年入选首批浙江省"之江青年社科学者"。主要研究方向为中华民国政治制度史、蒋介石与近代中国研究等。已发表论文《战时重庆"有机知识分子"及其阶级道德基础研究——以余祖胜为例》、《朱培德与抗战准备 1931—1937》等 20 余篇。正式出版论著有《朱培德传》（合著，中国青年出版社，2007 年）、《国民政府考试院研究》（社会科学出版社，2008 年）、《蒋经国传》（浙江大学出版社，2012 年）等。

九一八事变后的孙科内阁与对日绝交

　　九一八事变后,日本不顾国联决议,扩大侵略,致使中国民情激愤。民间纷纷组织抗日团体,开展对日经济绝交,并强烈要求政府对日宣战,收复失地。处此情形下,南京政府内部曾多次讨论对日绝交问题。然而,九一八事变前后的国民党正处于政争之中,对日绝交的讨论往往与派系斗争相纠葛,并最终以政争的方式夭折。学术界对九一八事变后国民政府的对日绝交问题已有所研究。[①] 本文主要利用蒋介石档案和蒋介石日记等资料对九一八事变后孙科内阁的对日绝交方案作一探讨。

一　孙科内阁的困境

　　蒋介石下野后,宁粤双方中委于 12 月 22 日至 29 日在南京举行四届一中全会。全会基本上依据上海和谈原则,通过了《中央政治改革案》等重要决议。会议推选胡汉民、汪精卫、蒋介石三人为中央政治会议常务委员,推举蒋介石、汪精卫、胡汉民、于右任、叶楚伧、顾孟余、居正、孙科、陈果夫为中央执行委员会常务委员,选任林森为国民政府主席,孙科为行政院长,陈铭枢为副院长,张继为立法院长,伍朝枢为司法院长,戴季陶为考试院长,于右任为监察院长。[②] 会议还决议以李文范为内政部长、陈友仁为外交部长、黄汉樑署理财政部长,何应钦任军政部长、陈铭枢兼交通部

---

　　① 陈红民的《九一八事变后南京政府关于对日绝交的讨论》(《南京大学学报》(哲学人文社科版)2000 年第 1 期)一文主要利用哈佛燕京图书馆藏的"胡汉民往来函电稿"对 1933 年南京政府内关于对日绝交讨论进行了考察。

　　② 《蒋中正总统档案》事略稿本第 12 册,1931 年 9—12 月,第 510—511 页。

长、朱培德任参谋总长、李济深任训练总监、唐生智任军事参议院长等。①
1932年元旦,孙科内阁正式宣誓就职。然而,孙科内阁在成立之初就面
临着严重困难。

首先,孙科内阁未能获得蒋、胡、汪三人的有力支持,基础不固。按理
说,孙科内阁是蒋、胡、汪三派系争斗妥协的产物,又得到蒋、胡、汪三人的
一致同意,应该有很好的基础,然而事实却不尽然。依照四届一中全会通
过的《国民政府组织法》,行政、立法、司法、考试、监察五院对中央执行委
员会负责,并以中央政治会议为政务最高决策机关,凡对内对外各项施政
方针,均须中央政治会议通过,政府方能施行。四届一中全会推选蒋、胡、
汪三人为中央政治会议常务委员,轮流主席,但蒋、胡、汪三人均不入京,
致使各项政务无法推行,政府陷于半瘫痪状态。②

孙科内阁得不到蒋介石的支持是显而易见的。蒋介石被逼下野,孙
科为最得力者之一,故蒋对其痛恨难消。早在蒋决心辞职前夕,就对吴铁
城表示不愿将政权交给孙科,其曰:“哲生不肖,总理之一生为其所卖,彼
到结果,不惟卖党,而且卖国,余为总理情义计,良心上实不敢主张哲生当
政,乃爱之也。”③12月18日,孙科入京拜见蒋介石,蒋对孙说:“兄任行政
院长,欲用陈友仁为外交部长,不如用伍朝枢,可免国民之反对也。”但孙
科不以为然,“且以为干涉其职权”。④ 由于遭受孙科的怀疑,蒋甚为不
满,并决心离京返奉。其在日记中云:“余本无留京之必要,徒以为党国存
亡关系,不能不有良心与道德上之协助。”⑤19日,蒋出席四届一中全会
谈话会后再次“决心退出,不可再事犹豫矣”。⑥ 随即命陈布雷草拟致大
会函,表示:“为尊重约法与党纪,不能再参加党务矣。”⑦22日,四届一中
全会开幕式结束后,蒋即返回奉化老家。蒋介石将出席此次开幕式视为

---

① 《蒋中正总统档案》事略稿本第13册,1932年1—3月,第5页。
② 《孙科报告新政府之情况》,《申报》,1932年1月7日。
③ 《蒋介石日记》(手稿),1931年12月13日,原件藏于斯坦福大学胡佛研究所,下同。
④ 《蒋中正总统档案》事略稿本第12册,1931年9—12月,第467页。
⑤ 《蒋介石日记》(手稿),1931年12月18日。
⑥ 《蒋中正总统档案》事略稿本第12册,1931年9—12月,第468—469页。
⑦ 《蒋中正总统档案》事略稿本第12册,1931年9—12月,第476页。

奇耻大辱,其在日记中云:"此种争权夺利之政客,毫无革命精神","明日开一中会全,腐化恶化麇集一堂,诚所谓一丘之貉也。余亦不能不忍痛参加,视为奇耻之一,是会诚为亡国开始之纪念也"。[①] 1月1日,孙科致电蒋介石,声称:"新政府虽已产生,以先生及展堂、季新两兄均不来京,党国失却重心,弟等何克负荷?苟不幸而颠踬,弟个人焦头烂额,固不足惜,其如国事不易收拾何?以先生平昔爱国爱党,逾于恒人,想不忍袖手而坐视也。务恳莅京坐镇,则中枢有主,人心自安。"[②]然而,蒋置之不理,只请其兄蒋锡侯代为复电。他说:"哲生非任艰巨之才,吾早已一再忠告之矣。彼乃自知不明,易被人惑,恐今日尚未能彻底觉悟也。吾复何能为力哉!"[③]由于蒋介石对其被逼下野,痛恨难消,自不会赞助孙科内阁。

孙科组织内阁,对胡汉民显然更为有利,胡也理应入京襄助。然而,胡汉民却表示"以在野之身,随时献替一切",坚不入京。胡之所以不愿入京,一方面是由于蒋、胡、汪三人貌合神离,胡汉民为了阻止蒋介石入京,自己也坚持不入京。另一方面则是胡一向自视甚高,表示"既不代表粤方,又不代表京方",而以国民党元老自居,因此不愿降尊屈就。而汪精卫与胡汉民在上海和谈时早有"进退一致"的约定,胡不入京,汪也不便入京。于是,一个归隐山林,两个称病不来,导致孙科内阁在其成立之初就缺乏牢固基础。

其次,孙科内阁面临严重的财政危机。自蒋介石下野后,财政部长宋子文也请求辞职,声明对财政部事务维持至12月22日止。[④] 自宋辞职后,国库一空如洗。正如孙科所言:"以言财政,几年来债台高筑,罗掘已空,中央收入每年本有四万万,但除还债外,能用之款不及一万万。欲再发债则抵押已尽,且市面债券价格,不过二三成,即强发债,于事何补?最近财政、税收,每月不过600万,而支出方面,只军费一项,每月仍需1800

---

① 《蒋介石日记》(手稿),1931年12月18日、21日。
② 《蒋中正总统档案》事略稿本第13册,1932年1—3月,第9—10页。
③ 《蒋中正总统档案》事略稿本第13册,1932年1—3月,第10页。
④ 《宋子文辞呈送达行政院》,《申报》,1931年12月22日。

万。"①同时,由于上海的金融、银行界不信任孙科内阁,新政府根本借不到钱。在新政府成立前夕,外界就评论:"财长无论属谁氏,(财政)来源均无办法,新政府之最难问题,亦在此一点。"②

其三,孙科内阁面临严峻的外交形势。在孙科内阁成立之时,日军就向锦州发动进攻。12月25日,中央执行委员会全体会议决议,对于日本攻锦州应尽力之所及,积极抵抗,并以国民政府名义电令张学良:"积极筹划自卫,以固疆圉。"③12月26日,张学良复电国民政府,声称:"日在天津现已集结大军,锦州一开,华北全局必将同时牵动,关于此节,尤须预筹应付策略,否则空言固守,实际有所为难",并要求政府迅速派兵支援。④ 30日,国民政府再次电令张学良:"陈述困难各节,均所深悉。惟日军攻锦州紧急,无论如何,必积极抵抗,各官吏及军队均有守土应尽之责,否则外启友邦之轻视,内招人民之责备,外交因此愈陷绝境,将何辞以自解?"⑤但东北军稍作抵抗即借"给养弹药,均受日飞机妨碍,不能供给,未克持久抵抗"而撤退。⑥ 12月31日,陈友仁发表讲话,声称:"锦州驻军退入关内一事,过渡政府不负责任,应由张学良负责。"⑦而东北将领则宣言:"此次失东三省之责,须邹鲁、陈友仁负之责。陈等种种勾结日人事实昭然。陈等以此陷害东北,反以此责。"⑧1932年1月3日,锦州失陷,民情愤激。1月5日,孙科不得不发表讲话,声称:

---

① 朱宗震等编:《陈铭枢回忆录》,中国文史出版社,1997年,第90页。
② 《中央财政艰窘》,《申报》,1931年12月20日。
③ 《国民政府令张学良对日军攻锦州应积极抵抗电二件》,载《"中华民国"重要史料初编》编辑委员会:《中华民国重要史料初编——对日抗战时期》绪编(一),中国国民党中央委员会党史委员会,1981年,第313页。
④ 李云汉:《九一八事变史料》,台北中正书局,1977年,第276页。
⑤ 《国民政府令张学良对日军攻锦州应积极抵抗电二件》,载《"中华民国"重要史料初编》编辑委员会:《中华民国重要史料初编——对日抗战时期》绪编(一),中国国民党中央委员会党史委员会,1981年,第313页。
⑥ 《张学良报告日军进犯锦州情形电》,载《"中华民国"重要史料初编》编辑委员会:《中华民国重要史料初编——对日抗战时期》绪编(一),中国国民党中央委员会党史委员会,1981年,第314页。
⑦ 任泽全:《九一八到一二八大事记》,《民国档案》1985年第1、2期。
⑧ 蒋作宾:《蒋作宾日记》,江苏古籍出版社,1990年,第398页。

关于外交问题,一般国民对暴日之蔑弃一切公理道义,侵占我国领土,破坏世界和平,莫不主张以国家武力,积极与之抵抗。前此中央政治会议决定要求国联依据盟约速以有效方法严行制止,现日方仍悍然不顾。我国锦州又告失守,国民心理愈形愤激,对国内军政当局之责望益切,欲立时下令全国总动员以收复失土,几为一致之要求。国民有此表示是国民尚有生气,此种重大觉悟,必须永久保持,不必因一时之挫折而即灰心,果人人发愤为雄,抱定奋斗决心,终有战胜强权之一日。惟政府所处地位之困难,在国民方面亦应明了。二十年内战频仍,疏于建设,国防上之准备向不充分,是必须全国人民与政府一致合作,政府本身亦能一德一心,应付当前大难,庶于事乃能有济。现在外交情形,如此紧急,政府对此重大问题,亦必须由中央政治会议共同研究,或和或战取决国民公意。确定大体方针,在汪、胡、蒋三常委未到京以前,政治尚少中心,故未能率尔决定。[1]

在内忧外患之际,孙科内阁实际接手的是一个烫手山芋。在没有蒋、胡、汪支持的情况下,孙科内阁为了解决严重的财政危机,处理形势更趋严峻的外交难题,唯有寻求新的破解之道,而陈友仁提出的对日绝交方案就是其中之一。

二 对日绝交方案

锦州失陷,因为当时处于过渡政府时期,孙科内阁尚可推卸责任。但锦州失陷后,日军不仅没有停止军事行动,反而在上海示威挑衅。如何有效地阻止日军扩大侵略,就成了孙科内阁最紧迫的任务。为此,孙科内阁在外交部长陈友仁的极力主张下,拟采取对日绝交的方针。孙科内阁之所以拟采取对日绝交的方针,究其原因,主要有如下几点:

---

① 《孙科报告新政府之情况》,《申报》,1932 年 1 月 7 日。

其一，关于外交问题，粤方一向以革命外交批评蒋介石与南京政府的不抵抗政策。1931年10月17日，胡汉民发表重要谈话，声称："我人之对日外交，应确定一坚强之原则，其原则即'绝对不屈服于任何暴力之下'与'绝对不能丧失国家之权利'是也。故此时全国上下，不能不抱有拼命的决心与准备。"①10月28日，胡汉民在接见首都各界抗日救国会代表时，再次强调："我国目前唯有厉行革命外交方有办法。"②蒋介石下野后，孙科等粤方中委相继入京，并于12月17日发表共同谈话："目前之外交问题，同人等已屡次宣言，必以不丧权、不辱国之精神，坚忍不拔之毅力，达到恢复领土主权之目的，以副国人之期望，为吾人之职志矣。统一政府成立后，同人等相信，必能尊重民众与人民，同心合力发挥革命外交之精神，选用革命外交之策略，以恢复东三省之领土主权。至不得已时，同人等相信新政府亦必下最大之决心，绝不至有负国民之期望也。至此次丧失东三省，则凡直接负守土之军政当局，实应负其责，而受国之公判。"③对日绝交方案的提出，正是粤方革命外交政策的继承与发展。

其二，民众要求对日绝交的呼声日益强烈。自九一八事变爆发后，中国民众的抗日情绪日益高涨，纷纷要求政府武力收复失地。10月2日，湘省各将领通电对日宣战，声称："日本帝国主义者本其传统一贯之大陆政策，自巧日起，出兵东北，强占我领土，残杀我同胞，焚毁我官署，事体之严重，绝非寻常外交问题可比，对付之法，除正式宣战外，无可以救亡者。"④上海市商会致电国民政府要求："速谋自卫，以武力接受防地。"⑤各地学生更是热血沸腾，纷纷要求政府出兵收复失地。11月24日，全国学生抗日救国联合会举行全国学生对日作战示威大运动，请求政府"严办张学良，出兵援助马占山，抗拒日兵"。⑥26日，上海各大学组织督促政府对日出兵团2000余人，到国府请愿，高呼"督促政府出兵；惩办张学良；武

① 《胡汉民之重要谈话对日应确定坚强之原则》，《申报》，1931年10月17日。
② 《汪胡对代表谈话》，《申报》，1931年10月29日。
③ 《粤方委员到京》，《申报》，1931年12月18日。
④ 《湘省各将领通电对日宣战》，《申报》，1931年10月5日。
⑤ 《上海市商会上国民政府电》，《申报》，1931年11月21日。
⑥ 《全国民气沸腾》，《申报》，1931年11月24日。

力收复失地;实行革命外交;打倒日本帝国主义等口号"。① 锦州失陷后,日军又在上海挑起事端,进行武力威胁。于是,各界抗日民众运动更加高涨,要求对日宣战的浪潮更是甚嚣尘上,而孙科内阁也因对日外交一筹莫展而备受指责。1月11日《申报》发表时评,批评新政府在外交上毫无办法:"新政府成立,新外交当局曰打破国难当用外交手段。手段则如何?人民引领以望,锦州又陷落,热河又告急,手段仍不可闻,不可见。如曰有之,亦不过为以夷制夷,拒前门虎引后门狼之一贯之外交政策,是则又一亡国之道也。"②在民众的压力下,孙科内阁企图采取对日绝交的激进方式获得民众的支持。

其三,为引起国际社会的同情与支持。1月3日,日本违反国联12月10日关于中日双方不得再有挑衅军事行动的决议,出兵占领锦州,再次暴露其无意遵守国联决议,坚持侵略扩张之本质。日本占领锦州,令美国非常震惊。1月7日,美国国务卿史汀生照会中日两国,称:"凡中日两国政府或其代表订立之条约协定,足以损害美国或其人民在华之条约权利,或损及中国主权独立及领土主权完整,或违反华门户开放政策者,美国政府均无意承认。又,凡违反1928年中日美三国于巴黎签字之非战公约之方法而造成之情势、条约协定,美国政府亦无意承认。"③此即著名的"史汀生主义"。美国对日态度的强硬,令孙科内阁看到了新的希望,陈友仁企图通过宣布对日绝交引起国际社会的同情与支持。其在1月16日特委会第二次会议上反复说明,"对日绝交并非与日开战,乃一种引起国际间同情之手段而已"。④

然而,陈友仁在特委会提出的对日绝交方案被报端披露后,立即引起了外界的震动,并遭到外界的批评与质疑。⑤ 其中,尤以1月18日《申报》所发表的时评更具代表性,时评声称:

---

① 《京沪学生昨日齐集国府请愿》,《申报》,1931年11月27日。
② 《严重时期国人应有之觉醒》,《申报》,1932年1月11日。
③ 傅启学:《中国外交史》,台湾商务印书馆,1966年,第435页。
④ 《陈友仁所拟外交方案要点》,《申报》,1932年1月17日。
⑤ 《陈友仁所拟外交方案要点》,《申报》,1932年1月17日。

当局新外交方案要点有三：一、对日绝交；二、请美国召开第二次华盛顿会议；三、向国联提盟约第十六条。

国联之不足恃，吾人已屡次论及早成洞穿之纸虎，无从再戳。盟约十六条，望文生义，殊为严重。然所谓经济绝交与武力准备，国联实无强施之能力，故十六条第二段对此两点，已说明国联行政院之责任，仅在向诸盟员国"建议"。在理论上已知其万难实行，况国联三次决议，皆足以证明各国绝无用断然手段之决心。故今日即提出十六条，结果亦决无希望。至多于国际间多造一种空气，延挨时日而已。

请美国召集第二次华盛顿会议，其意义在希望美国提警告之后，作进一步之表现。此进一步之表现，关键不在美国而在列强。列强对此次照会态度几一致冷淡，而日复美牒，内容尤为滑稽。在此情形下，而欲美国召集第二次华盛顿会议，有所不能亦已可知。

新方案中，对日绝交一点最为严重。"绝交"之意义在一般国际公法学者之主张，实为"两国入于正式交战状态之当然结果"。其宣布可在战前，或在战争中。故原则上绝交与开战互为表里，不可强分。若有人主张仅绝交而不战，是昧于国际法之常理，更昧于国际关系之史实也。

我人对于绝交一点，在原则上无可非议，因为：（一）今日中日虽未宣战，而日军之行动早已是交战状态。仍各驻使节，互相周旋，实为国际间鲜有之怪例。（二）日本利用此项奇异之状态，在国际间始终扬言中日问题决非战争，直接交涉希望未绝，东北问题尤为局部问题，我方实无以自解。（三）自国人对日经济绝交以后，全国民众挣扎支持，声嘶力竭，若不再继以政治绝交，则上下不能一贯，何能团结对外。（四）宣布绝交对于国际亦可予列强以强烈之刺激。

惟我人认为，实行此绝交之方针，有三大前提，须切实解决：（一）政府至诚告全体国民，政府已下绝大之决心，激励国民奋起。（二）政府须立即召集全国在役之军人，决定非常时期之国防，并在关外前线，先与敌人挣扎。（三）国民须与政府痛切合作，对作战之费用、军需之接济、地方秩序之维持、救国运动之扩大等须在最短期间解决实行。①

孙科内阁的对日绝交方案，也遭到了外交专家顾维钧的反对。1月21日，顾维钧在上海对记者发表谈话，从国际形势的角度，反对与日绝交：

> 观察最近国内各方态度，似颇趋对日绝交途径，斯固办法之一种。不过予意，如果对日绝交，事先当充分准备为先决问题。所谓准备者：对内如关于军事上之如何配备，财政上之如何筹划，一切实力之补充，莫不应加以郑重之考虑；对外如国际方面之联络与接洽，尤为急要之图。若斯二者有办法，固无不可宣告绝交。否则，徒凭一时愤懑，存万一之希望，则绝交后之利害得失，有非所敢涉想者。盖隐忍屈辱故不可，以国族为孤注一掷尤不可。国家体面应顾到，而国家生命尤应保留也。
>
> 或谓我国对日宣告绝交后，国际情势，势必一变，是亦固有相当理由。殊不知当今欧美列强，自身难题方兴未艾，未必有余心余力，甘愿挺身而出，作仗义抑弱之举，充其量不过口头上表示同情而已。譬如邻舍突遭盗劫，而本宅正肇焚如，斯其舍自身危险而不救，以援助他人，事理上乌乎可得。国联对于九一八案，过去表示之力量，已为我人认识，固不应再存幸望。但国联为本身威信计，势不能以自身缺乏实力，遂置正义公道于不顾。盖国联而果能议决公平之处置办法，则无论日本是否服从，可不必顾虑，因国联对自身之责任已尽。日本如仍悍然不服，是日本对国联不尽义务，甘愿违反正义，破坏和平。世界舆论力量，亦将有以抑伏之。②

---

① 《所谓新的外交方案》，《申报》，1932年1月18日。
② 《顾维钧痛陈利害》，《申报》，1932年1月22日。

客观而言,孙科内阁主张的对日绝交,是在日军不断扩大侵略,国联干涉无效的情形下,采取的一种积极的应对方针,一定程度顺应了民众的抗日要求,是对以往不抵抗政策的否定。然而,孙科内阁主张的对日绝交,明显存在两个致命弱点:一是其主张的对日绝交并非与日宣战,而是所谓的政治绝交。这显然与民众所主张的对日宣战有着本质区别,必然会招致民众更加强烈的反对。二是在日本蓄意挑衅,不断扩大侵略,并事实上已实施了军事行为的情况下,宣布对日绝交,必然给日本以侵略的借口,并造成事实的战争。而孙科内阁由于得不到蒋介石的合作,也就无法获得军方的支持,必然再现锦州之尴尬局面,即政府主战而军队不战。可见,孙科内阁主张的对日绝交,并非是一个成熟的选项,既没有与日作战的实力,又没有宁为玉碎的决心,而唯一可能达到的目的是引起"国际间同情"。而国际间的同情,恰恰已被证明不是制止日军侵略的有效办法。

三 蒋介石应对与日绝交

获知孙科内阁的对日绝交方案后,蒋介石深感对日绝交后果严重。为阻止这一方案付诸实施,蒋采取了一系列应对措施。

首先表明自己的态度,坚决反对与日绝交。1 月 10 日,蒋得报谓:"陈友仁初与日本有约,自觉颇有把握。迨上台后,日本尽翻前议,致无办法。近因美国干涉,故亦改变态度,主张与日本断绝国交,以冀引起欧美注意,外交上或有转机,且得多数人之同意。孙科似亦同情,惟尚未决定耳。"①蒋闻而惊之曰:"内无准备,遽尔绝交,此大危之事也。"②乃立即致电何应钦、朱培德、陈果夫等人,告以"对日绝交即不能不对俄复交。陈友仁提此案,众者不察,且多数赞同绝交,是诚国家最大危机。此时,我国地位若战而不宣,尚犹可言,如绝交即为宣而不战,则国必危亡。若对俄复交,则列强对我,不但不助,且将反而助日。故在东三省问题未决之前,

---

① 《蒋中正总统档案》事略稿本第 13 册,1932 年 1—3 月,第 25 页。
② 《蒋中正总统档案》事略稿本第 13 册,1932 年 1—3 月,第 25 页。

遽尔对俄复交,则不止断送满蒙,是乃断送全国也。此等政策须注意"。①
11日,蒋介石在奉化发表《东北问题与对日方针》的演讲,详细阐述其对日方针,批判与日绝交的论调。

> 自东北问题发生以来,一股激于悲愤,不暇审择,或不顾事实,徒逞快意之论者;不曰对日宣战,即日对日绝交;不知中国若有适当之国防实力,则当朝鲜之惨杀华人,及万宝山之案发生,皆可为绝交宣战之理由,不必暴日铁蹄蹂躏沈阳之时也。以中国国防力薄弱之故,暴日乃得于二十四小时内侵占之范围及于辽吉两省,若再予绝交宣战之口实,则以我国海陆空军备之不能咄嗟充实,必至沿海各地及长江流域,在三日内悉为敌人所蹂躏,全国政治、军事、交通、金融之脉络悉断,虽欲不屈服而不可得?总理孙先生所谓"中国若与日本绝交,日本在十天以内便可以亡中国",此乃事实如此,并非我总理故为危辞耸听也。故忠于谋国者,必就实际之力量而谋适当之措置,不能效不负责任之辈,不审察实际之利害,逞为快意之谈,徒博一时之同情,而置国家于孤注一掷也。且以日本帝国主义之暴悍无人理,犹不敢显然对中国绝交宣战,而犹是出于战而不宣之行为者,盖欲避免宣战之责任,以减轻国际之责难也。今我明明尚无可战之实力,而贸然为暴日所不敢为之绝交宣战,则适于暴日加责任于我之机会,而益得以恣行无忌矣。何也?以中国已对之宣战,而彼可以一切自由行动也。即不宣战而绝交,亦暴日所求之不得者?以绝交不论用何种方式,或用何种宣言,以解释其与宣战不同之理由,然而国交既经断绝,则对方即可不受任何之限制,两国绝交即为敌国,为敌国则一切可以恣行无忌也。故曰:彼不度国力,

---

① 《蒋中正电何应钦朱培德等无论何人执政吾辈惟极力赞助决不持有异议》,1932年1月10日,台湾"国史馆"藏"蒋中正总统文物"革命文献第14册,蒋介石下野与再起,典藏号002020200014040。

不明利害,不负责任,而徒为快意之言者,盖未之思也。①

其次,试图釜底抽薪,阻止孙科组织特别委员会讨论对日绝交问题。蒋介石的公开反对,不仅没有阻止孙科内阁对与日绝交的问题的讨论,孙科等人还决定成立特委会,重建政治重心,负责处理外交财政问题。12日,孙科、陈铭枢、邹鲁、李文范、陈友仁、冯玉祥、李宗仁、李济深、吴铁城等人在沪开会决定,在中央政治会议之下成立特别委员会,处理国难期内一切政务。② 对此,蒋介石在日记中写道:

> 上午决定到杭,拟与哲生相晤。到杭始知哲生在沪决定另
> 设特种委员会,决定对日绝交与停付公债本息。其计划以胡恐
> 哲生与余相晤,故为哲生谋此倒行逆施之策,仍本其借外侮之名
> 先扫除其所谓蒋派势力,北方则由冯主持以倒张,南方则由粤桂
> 出兵两湖,以除蒋也。而对于国家存亡,民族生死,则不顾,最低
> 限度必欲捣毁长江财政,破坏全国外交,使余不能继起收拾也。
> 胡逆之计是诚丧心病狂,孙辈不察,愿为民族万世之罪人,非将
> 总理之历史根本推翻而不止。胡逆之肉其足食乎?③

为了阻止孙科组织特委会,蒋介石于1月14日致电朱培德等人表示"特种委员会极不赞成,应积极反对"。④ 在蒋的指令下,蒋派人员曾多方研究,原拟从根本上打消孙科组织特委会,但由于孙科在反蒋派的支持下以辞职并要宁方承担责任相威胁,因此蒋派人员对此"毫无办法",被迫同意。⑤ 当晚,孙科召集中央政治会议,正式决议设立特别委员会,并通过

---

① 《蒋主席辞职后在奉化故里讲:东北问题与对日方针》,载《"中华民国"重要史料初编》编辑委员会:《中华民国重要史料初编——对日抗战时期》绪编(一),中国国民党中央委员会党史委员会,1981年,第315—317页;《蒋中正在武岭学校讲"独立外交"》,台湾"国史馆"藏"国民政府档案",档案号016142—016。

② 《蒋中正总统档案》事略稿本第13册,1932年1—3月,第34页;朱宗震等编:《陈铭枢回忆录》,中国文史出版社,1996年,第88页。

③ 《蒋介石日记》(手稿),1932年1月13日。

④ 《蒋中正电朱培德特种委员会极不赞成应积极反对》,1932年1月14日,台湾"国史馆"藏"蒋中正总统文物"筹笔第63册,统一时期,典藏号002010200063031。

⑤ 《蒋中正总统档案》事略稿本第13册,1932年1—3月,第44页。

了特别委员会大纲,规定特别委员会作为汪、胡、蒋三常委未到时之过渡机关,大计仍由政委会决定。但在宁方的要求下,规定特别委员会为在常委未来负责时之临时性组织,如有一常委来负责即应取消。蒋认为,孙科组织特委会,"其意实乘三常委未到时决定对日绝交与停付公债本息"。①15 日,特委会讨论对日绝交及停付公债本息案,并决定"明日如有一常委到京,该会所决定对日绝交者即不发生效力"。② 孙科组织的特委会一旦成功有效运作,内外政策必将发生变化,蒋介石也不一定能左右政局。为此,蒋决心亲自出马制止事态的发展。他在日记中表示:

> 李、冯、陈、李文范等包围哲生,卖空买空,受故指使,必欲对日绝交,停还内债,使中国破产灭亡。余为公为私,对国对友,对总理对旧部,皆不能不出而往救,以尽良知,故决赴京一行。③

其三,与汪精卫合作,否决与日绝交方案。早在宁粤对峙期间,蒋介石就一直试图拉拢汪精卫。④ 汪在蒋的拉拢下,也表现了一定的合作诚意,在上海和会上放弃逼蒋立即发引咎的通电。为此,汪与粤方产生裂痕,并单独在上海召开汪派"四大",在宁粤之间形成第三势力。蒋介石下野后,于 12 月 22 日对汪派人物之陈公博、顾孟余、王法勤说:"本党现值存亡之际,急需得一各方信仰之领袖,主持一切,本人甚盼汪先生能不顾一切任此艰难。前在沪时,曾向汪先生面述此意,汪太客气,希望请三位再代转达,中兴本党,非汪莫属。"⑤这次谈话再次为蒋汪合作埋下了伏笔。

孙科组织特委会后,蒋介石再也按捺不住,于 1 月 16 日亲书一函由陈铭枢转送上海的汪精卫,"约来杭一叙"。⑥ 汪得蒋函后,立即出院赴杭。

① 《蒋中正总统档案》事略稿本第 13 册,1932 年 1—3 月,第 44 页。
② 《蒋中正总统档案》事略稿本第 13 册,1932 年 1—3 月,第 44 页。
③ 《蒋介石日记》(手稿),1932 年 1 月 15 日。
④ 期间,蒋不仅多次致电汪,邀其入京合作,还派陈铭枢、宋子文、朱培德、戴季陶等人拉拢汪。详见《蒋介石欢迎汪精卫力排众议来沪共赴国难密电》、《宋子文、朱培德关于蒋介石愿与汪精卫合作并希汪早日到沪致黄蕖秋密电》、《陈铭枢为汪精卫决心赴沪致蒋介石密电》、《中华民国史档案资料汇编》第五辑第一编政治(二),江苏古籍出版社,1994 年,第 775—782 页。
⑤ 《一周间国内外大事述评》,《国闻周报》第 9 卷第 1 期,1932 年 1 月 1 日,第 7 页。
⑥ 《蒋中正总统档案》事略稿本第 13 册,1932 年 1—3 月,第 46 页。

次日,蒋汪会晤,密谈合作。蒋"披肝沥胆,以精诚对之,汪颇为感动"。①会后联名致电胡汉民,邀其"一同入京协助哲生暨同志以共支危局"。②又联名致电孙科,阻止特委会通过与日绝交案,表示:"弟等愿竭其心力协助我兄支此危局","关于一切大计,亦俟商得展兄同意,始行决定"。③

18日下午,孙科由京到杭。当日,蒋介石在烟霞洞与汪精卫、孙科等会谈,并在外交、财政、军事等问题上取得一致意见。19日,胡汉民复电蒋汪,表示反对蒋汪入京,其曰:"此时救国救民,惟有抗日、剿共两大事。弟虽在病中,已叠电为京沪诸同志切言之,惟有各矢忠诚,俾哲生兄等得行使责任内阁之职权,贯彻其政策,而我人以在野之身,竭诚赞助,则对内对外必获有生机,慰国人之期望,尊电所谓共支危局者,当亦无逾于此也。"④蒋阅后曰:"展堂不止自不来京而欲阻吾人入京。其处心积虑,必欲使国亡民困,不恤总理且陷哲生,诡计阴谋,昭然若揭。吾人不可为彼所惑,又何可与之同流合污哉。"⑤于是,蒋不顾胡汉民反对,决计入京,并在晚宴上对汪、孙说:"余不入京则必贸然与日绝交。无通盘计划,妄逞一时血气,孤注一掷,国必亡灭。故余不顾一切,决计入京,以助林主席挽救危机,本我良心,尽我天职而已。"⑥汪精卫随即表示愿一同入京。

1月21日,蒋、汪相继入京。23日,蒋、汪在励志社召集会议,讨论对日绝交问题。陈友仁向蒋、汪陈述绝交之必要,但遭到邵元冲、张继等人的质难。⑦ 最后会议决定,"对日问题,决定缓和"。⑧ 24日,蒋汪召集中政会特别委员会,再次讨论对日外交。蒋、汪均认为:"陈的外交政策,是不懂国情,徒作孤注之一掷",并正式否决了陈友仁的对日绝交方针。⑨ 25

① 《蒋中正总统档案》事略稿本第13册,1932年1—3月,第50页。
② 《蒋中正总统档案》事略稿本第13册,1932年1—3月,第49—50页。
③ 《蒋中正总统档案》事略稿本第13册,1932年1—3月,第50页。
④ 《蒋中正总统档案》事略稿本第13册,1932年1—3月,第56页。
⑤ 《蒋中正总统档案》事略稿本第13册,1932年1—3月,第56页。
⑥ 《蒋中正总统档案》事略稿本第13册,1932年1—3月,第58页。
⑦ 邵元冲:《邵元冲日记》,上海人民出版社,1996年,第823页。
⑧ 台湾"国史馆"藏"蒋中正总统文物"图书,《困勉记初稿》卷21,1932年1—3月,第483页。
⑨ 朱宗震等编:《陈铭枢回忆录》,中国文史出版社,1996年,第94页;《中央日报》,1932年1月25日。蒋介石认为:"陈友仁之主张对日绝交即为对俄复交,以国家供其牺牲,其肉尚足食乎?"台湾"国史馆"藏"蒋中正总统文物"图书,《困勉记初稿》卷21,第484页。

日,汪精卫在励志社发表谈话,表示对日问题中央意见已趋一致,无论如何困难,决以不丧国土、不辱主权为原则。此次日侨在沪暴动,中央已有应付办法,如日方竟实施强暴行为,我国当局应抱定最大决心,与之周旋。①

由于陈友仁的外交政策被否定,孙科、陈友仁相继离京赴沪,并于25日通电辞职。②27日,中政会函请中央执行委员会撤销特委会,决定成立外交委员会,推陈铭枢、宋子文、邵元冲、张群、伍朝枢、顾孟余、孔祥熙、蒋作宾、程天放、罗文干、顾维钧、王正廷、郭泰祺、戴季陶、陈公博为委员,外交部长、参谋总长、军政部长、海军部长均为当然委员,蒋作宾为主席兼常务委员,顾孟余、顾维钧、王正廷、罗文干为常委。③28日,蒋与汪精卫会商外交方针,"确定一积极抵抗,一预备交涉,彼即赞同"。④ 随后,召开中央政治会议及中央常务会议,决定对上海日领事的无理要求,"委曲接受,以避免事变,如仍来侵扰,当决积极抵抗",⑤会议还决定准孙科辞行政院长职,以汪精卫继任,孙科改任立法院长,罗文干为外交部长。至此,蒋汪合作的政治局面初步形成。

九一八事变后,国民党内部仍然四分五裂,政争不已,各派系为了争夺权力,往往将外交政策与派系斗争相纠葛,外交演变为政争之工具。面对日军的侵略,蒋介石采取不抵抗政策,而孙科内阁则试图实施对日绝交。然而,在内忧外患之际,面对强敌入侵,不抵抗显然不行,对日绝交亦非最佳选择。为了寻求新的对日政策,蒋介石在修正不抵抗政策的同时,与汪精卫逐渐走向合作,并联手否决了对日绝交方案,迫使孙科内阁垮台。

(原文载于《历史教学》2009年第4期,
收入本论文集时作者作了较大修改。)

① 《汪精卫在励志社谈话》,《申报》,1932年1月26日。
② 《孙科辞职电》,《申报》,1932年1月26日。
③ 《中政会成立外交委员会》,《申报》,1932年1月28日。
④ 《蒋介石日记》(手稿),1932年1月28日。
⑤ 邵元冲:《邵元冲日记》,上海人民出版社,1996年,第824—825页。

抗战时期的高等文官考试制度[*]

  国民政府成立后,根据孙中山的五权宪法理论,建立"五院",分掌行政、立法、司法、考试、监察之权。考试院为国民政府最高考试机关,掌理考选与铨叙事宜。国民政府时期,考试院逐步建立起了一整套较为完备的考试制度,成为中国传统科考制度向现代文官考试制度演进的重要阶段,并对国民政府的政治统治产生了一定影响。学术界对国民政府文官考试制度的研究虽然取得了一定成果,但主要集中于抗战前,而对抗战时期的文官考试制度却少有文章论及,或语焉不详。① 鉴于此,本文试以抗战时期的高等文官考试制度为对象,对其考试原则与方法、考试情形与特点、分发与任用等方面作一考察,以期厘清其线索,分析其得失。

一

  文官考试按其应考资格和任职资格可分为高等考试、普通考试和特种考试。依《考试法》的规定,具有下列资格之一者,可以参加高等考试:国立或经立案或教育部承认之国内外大学与独立学院或专科学校毕业得

---

  * 本文系教育部重大攻关项目《民国史研究》的子课题《国民政府五院制度研究》,项目批准号 03JZD009。

  ① 关于国民政府文官考试的研究成果,主要有董卉的《南京政府公务员制度 1930—1937》(《近代史研究》1992 年第 2 期),窦泽秀、王义的《1929—1937 年国民党政府推行公务员制度的特点及其历史反思》(《历史档案》1996 年第 4 期),陈文晋的《南京国民政府首届公务员高等考试》(《史学月刊》1998 年第 5 期),李里峰的《南京国民政府公务员考试制度的若干问题》(《史学月刊》2004 年第 1 期)、《现代性及其限度:民国文官考试制度的评议》(《安徽史学》2004 年第 5 期),肖如平的《论南京国民政府的高等考试制度 1927—1937》(《历史教学》2004 年第 12 期)等,研究视角基本上集中于抗战前。

有证书者;有大学或专科学校毕业之同等学力,经检定考试及格者;确有专门学术技能或著作,经审查及格者;普通考试及格四年后曾任委任官或与委任官相当的职务三年以上者。高等考试及格人员可取得荐任官资格。① 高等考试自 1931 年创办以来,每年或间年举行一次,抗战前共举行了四次。抗战爆发后,国民政府退守大西南和大西北,各级机关因战时疏散,职员大为减少。考试院为向各机关输送人才,继续举办高等文官考试。

战前,考试院是依照《考试法》和《典试法》的严格规定举办文官考试,"程序比较繁重"。抗战爆发后,"因环境既多变易,考试院不得不适当之变更考试原则与方法,以应战时情形"。② 为此,考试院于 1938 年 8 月订立战时考试四原则,规定"各种考试因应事实上之需要,得随时举行,不必规定若干时举行一次;各种考试条例,由考试院依需要情形制定施行;办理考试机关,其组织与经费,务以简单撙节为主;其他事项,仍依原法办理"。③ 战时考试原则,取消了定期举行高等考试的规定,强调以事实之需要随时举行。

战前高等考试分为第一、第二、第三试,除司法官一类外,其余各类皆于考试及格后即行分发任用。抗战爆发后,为加强考试及格人员的行政能力,1939 年 8 月考试院提议"高等考试分初试和再试,初试及格人员一律送中央政治学校受训,对于各类人员,业务上应具之智能及精神体魄,予以严格之训练,期以增进任用后办事效率。训练期满举行再试,再试及格后,始予以分发任用"。④ 根据这一提议,国防最高委员会公布了《高等考试分初试再试并加以训练办法》,对高等考试的组织、程序、录取、分发任用作了较大变通,俗称"高考改制"。⑤ 改制之后,一是精简考试组织机械。战前高等考试设典试委员会、襄试处或试务处,负责报名、出题、考

---

① 《考试法》,《考试院月报》1930 年第 1 期,法规,第 14 页。
② 《考试院工作报告书》,1942 年,考试院档案,中国第二历史档案馆藏,案卷号 37(2)-39。
③ 陈天锡:《考试院施政编年录》初稿第三编,1945 年,第 146 页。
④ 《考试院工作报告书》,1940 年,考试院档案,中国第二历史档案馆藏,案卷号 37-516。
⑤ 《考试院工作报告书》,1942 年,考试院档案,中国第二历史档案馆藏,案卷号 37(2)-39。

试、阅卷、张榜等事项。抗战期间则一切从简,仅设典试委员会。二是简化考试程序。考试分初试和再试,初试将战前的第一、第二、第三试合并为一次笔试。三是增加训练。初试及格人员须送中央政治学校训练,训练期满方能举行再试,再试及格才给予分发任用。战时考试原则和考试方法的变通,"补救了正规考试程序之繁重及种类琐碎之流弊",①使抗战时期的高等文官考试更加便捷顺利,成为战时选拔人才的一个重要方式。②

二

抗战初期,因环境所限,高等考试被迫停顿,1937 年和 1938 年考试院均未能举行大规模的高等考试。1939 年国防最高委员会通过《高等考试分初试再试并加以训练办法》后,高等考试才得以继续举办。1939 年10 月,考试院在重庆、成都等 7 处,同时举行高等考试初试,录取考试及格人员 143 名,为"广于搜罗,以资奖进起见",又依据《高等考试初试及格暨备取人员受训办法》,另外备取 110 名,全部送中央政治学校训练。训练期满后,于 1940 年 8 月在重庆举行再试,最终录取及格人员 208 名。③1940 年 7 月举行高等财政金融人员考试初试,及格人员 145 名。经中央政治学校训练,1941 年 5 月举行再试,录取及格人员 141 名。1940 年高等考试则推迟于 1941 年 1 月举行,初试及格 192 人,经训练期满再试录取 186 人。1941 年高等考试初试及格人员 138 名,经训练期满后再试录取及格人员 107 名。1942 年 5 月考试院在重庆等 11 处举行该年度第一次高等考试,初试及格人员 104 名;9 月举行第二次,初试及格人员 155名。④ 1943 年第一次高等考试于 4 月在重庆等 12 处同时举行,初试及格

---

① 《考试院工作报告书》,1943 年,考试院档案,中国第二历史档案馆藏,案卷号 37－516。
② 《考选部接受考选委员会移交清册》,1948 年,考试院档案,中国第二历史档案馆藏,案卷号 37－12。
③ 《第二届国民参政会第一次大会考试院施政报告》,1940 年,考试院档案,中国第二历史档案馆藏,案卷号 37－516。
④ 《考试院工作报告书》,1942 年,考试院档案,中国第二历史档案馆藏,案卷号 37－516。

人员 124 名。① 第二次于 12 月在重庆等 9 处举行,初试及格人员 265
名。② 1944 年考试院举行了两次高等考试,第一次初试录取及格人员
288 名,第二次初试录取 115 人。③ 1945 年举行了一次高等考试,初试及
格人员 114 名。④ 抗战期间,考试院除直接办理高等考试外,还委托其他
中央机关办理专门性的临时高等考试,如司法人员高等考试、外交官领事
官高等考试等。自 1939 年至 1945 年抗战胜利,共举办 15 次高等文官考
试,录取及格人员 2060 人。⑤ 见表 1。

表 1 抗战时期高等文官考试统计表(1939—1945 年)

考　试　类　别	次数	应考人数	及格人数	录取比率
1939 年高等考试	1	1352	208	15.39%
1940 年财政金融等十类高等考试	2	1887	310	16.43%
1941 年司法官九类高等考试	2	1646	321	19.50%
1942 年财政金融及第一、二次高等考试	3	2574	275	10.68%
1943 年外交官领事官考试及第一、二次高等考试	3	2599	372	14.32%
1944 年第一、二次高等考试	2	2939	391	13.31%
1945 年司法人员考试及高等考试	2	2738	183	6.69%

(资料来源:《我国考铨制度之变迁》,考试院档案,中国第二历史档案馆藏,案卷号 37—276。)

与战前相比,抗战时期的高等文官考试有以下几个特点:

一是分区设考点。战前的高等考试追求宏大的规模,大部分考试只
在首都南京设立考点,全国的应考士子都前往首都考试。而抗战期间,由
于交通梗阻、场地所限,高等考试的考点往往遍及国统区,最多时达十
几处。

二是考试次数增加,录取比率提高,录取人员增多。抗战前举行的高

---

① 《考试院工作报告书》,1943 年,考试院档案,中国第二历史档案馆藏,案卷号 37—516。
② 《考政纪事》,《考政学报》1944 年创刊号,第 106 页。
③ 《考政纪事》,《考政学报》1945 年第 2 期,第 114 页。
④ 陈天锡:《增订戴季陶先生编年传记》,"中华民国"中山学术文化基金董事会,1967 年,附录,第 25 页。
⑤ 《我国考铨制度之变迁》,考试院档案,中国第二历史档案馆藏,案卷号 37—276。

等考试共有 4 次,录取及格人员 574 名,而自 1937 年至 1945 年,考试院举行的高等考试达 15 次,录取及格人员 2060 名。① 战前高等考试的录取比率普遍较低,1931 年为 4.64%、1933 年为 3.83%、1935 年为 6.98%、1936 年为 8.18%,而抗战期间的录取比率除 1945 年最低为 6.69%外,其余都在 10%以上,有的高达 19.5%。②

三是增加考试类别,突出建设人员考试。战前的高等考试类别相对较少,最多一次为 9 类,而抗战时期多达 16 类,除普通行政、教育行政、警察行政、外交官领事官、司法官、会计审计、统计、监狱官、卫生行政、建设人员等类外,还设有社会行政、经济行政、财政金融、土地行政、户籍行政、法医师等类。其中建设人员考试扩大到农艺园艺、森林、畜牧兽医、蚕桑、农业化学、植物病虫害、农业经济、水产、土木工程、水利工程、建筑工程、机械工程、航空工程、电机工程、化学工程、矿冶工程、纺织工程、卫生工程、气象等 19 科。③ 相对战前而言,战时的高等考试类别更加注重实用性,顺应了战时的需求。

四是降低录取标准。依《考试法施行细则》的规定,高等考试以各试成绩满 60 分为及格。凡是成绩在 60 分以上的考生,即可录取,不及 60 分者,即遭淘汰。如已规定录取名额,则依成绩择优录取,但成绩须在 60 分以上。④ 其本意在于强调"宁缺毋滥",保证及格人员的质量。然而,抗战期间教育大受影响,应考人的考试成绩大多未能达到 60 分以上,所以在高等考试中往往需降低录取标准,由典试委员会给全体考生加分,以完成录取名额。⑤"战时考试程度降低乃是因为教育程度低落之结果。"⑥戴季陶说:"考试标准之降低,实乃事实上之必要,不得不从宽录用。现在一

① 《考选部接受考选委员会移交清册》,1948 年,考试院档案,中国第二历史档案馆藏,案卷号 37—12。
② 《我国考铨制度之变迁》,考试院档案,中国第二历史档案馆藏,案卷号 37—276。
③ 《考选委员会非常时期高等考试各类考试应考资格及科目》,考试院档案,中国第二历史档案馆藏,案卷号 37—338。
④ 《修正考试法实施细则》,《考试院公报》1935 年第 8 期,法规,第 42 页。
⑤ 《我国考铨制度之变迁》,考试院档案,中国第二历史档案馆藏,案卷号 37—276。
⑥ 《关于铨叙部分之各条陈建议》,考试院档案,中国第二历史档案馆藏,案卷号 37—262。

般教育程度,因环境之关系,不免降低,考试只能就短取长,今后应从教育根本上着手,然后考试成绩,始可提高。"①为此,不少用人单位埋怨说:"近年来考试人员标准不免失之宽弛,以致分发后,工作成绩多未能适应职务上之要求","今后考试应以重质不重量为原则,必须从严甄别,拔取真才"。②

三

考试及格后分发任用与否,是资格考试和任用考试的区别所在。所谓资格考试,就是以考试来铨定资格。所谓任用考试就是考试及格后立即分发任用。在第一届高等考试前夕,行政院曾建议高等考试及格人员只给予及格证书,不必分发任用,即采用资格考试。但考试院院长戴季陶坚决不同意。他认为:"考试抢才,旨在备供国家任使,如考而不用,不啻破坏了我国考试用人之优良传统。"③因而高等考试采用"考用合一"的原则,即任用考试。

战前高等考试及格人员的分发,由考试院铨叙部依其考试类别、经历、学历和考取名次决定被分发机关,并呈请国民政府以荐任职分发任用。抗战爆发后,由于环境特殊,高等考试改制,考试及格人员的分发有了较大变化。按《高等考试分初试再试并加以训练办法》和《修正高等考试及格人员分发规程》的规定,高等考试及格人员应于铨叙部所定分发审查期间内,向铨叙部申请分发,填写申请书,呈验经历证件,呈缴最近相片。然后由铨叙部拟定分发机关,呈请国民政府分发。考取优等者,以荐任职或与荐任相当的职务分发任用。考取中等者,先以高级委任职或与高级委任职相当的职务分发任用,但保留荐任职的任职资格,遇有荐任缺

---

① 陈天锡:《戴季陶先生文存续编》,中国国民党中央委员会党史史料编纂委员会,1967年,第33页。

② 《关于铨叙部分之各条陈建议》,考试院档案,中国第二历史档案馆藏,案卷号37－262。

③ 瞿韶华:《戴传贤先生与第一届高等考试》,载《戴传贤与现代中国》,台湾"国史馆"编印,1989年,第27页。

出得随时依法叙补。曾任委任二级以上职务或实支委任二级以上俸额者,以荐任职或与荐任相当的职务分发任用。以荐任职或与荐任相当的职务分发任用者,必须曾任委任职或相当的职务满一年,或曾任荐任职或相当的职务满六个月,或曾以荐任职审查合格,否则先以高级委任职或相当的职务分发。以高级委任职分发任用者,必须曾任委任职或相当的职务满六个月,或曾以委任职审查合格,否则先以学习分派。学习期间定为三个月,期满由被分发机关填具学习成绩考核表送铨叙部审查,成绩优良者予以任用,成绩欠佳者,延长其学习期间。①

依上述规定,考试院对各届高考及格人员进行了分发。如 1940 年高等考试及格人员,除办理战时消费税的 31 名暂时不分发、司法官 22 名由司法行政部分发外,其余 133 名由铨叙部依照分发规程,按各类人员考取名次,斟酌志愿,分发在文官处、主计处等 32 个中央及地方机关。1941 年高等考试建设人员 31 人,除 3 人保留分发外,其余 28 人分发经济部及四川等省政府。1941 年高等考试及格人员除保留分发 7 人、暂缓分发 2 人外,分发行政院等中央部门 67 名,四川等省政府 31 名。② 1942 年第一次高考及格人员分发中央机关 58 人,地方机关 9 人,保留分发 6 人,暂缓分发者 2 人;第二次高考及格人员分发中央机关 99 人,地方机关 27 人,保留分发 4 人。③ 1944 年分发高考及格人员 104 名,保留分发资格 11 名。自 1939 年至 1945 年,由铨叙部分发的高等考试及格人员共达 1782 人。④"因中央机关荐任职缺较多,志愿者众,而各省又以辖区沦陷机关裁并紧缩,交通梗阻",故分发中央机关的达 1531 人,分发地方机关的仅有 251 人。⑤

考试院院长戴季陶认为"考试用人为总理特定之国策,政府职员之补

① 《考铨法规集》第二辑,1947 年,第 22 页。
② 《考试院工作报告》,1942 年,考试院档案,中国第二历史档案馆藏,案卷号 37(2)-39。
③ 《考政纪事》,《考政学报》1944 年创刊号,第 109 页。
④ 《各种考试及格人员动态及工作概况动态》,1948 年,考试院档案,中国第二历史档案馆藏,案卷号 37-99。
⑤ 《铨叙工作检讨会议录编》,铨叙部档案,中国第二历史档案馆藏,案卷号 27-707。

充,赖此为主要之来源",①"如录而不用,甚非政府爱士抡才之至意"。②
因此,抗战时期考试院对考试及格人员的分发和任用非常重视,并极力给
予关照。

首先是救济考试及格失业人员。抗战以来,分发中央或地方机关任
职的高等考试及格人员,因疏散、机关裁并、服务地方沦陷而失业者颇多。
为此,考试院颁布《救济国难期内考试及格失业人员办法》,规定考试及格
失业人员,如非因自己过失而去职者,由原机关或裁并后之机关尽先酌予
工作。若因交通梗阻,无法回至原机关,或原机关已不存在者,则改派其
所在地方或其他附近地方的中央机关酌予工作。此项规定范围广,安置
颇多。③ 到1939年底,考试院共救济及格人员71人。④

其次是制定各种办法确保考试及格人员能尽先任用。抗战爆发后,
考试院根据实际情形,修正了《高等考试及格人员分发规程》、《公务员任
用法实施细则》和《公务员任用补充办法》等法规,一再规定"中央各行政
机关任用荐任职委任职人员应尽先就考试及格人员中遴选",⑤各机关荐
任职委任职有缺额时,将考试及格人员作为叙补的第一顺序人。考试及
格分发人员任用后,非因自行去职或考绩、惩戒处分而去职者,有权向铨
叙部申请改分。⑥ 甚至对于因自己的过失而去职者,也能给予改分。如
1942年高等考试及格人员江之津等因过失而失业时,考试院仍然给予
改分。⑦

再次是给予考试及格人员适当优惠。如1942年7月订立《考试及格
人员乘坐车船优待办法》,规定考试及格人员分发各机关报到时,发给乘
坐车船优待证,准予优待与折减票价。⑧

① 《考试院工作报告书》,1940年,考试院档案,中国第二历史档案馆藏,案卷号37-516。
② 《考试院呈国民政府文》,《考试院公报》1931年第12期,公文,第32页。
③ 《各种铨叙制度及其改进意见》,铨叙部档案,中国第二历史档案馆藏,案卷号27-7。
④ 陈天锡:《考试院施政编年录》初稿第五册,1945年,第148页。
⑤ 《考铨法规集》第二辑,1947年,第65页。
⑥ 《考铨法规集》第二辑,1947年,第43页。
⑦ 《考试院人事工作报告》,考试院档案,中国第二历史档案馆藏,案卷号37-42。
⑧ 《考铨法规集》第二辑,1947年,第43页。

四

在抗战的非常时期,国民政府仍然坚持推行文官考试制度。考试院在变通考试原则与考试方法,降低考试要求和录取标准的同时,增设考试种类,增加考试次数,提高录取比率,使文官考试获得进一步发展。

抗战时期的高等考试,顺应了战时的需要,为各级机关输送了一定数量的中下级公务人员,成为政府选拔公务员的一个重要途径。考试及格人员绝大部分刚刚大学毕业或毕业不久,他们都曾接受新式教育,既具有一定的专业知识和较为开阔的视野,又年富力强,将他们引入政府机关,对提高政府官员的素质,增进政府的行政效能有着积极的作用。因此,有不少及格人员获得任用,甚至受到重用。关于高考及格人员的任用,高等考试及格人员金绍先回忆说:

> 二十年来的高考人员,分布在国民党中央的各院、部、会,各省市政府,遍及绝大部分的行政机关和专业部门。一般是担任科长、荐任秘书等中级职务,其中担任县长的有一百多人,担任中央及其派出机关的高级人员如简任秘书、参事、司长、处长、局长的约四十人,有个别的还爬到了政务官一级。据不完全统计,在1949年蒋介石逃离大陆前,高考人员担任的高级职务有一名大使,一名高等法院院长,七名省政府的厅长和省辖市长,两名行政督察专员,一名国立大学法学院长兼代理校长,十名国大代表,五名立法委员。后来到台湾后,又增加了一个大使,一个国民党的中央常委兼部长,三个次长,在台湾省政府六七名厅、处长中,便有两名是高考出身人员。由此可见,高考及格人员在国民党政府中的地位是举足轻重的。①

抗战时期的高等文官考试,为政府选拔人才提供了一套比较科学、客

---

① 金绍先:《戴季陶与南京国民政府的高等文官考试制度》,《江苏文史资料》第24辑,1988年,第12页。

观的评价机制。考试择人,有利于杜绝官员选拔中任人唯亲、任人唯私的不良现象,为社会各阶层的人,尤其为学校毕业的青年士子提供了一个公平竞争、参与政府管理的机会,对稳定战时的混乱政局和收揽民心也起了一定作用。

然而,抗战时期的高等文官考试也有不少缺陷。正如考试院在检讨抗战时期的考试制度时所说,"考选的种类、举行的考试、录取的人数都有所增加。考试方法经过不断的改进,愈益发切合实际。但严格言之,不充实、不完备之处尚复不少,距离制度之完成理想,仍觉遥远,考选与任用彼此脱节"。①

第一,参加高等考试的人数不多。"国民因受科举观念之影响,对于考试一途,素恒注重,且因社会环境之关系,一般知识分子,仍以做官为唯一出路。故对于任用考试,理应踊跃参加。"②然事实表明,参加高考的人数并没有太大的增长,应考总人数不多。高等考试是国民政府最高类别的文官考试,对考生来说应该具有很大的吸引力。然而,从 1939 年到 1945 年,每次高等考试的应考人数却不过 1000 人左右。

第二,高等考试录取的总人数太少。虽然抗战时期高等考试的录取比率较高,但由于应考总人数不多,故录取的总人数仅有 2000 余名。据统计,1945 年中央机关及各省市政府公务人员将近 35 万人。就算高等考试及格人员全部得到分发任用,其在国家公务员人数中的比例亦非常微小。按理行政院应该是高等考试及格人员需求较大的机关,然而在行政院直属、内政、外交、经济、教育、交通各部,及蒙藏委员会、赈济委员会的 1127 名简、荐、委任职员中,高考及格人员只有 48 人。③1944 年高等考试及格人员蓝世杰在写给考试院的建议书中说:"自以高考及格人员身份服务十月以来,深感文官考试制度尚未确立。考试为国家抡才而抑幸进,

① 《考试院工作报告》,1942 年,考试院档案,中国第二历史档案馆藏,案卷号 37(2)-39。
② 梁之硕:《我国现行公务员考试制度之研究》,铨叙部档案,中国第二历史档案馆,案卷号 27-457。
③ 梁之硕:《我国现行公务员考试制度之研究》,铨叙部档案,中国第二历史档案馆,案卷号 27-457。

法至善也,惟迄今能推行者仅及京畿少数部会。考试人员太少,联络亦差,致不能发挥力量,考试及格人员立足各机关者,类多受人侧目,任人宰割,孤掌难鸣。"①

第三,及格人员分发比较困难,部分考试及格人员分发到各机关后,长期闲置而难获任用。尽管考试院对考试及格人员的分发费尽心思,一再降低考试及格人员的任职资格,迁就用人单位,但仍难以达到预期目的,考试及格人员分发仍感困难。"近年少数机关对于高等考试及格人员之分发或以无缺拒收或以粮少不纳,又有勉强接受而对将来分发预为谢绝者,无法安置一再转分。致其工作与考试性质不相当者,分发工作几乎日日在疏通之中。"②考试制度是为任用而存在的,如考而不任用,考试的功效即等于零。对于高等考试及格人员长期得不到任用,时人多有评说,"考试及格人员长期得不到任用,是考铨制度推行中最大的缺陷。就高考言之,历次及格人员,果真获适当之分发乎?分发之后,是否有供职之机会乎?事实上,考试录取之少数人员,久不易得到实缺,幸而得之,亦被散之闲曹,无法展布"。③

抗战时期高等文官考试制度之所以存在诸多缺陷,首先是因为抗战爆发后,局势不稳、交通不便、政令不畅、经费支绌,文官考试几乎陷于停顿。为继续举行高等文官考试,考试院被迫处处迁就实际情形,修正本身之政策,以符合战时的特殊环境。但其真正能推行的省区有限,考试及格人员的分发任用也比较困难。

私人政治风气浓厚,各机关纷纷援引私人,是阻碍高等文官考试推行的另一个重要原因。在各个机关,重要的职位,每每位置亲戚,如有用人机会,必尽先援引同乡、同学,以至于同乡成了圈子,同学成了派别。"现在用人仍是以亲友私人为前提的,及格人员中幸而得到位缺的,大多不是

---

① 《各种考试及格人员动态及工作概况动态》,1948 年,考试院档案,中国第二历史档案馆藏,案卷号 37—99。
② 《铨叙工作检讨会议录编》,铨叙部档案,中国第二历史档案馆藏,案卷号 27—707。
③ 林济东:《考试监察两院之职权与其应有之改进》,《新政治》第 2 卷第 5 期,1939 年,第 38 页。

凭资格,依然须做多方面的奔走疏通,与上官联络。"①故"求职者不必有专门技能,却必赖于亲友的提携援引。录用不必是人才,只问亲戚邻里朋友,依赖你的关系之亲厚。求职者既无须经过考试及格,用人者亦不问是否考试及格"。②因靠私人援引的人员往往与机关长官有特殊之关系,不但职位优越,工作方便,而且考绩优良,升迁容易。而由考试院分发的考试及格人员就算被任用,大多因与机关长官素昧平生,不但备受歧视,工作不利,且考绩低劣,升迁困难。因此,"一般士子,宁可奔竞钻营,以求夤缘幸进,不愿辛勤苦学,以循考试之途"。③于是,"各级政府最大多数之公务员,均由推荐援引而来,其真正由考试出身者反为例外"。④这种任人唯私、任人唯亲的用人劣习,严重妨碍了文官考试制度的推广。

考试院有考试和分发人才的权力,却没有真正任用人才的权力,是高等考试及格人员难获任用的重要原因。早在第一届高等考试前夕,考选委员会委员长邵元冲就曾指出:"考试的责任固然由考试院去担负,而用考试方法录取的人,能使他们都有适当的用途,这个责任,就非考试院一院所能担负,需要中央和各地方政府共同去担负的。"⑤事实证明,考试院可以把高等考试及格人员分发到中央、地方各机关,却无力强迫各机关使用考试及格人员。因为各机关不任用考试及格人员,考试院对它们也没有制裁的办法,"对于用人机关,没有任何一点的不利"。⑥考试院没有真正的用人权,使考选与任用脱节,高等考试及格人员的任用就缺乏有力的保障。

抗战时期,考试院为选拔公务人员,继续推行高等文官考试制度。在战时环境下,考试院顺应事实之需要,变通考试原则与考试方法,降低考

---

① 侯绍文:《现行考试制度改进刍议》,《行政研究》第 2 卷第 8 期,第 805 页。

② 梁之硕:《我国现行公务员考试制度之研究》,铨叙部档案,中国第二历史档案馆藏,案卷号 27—457。

③ 梁之硕:《我国现行公务员考试制度之研究》,铨叙部档案,中国第二历史档案馆藏,案卷号 27—457。

④ 张金鑑:《中央现行人事行政制度述评》,《行政评论》第 1 卷第 5、6 期,1940 年,第 8 页。

⑤ 邵元冲:《考试制度之运用与最近考试之筹备》,《中央周报》1931 年第 160 期,第 5 页。

⑥ 陈天锡:《戴季陶先生文存三续编》,中国国民党中央委员会党史史料编纂委员会,1971 年,第 208 页。

试要求和录取标准,使抗战时期文官考试获得进一步的发展。但由于战时环境的影响,考试机关与考试制度自身的缺陷,以及官僚体制下私人政治的冲击,使考试及格人员的任用难获保障,考选与任用脱节,降低了战时高等文官考试的成效。

〔原文载于《浙江大学学报》(人文社会科学版)2007年第1期。〕

赵晓红

赵晓红，1979 年出生，河南平顶山人，南京大学历史学硕士、日本岛根县立大学北东亚研究院社会学博士。现为浙江大学历史学系讲师。主要研究方向为中华民国史、蒋介石研究、医疗卫生社会史。读博期间，在《北東アジア研究》第 14、15 合并号上发表论文《「満洲国」における医療統制について》；2011 年，在《浙江社会科学》第 11 期上发表论文《从反帝到反清：由浙路运动看辛亥革命的社会基础》。当前正主持和参与浙江省社科规划办的文化工程项目《从立宪到革命：由浙路运动看社会革命的基础》、《浙江辛亥革命史料汇编》。

从反帝到反清：
由浙路运动看辛亥革命之社会基础[*]

在新政时期的地方铁路运动中,最早演变为地方与清廷公开激烈对抗局面的是浙江保路运动。四川保路运动是辛亥革命爆发的导火索,而浙江保路运动则是全国保路运动的先声。所以,浙路风潮不仅在浙江而且在全国辛亥革命运动中都具有重要地位和作用。目前关于浙路风潮研究成果关注点主要集中在绅商阶层的两面性或个人与浙路风潮的关系方面,[②]本文则关注浙路运动过程本身的发展变化,根据浙路运动的斗争对象及高潮期将其分为三个阶段,突出反映浙江绅民和政府矛盾如何不断升级、斗争矛头和民众基础如何变化,进而分析辛亥革命前浙江社会的变化历程以及浙江保路运动和辛亥革命之间的关系。

一　浙路废约之纠葛

随着中外交往的深入,清政府和一些有识之士已认识到铁路的重要性,但由于国库空虚,无力官办。因此,1895 年上谕宣布"各省富商如有能集股至千万两以上者,著准其成立公司,实力兴筑。事归商办,一切赢

---

　* 本文为浙江省文化研究工程"纪念辛亥革命 100 周年"专项研究课题(项目编号10WHXH18)阶段成果之一。
　② 　主要论著有易惠莉:《论浙江士绅与浙路废约》,载《近代中国:经济与社会研究》,复旦大学出版社,2006 年;汪林茂:《江浙士绅与辛亥革命》,《近代史研究》1993 年第 1 期;吴新宇:《汤寿潜与保路运动》,《浙江档案》2001 年第 10 期 ;理明:《汤寿潜与浙江保路运动》,《档案与史学》2004 年第 4 期;闵杰:《浙路公司的集资与经营》,《近代史研究》1987 年第 3 期。

绅,官不与闻。如有成效可观,必当加以奖励。将此宣谕中外知之"。①
到新政初期,浙江地方铁路申办活动始趋于活跃,1902—1904 年间先后
有不同背景的浙江绅商欲申办江墅铁路和墅浦铁路,②但或因申办者自
身问题或因拟引进外资等问题均遭到政府否决。③ 1905 年美商数次企图
承办粤汉铁路失败后,又以在湖州教案中调停有功为由,转而千方百计向
浙江索办浙赣铁路。④ 美商和浙江官绅的集议一经见报,外间谣言四起,
留学生亦纷纷电函争论、抗议。⑤ 5 月 25 日,汤寿潜、张元济等士绅倡议
援照四川、江西等省先例,集资自办。⑥ 7 月 24 日,浙江绅商成立了以自
办为宗旨的浙江铁路公司,并推举汤寿潜、刘锦藻为总、副理。浙路商办
获得了邮传部和清廷的批准。但浙路公司成立不到一个月,驻京英使即
向清廷抗议,要求订立苏杭甬路正约。此乃因英与俄在争夺铁路中失利
后,曾要挟清廷以承办苏杭甬路等五路作为对英"真心和好"之据,因此浙
路完全商办和 1898 年清政府与英国订立的苏杭甬路草约相冲突。草约
订立后七年间,英国虽因资金、动乱等问题并未勘路和修订正约,但却不
甘愿失去到手的利权。

面对英方修订正约的要求,浙江绅商奏请将苏杭甬草合同作废,理由
是草合同已过七年未定正约,"查欧西国法律,凡契约成后,此一造并未实
行,彼一造即可声明作废。是此项草合同即非浙省自办,亦应援例作
废"。⑦ 9 月 23 日,清廷上谕支持了这一做法,并责成当初订立草约的盛
宣怀"务期收回自办,毋得借词延宕"。⑧ 而事实上,苏杭甬草合同并非一
纸草约这么简单,驻英大使汪大燮在了解事情之后认为苏杭甬路草约为

---

① 宓汝成主编:《中国近代铁路史资料》,中华书局,1963 年,第 205 页。
② 江墅铁路是杭州城江干区到日租界拱宸桥之间 16 公里的铁路;墅浦铁路为上海浦东一
乍浦—杭州一线。
③ 参见易惠莉:《论浙江士绅与浙路废约》,载《近代中国:经济与社会研究》,复旦大学出版
社,2006 年。
④ 自杭州筑至衢州之常山,以江西边界为止。
⑤ 浙江辛亥革命史研究会:《辛亥革命浙江史料选辑》,浙江人民出版社,1981 年,第 268 页。
⑥ 浙江辛亥革命史研究会:《辛亥革命浙江史料选辑》,浙江人民出版社,1981 年,第 269 页。
⑦ 宓汝成主编:《中国近代铁路史资料》,中华书局,1963 年,第 1003 页。
⑧ 宓汝成主编:《中国近代铁路史资料》,中华书局,1963 年,第 1004 页。

"国际交涉无可逃遁"，"废极不易"。① 浙江绅商引用西方商律作为废约依据，正是想架空其复杂的国际交涉背景。盛宣怀奉旨废约后，遂致函给英银公司。函称1903年已致电："如六个月之内再不勘路估价"，合同即作废，"此函去后，又逾两年有半，则草合同本应作废矣"。② 盛在奏言中，有"已限怡和六个月不开工即作废之说"，但是"奏中未言怡和复书如何"，实际是有意隐瞒了1903年他与英方交涉时重要的情节，即怡和洋行及时回函，以苏杭甬路的修筑"耽误之咎由于拳匪"，英方"不认责"，拒绝了盛宣怀六个月为限作"罢论"的主张。③ 与此同时，浙江绅民"人人皆以为怡和已默许限六月不开工即停止之说，而盛绝无一言，亦无他人将实情言之者……盛至汉口，犹力言怡和已允，直至京，始吐其实"。④ 由于官员的上欺下瞒，导致官绅民之间对于废约的不同认知，误导浙江绅民相信废约已成定局。

1907年，浙江绅商已经开始着手勘路。鉴于浙江认股办路的积极性，清廷方面也不敢轻率与英续约，多以"南方饥民甚多，人心浮动，设若因此鼓动，别生事端，与中外均有不便"等为由拖延，希望得到英国的谅解。而英国态度不断强硬，威胁恫吓清廷"半年以来，每以浙省绅民无理取闹之举动，颇有险碍之处……若任听各省绅民皆照浙绅半年以来之莠言而行，中外无法相安……倘有意外之事，本国政府难免视浙抚及该管各员有莫大之责任也"。⑤ 经过浙籍驻英使节汪大燮等先后不断磋商，双方于1907年8月终于达成"拟分办路、借款为两事"，即"路由中国自造，除华商原有股本，尽数备用，不使稍有亏损外，约仍需款英金150万镑，即向银公司筹借"，并且不将铁路作为抵押，"使公司不能借口干预路务"。⑥

总之，清政府一方面想顺应舆情，另一方面却无法废除与英所订草合同；既想利用民间力量而又畏于英方强硬蛮横的态度，夹在中间左右为

---

① 上海图书馆编：《汪康年师友书札》，上海古籍出版社，1987年，第832、932页。
② 宓汝成主编：《中国近代铁路史资料》，中华书局，1963年，第839页。
③ 汪康年：《汪穰卿笔记》，中华书局，2007年，第10页。
④ 汪康年：《穰卿随笔》，中共中央党校出版社，1998年，第60页。
⑤ 宓汝成主编：《中国近代铁路史资料》，中华书局，1963年，第842—843页。
⑥ 宓汝成主编：《中国近代铁路史资料》，中华书局，1963年，第856页。

难,并尽量采取敷衍、两面相欺的手段和政策。清廷上谕"奏准商办"以及责成盛宣怀废约,则是浙江绅民废约斗争所恃之依据,所以最初斗争矛头为英帝国主义而非清政府。虽然波及与英订立草约的盛宣怀,但清廷仍被浙江绅商视为可依靠的后盾力量。但是,由于清政府对废约、商办的支持以及盛宣怀对内情的隐瞒,误导人们对于废约、自办抱有过高期望和热情,以为"废约已成定局"。希望的肥皂泡一旦破灭,由此引发的失望和愤怒情绪自然也会指向曾为同一阵营、转而背叛自己的清廷,所以无法自始至终坚持废约的清政府无形中已给自己树下了反对力量。

就斗争的民众基础而言,这一阶段民众尚未被发动。发起铁路商办是绅商阶层,其初衷既有商业利益的追求,也有保护路权和主权的爱国热情。最初宣传和集资招股的对象均为绅商阶层,宣传多以"铁路为商务命脉所系,且关于农矿工业之发达"为词,民众甚少参与,所以该阶段还处于绅商阶层的反帝爱国、维护商业利益的运动范畴。

二　集股拒款风潮

撇开草约,将筑路与借款分作两事的处理手段,在清廷看来"权自我操,较原议已多补救",[①]所以甚为满意。但实际上"使英公司不能借口干预路务"只是一句空话,在此后借款合同中,不仅规定了高折扣(九三折扣)、高利息(5%),还规定了由英国银公司承购外洋材料、选用英国工程师、将来以铁路收益还债等内容。[②] 订立借款条约之时,江浙铁路公司已在兴工筑路,如接受英国借款,势必遭到极大损失,两省铁路公司大股东立宪派人士自然出面反对。设在日本东京的革命组织光复会总部,极力支持保路运动。且光复会屡有电文指示,拟借保路运动,进一步谋划浙江光复大业。[③] 不过,由于革命派将重点放在组织各地起义方面,对于保路

　　① 宓汝成主编:《中国近代铁路史资料》,中华书局,1963年,第856页。
　　② 宓汝成主编:《中国近代铁路史资料》,中华书局,1963年,第863页。
　　③ 沈飮民:《浙江拒款保路运动》,载浙江政协文史资料研究委员会编:《浙江辛亥革命回忆录》,浙江人民出版社,1981年,第261—262页。

运动仅派少数人士参加,力量虽不强大,却起了很大的鼓动作用。光复会暗中组织"决死队",欲与路共存亡,并试图谋刺出卖路权的执行者盛宣怀,事虽未成,却有助于革命思想的传播。[①] 学生们发出"路失即江、浙陷,全部危","立约之日,亦即江、浙人绝命之日"的呼声。舆论抨击政府,"宁令国人死,毋触外人怒;宁使一路哭,毋令八口饿"。[②] 在借款消息传出后短短几个月里,各界民众强烈反对借款,有 70 多个团体、个人致电朝廷,反对向英国屈服。[③]

1907 年 9 月 23 日,浙江绅民在省城仁钱教育会开特别抵制会,"到者数百人,当时股东、非股东,均气概激昂,凡有一法可以争回浙省一分利权者,莫不击掌如雷,大呼赞成",并将会议定名为常设机构性质的"国民拒款会"。[④] 拒款会召开的同时,又先后发生了浙路业务学校学生邬纲和浙路副工程师汤绪为抗议借款绝食而死的悲剧,将拒款运动推向高潮。[⑤] 10 月 22 日,杭州保路会中,官、绅、商、学界以及军界、僧教育会、劳动界(如挑夫代表)、宗教界、旅沪学会等均有派代表参加。此次保路会中提议五元一股,一角二角均可交纳,并希望利用媒体舆论鼓动江、浙人民积极集股。[⑥] 1907 年下半年,浙路公司招收第二期股本时,决定趁"国民拒款会"风起云涌之势,将原来征收标准一整股 100 元,零股 50 元,调整为每零股 5 元。零股标准的下调使广大城市平民有了成为小股东的可能,改变了初期招股对象主要面对巨商大贾的局面。扩大了招股范围,也就增强了保路运动的民众基础。特别是邬、汤殉路之后,收入微薄的下层民众

---

① 浙江政协文史资料研究委员会编:《浙江辛亥革命回忆录》,浙江人民出版社,1981 年,第 262 页。

② 《申报》,1907 年 10 月 8 日。

③ 汪林茂:《浙江辛亥革命史》,浙江大学出版社,2001 年,第 71 页。

④ 浙江辛亥革命史研究会:《辛亥革命浙江史料选辑》,浙江人民出版社,1981 年,第 228—230 页。

⑤ 浙江辛亥革命史研究会:《辛亥革命浙江史料选辑》,浙江人民出版社,1981 年,第 237 页。关于邬、汤死因,《汪穰卿笔记》第 15 页又有二人因病而死,被置诸殉路,汤寿潜利用此以激动风潮之说。不论真相如何,但是确实起到了这样的效果。

⑥ 浙江政协文史资料研究委员会编:《浙江辛亥革命回忆录》,浙江人民出版社,1981 年,第 260—261、263 页。

激于义愤,纷纷认购浙路股票。"杭州有挑夫二三千人求附股","邬汤之殉,妇孺增戚,绍之饼师,杭之挑夫,沪之名伶,义愤所激,附股若竞"。①《北华捷报》报道在上海召开的拒款会中,浙江士绅共认捐了 2200 万两,单宁波一市就认了 700 万两,还有许多学生将其零用钱倾囊交出,购买 5元一张的股票,并赢得热烈掌声。② 一时间,"杭垣舆论……街谈巷议,人人皆以不附路股为耻"。③

集股拒款运动高潮掀起的同时,不少地方出现了罢工和暴动。以留日学生为代表的激进派更是提出"不完粮、不纳税、死守独立"的主张。④面对绅民的激烈反抗,江、浙地方官员急电外务部,称"苏浙路事起后,两省人心嚣然不靖。苏、松、嘉、湖,枭匪方炽。设若附和,深为可虑。上海、宁波帮人最多,工商劳役皆有,向称强悍。屡有路事决裂,全体罢工之谣,犹属堪忧……上海则官绅公司商会竭力镇抚,劝令不可暴动。犹幸路事转机尚未绝望,始得暂安"。所以恳请外务部"从缓签押,徐筹办理之法"。⑤ 同一时期,江、浙两省普遍发生了群众抢米风潮和农民、盐民暴动。苏杭甬铁路沿线农民暴动特别多,"人心惶惶,较前更甚"。⑥

综上所述,清政府自认为可统筹兼顾英方和江浙铁路公司利益的"筑路、借款两事"政策,却引起了江、浙绅民的强烈反对。革命派利用浙路风潮,宣传"路危、浙危",发动民众。股东、非股东都开始参与到国民拒款会运动中。与此同时,浙路公司招股标准适时调低,使广大的城市平民开始成为小股东,国家利益和自身利益开始紧密结合在一起。保路运动由此超出资产阶级绅商的范围,发展为广泛的群众性运动。斗争开始由废约自办进而同拒款、反侵略、反卖国交织在一起。光复会利用 1907 年成立于上海的浙江旅沪学会对浙路风潮加以推动,并派留学生直接回国投身

---

① 浙江辛亥革命史研究会:《辛亥革命浙江史料选辑》,浙江人民出版社,1981 年,第 232 页。
② 宓汝成主编:《中国近代铁路史资料》,中华书局,1963 年,第 874—875 页。
③ 《时报》,1907 年 11 月 26 日。
④ 《申报》,1907 年 11 月 8 日。
⑤ 浙江巡抚冯汝骙、两江总督端方、护理江苏巡抚陈启泰致外务部电,《中国近代铁路史资料》,第 877 页。
⑥ 《大公报》,1908 年 3 月 18 日。

运动，以贯彻"不完粮、不纳税，谋浙江独立"的总部计划，但这一策略并不符合立宪派人士所限定的温和、文明层面的斗争。在保路运动中具有主导地位以及浙路公司中有声望的主持者几乎都是立宪派，如浙路公司总、副理汤寿潜、张元济皆为立宪派，也是浙江省咨议局重要代表。他们虽与清政府抗争，但并不赞成民众的过激行动。即使拒款最坚决的汤寿潜在得知不纳捐消息后，即刻致电杭州商会总理："报登杭地从本月起，不缴房捐，备购路股。阅及大骇……除已登报章奉劝商界外，伏求年伯传单劝解，仍旧照缴，以尽义务而维大局。"① 张元济曾驳斥"罢工系消极主义，不宜宣布"。② 绅商们也自觉地协助地方官员防止暴动。总体而言，民众参与运动方始，虽群情愤然，但由于绅商们的劝导、缓冲作用以及"认购路股"这一渠道的发泄而淡化，③ 保路运动仍维持在绅商可控制的温和、文明斗争范围内。

三 "黜汤"与"留汤"的斗争

1907 年底，江、浙两公司代表赴京，"阅看档卷，先以不认借款为言。嗣经再四开导，南中士夫亦知商部从前委曲将事之意，与朝廷今日不得已之苦衷，不复再言拒款"。④ 浙路废约阵营的分裂，令清政府迫使浙路公司接受"部借部还"⑤方案成为可能。1908 年 3 月，清廷和英方签订沪杭甬借款合同的同时，又背着英国和江、浙两公司订立了存款章程，其中规定不按期如数拨款，章程自动作废。但 1909 年 3 月份到期以后，邮传部并未按期如数拨款。邮传部和清廷对于浙江绅民废除存款章程、完全商

---

① 政协萧山文史资料委员会编：《汤寿潜史料专辑》，萧山文史资料选辑（四），1993 年，第 561 页。

② 浙江辛亥革命史研究会：《辛亥革命浙江史料选辑》，浙江人民出版社，1981 年，第 237 页。

③ 王道：《浙路风潮再思考——光复会失败的原因》，《史学月刊》2001 年第 2 期。

④ 宓汝成主编：《中国近代铁路史资料》，中华书局，1963 年，第 878 页。

⑤ "部借部还"即由邮传部向英国借款，再由邮传部拨付给江浙铁路公司，以此企图避免浙路公司直接向英国借款带来的干预。但是江浙铁路公司必须担任清还本息的责任，并且事实上不论采购还是人事任命都摆脱不了英方的干预。

办的要求未给予任何答复,继而在 1910 年 8 月 17 日,授命盛宣怀为邮传部右侍郎。这一任命引起了以汤寿潜为首的浙江绅民的担忧和不满,因为盛一向以主张借款办路闻名。

8 月 22 日,汤寿潜致电军机处,严饬盛宣怀"既为借款之罪魁,又为拒款之祸首","苏、浙已躬被盛宣怀之累",如果盛任职邮传部,"复使受其教令,忍乎不忍?"进而攻击盛宣怀"损中益外,假公肥私。其在上海甲第,丽于宫殿,享用过于王宫,岂尚有人臣之度者!朝廷不察而登用之,意以备外交一日之用,而外交之失败,皆为此辈所酿成,以鬼治病,安有愈理"。① 8 月 23 日,清廷谕令"措词诸多荒谬,狂悖已极,朝廷用人自有权衡,岂容率意妄陈,无非为借此脱卸路事,自博美名,故作危词以耸听,其用心危谲尤不可问。汤寿潜著即行革职,不准干预路事,以为沽名钓誉、巧手趋避者戒"。② 清廷企图革汤以"杀鸡儆猴",震慑全国各地风起云涌的拒款运动。但是谕旨一下,"四海人声鼎沸,舆论哗然","浙人知汤总理获遣辞职,群情惶骇,三日之中发电至一百七十余起之多"。③

汤寿潜被革职后,"汤去路危"的舆论宣传铺天盖地,深入人心。"劳动食力之辈传闻异词,误会殊甚。类皆以血本无着,愤懑不平。"④就连盲人都在高唱"总理去,浙路亡,可恨卖路贼,不该良心伤"。⑤ 浙省各地相继召开浙路维持会,下层民众参加人数明显剧增。在各地抗议运动中,尤以宁属、绍属地区最为激烈,因为"宁绍开工,诸事吃紧,全路劳动界几以万计,农工两界投资附股者尤多"。⑥ 在 9 月 6 日宁波浙路维持会上,到者多达 5 万余人,可谓规模空前,而其中农工占到了七八成之多。"台上演说未终,而场内人声鼎沸",一致要求清廷收回成命,并且"万众一声,齐赴道署"要求代奏,"自堂下而辕门而街巷,肩背相摩,人为之塞","官绅商

① 《申报》,1910 年 8 月 26 日。
② 支男珏一郎:《浙路风潮汤寿潜》,载政协萧山文史资料委员会编:《汤寿潜史料专辑》,第142 页。
③ 《申报》,1910 年 8 月 28 日。
④ 《申报》,1910 年 9 月 2 日。
⑤ 《四明日报》,1910 年 9 月 1 日。
⑥ 《四明日报》,1910 年 8 月 23 日。

学劝谕交加,莫能阻止"。① 浙抚致电军机处,反映汤被革职后,"各股东将借词推诿,独一般忠爱市民小股东纷纷扰扰,今日开会,明日有请求……民情若狂"。② 绍属各境,因为"彼处股东劳动界居多数,近复遭水灾,昔日投资数元之股东,今且流离无所归处,一闻是耗,均欲向公司索还股本"。③

各报也不断刊登反对革汤之舆论,"惩一汤而寒天下之胆","方今浙省水灾迭见,绿营甫撤,民穷财尽,乱象已伏。万一民心一变,乘机起事,后患将不堪收拾。其尤彰明昭著者,浙路押款申市信用,汤去路危,不值一钱。值此金融恐慌,再受路变影响,深恐商务大局亦将为卖国贼所破坏……仍令汤公始终路事,以保东南大局。否则摧残浙路即是摧残民气;摧残民气即是摧残国本,锦绣神州恐断送于卖国贼之手也"。④ 有舆论主张通电全浙城镇地方公共团体开紧急会议,速筹留汤办法;通告全省各城镇商会,倡议暂不纳税,即日实行;通电全省各学校暑假一律暂缓开学,共同抵制;通电全国各报界,鼓吹舆论一直进行等。⑤

以立宪派为代表的绅商们从法律、民权的角度不断向清廷抗议,纷纷谋求收回"不准干预路事"之六字成命,因为"是言不但政府干涉民权,且破坏先朝所定完全商办章程之规例"。⑥ 他们认为清廷破坏了铁路商办政策,是与民争利。"朝廷之设邮部也,以利商也;设民部也,以利民也。今试问利商何在? 则夺路耳,夺电耳,利民何在?"⑦而与民争利必致民心大失,所谓"夺一商业犹小,失亿万之人心实大"。⑧ 一直积极主张改革的立宪派汤寿潜,也明确流露出对朝廷不能自上而下改革的失望,并感叹朝

① 《四明日报》,1910 年 9 月 9 日。
② 《四明日报》,1910 年 9 月 22 日。
③ 《四明日报》,1910 年 8 月 31 日。
④ 《四明日报》,1910 年 8 月 30 日、1910 年 9 月 1 日。
⑤ 《四明日报》,1910 年 8 月 30 日。
⑥ 支男珏一郎:《浙路风潮汤寿潜》,载政协萧山文史资料委员会编:《汤寿潜史料专辑》,第142 页。
⑦ 《浙江日报》,1908 年 6 月 9 日。
⑧ 《四明日报》,1910 年 7 月 26 日。

廷不理解自己电劾盛之苦心——"人心从此去矣"。① 浙路全体股东要求"仍准汤寿潜总理路事",因为"浙人遵钦定大清法律,选汤寿潜为总理",从商律、公司律来说公司总理的选举和开除,都应该有全体股东公决,"朝廷绝无限制之明文"。并且汤"受任以来,刻苦经营,不辞劳怨,不支薪水,至于今日,造成杭苏铁路三百数十余里,集股已达千万。上年奉邮传部考复成绩,许为全国商路之冠"。而汤责盛之言,并非个人之意,而是代表了浙路股东的意思,"在路言路"。因为"浙路已集款而强迫借款","浙路不渴饮鸩","不得不归咎于缔结草议之盛某"。② 因舆论皆以商律为依托,斥责政府去汤乃是去商律,违背宪法大纲。9月24日,邮传部上奏铁路公司不得与普通公司相比,应遵历次奏案办理。浙路代表斥责邮传部事后以命令变更法律,违背宪法,以致害及全国。③ 浙省咨议局亦连续为路事请浙抚代奏收回成命,指责朝廷表面上是革职汤寿潜个人,而实际上剥夺董事局所享受法律规定之权利;一方面让民众遵守法律,一方面又使其曲从变更法律之命令,这样致使宪法大纲规定等同空文,以后颁行法律也将无奉行效果。请朝廷为立宪计而不应如此。④

　　鉴于民情纷纷扰扰之情势,浙抚奏电军机处,可否责令汤寿潜"在路自劾"。9月16日,邮传部以"在路自劾,殊属不合"否决了这一提议,并饬浙抚"该省人民如有聚众纷扰情事,应由该抚妥为开导,并即禁止。倘或滋生事端,定惟该抚是问"。⑤ 邮传部原电到沪之后,"众情益愤","杭垣自邮传部元电发后,人心异常愤激,茶寮酒肆以及衢巷之间所谈者,无非路事。有三两成群切切私语者,有对众扬言大声疾呼者,甚且谓现在情形,实系政府强迫我人民暴动,我人民亦不能再守秩序"。浙抚得知该消息后,"忧形于色,已传巡警道杨味春观察,每天传谕各局区,严密防范,以

---

　① 政协萧山文史资料委员会编:《汤寿潜史料专辑》,第693页。

　② 《四明日报》,1910年9月17日;宓汝成主编:《中国近代铁路史资料》,中华书局,1963年,第885—886页。

　③ 《申报》,1910年11月28日。

　④ 《申报》,1910年10月5日。

　⑤ 《四明日报》,1910年9月21日。

消患于未萌"。①

以清廷罢黜汤寿潜,并不准其干预路事为导火索,爆发了保路运动以来规模空前广泛的留汤、反清运动。从拒款运动开始,由于学界、舆论界的鼓动以及劝股员、演说员深入下层民众的宣传和演讲,人们出于保路、保浙的爱国热情,积极认股。招股时期恰是"农工凋敝,商市不振,薪米腾贵,盗窃滋炽。加以城镇乡自治急应成立,地方行政费自必增加,负之担之胥属吾民"②之经济惨淡状况,而"大小各股东有称贷而附股者,有变产以人附者,亦有食力担夫节其汗血之工资而分期缴股者"。③汤被革职后,浙路将被收归官办,股东们将血本无归的谣言不断蔓延,民众甚为恐慌不安。该时期下层民众在各种留汤、抗议清廷的集会中出席人数明显倍增,激烈行动已经超出了立宪派绅商所能掌控的范围。绅商学界联合全国报馆舆论界从维护商律、公司律的角度反对清廷罢黜民选总理,剥夺民权。立宪派对于政府擅自更改法律,违背宪法的行为非常失望和愤怒,"好民所恶,恶民所好。试问有如此立宪政体否?我国民当求自立"。④革命激进派更是鼓动民众不纳粮、不认捐、浙人独立,公开和清廷对抗。

四 结 语

乔治·佩蒂认为,"革命不是以强大的新生力量向国家发动进攻为起点,而是以几乎所有消极的和积极的国民对政府的继续存在突然否决为开端"。⑤从这个意义上来说,辛亥革命不能简单理解为以新军起义为起点,而是从清政府彻底丧失人心的那一刻就已经开始了。在浙江辛亥革命中,除杭州外,各州县基本上未发生过真正意义上的战斗。究其原因,除了在保路运动中革命派与民众已公开对抗清廷之外,立宪派士绅也对

---

① 《四明日报》,1910 年 9 月 21 日。

② 《四明日报》,1910 年 9 月 19 日。

③ 《申报》,1909 年 6 月 28 日。

④ 《四明日报》,1910 年 9 月 14 日。

⑤ 转引自萨缪尔·亨廷顿:《变化社会中的政治秩序》,王冠华、刘为等译,生活·读书·新知三联书店,1996 年,第 244 页。

清廷的立宪政体开始产生怀疑和不满,加大了与清廷的离心力。革命爆发后,立宪派士绅转而支持革命,成为浙江和平光复的重要力量。浙江绅民以铁路商办,反对帝国主义、维护主权为初衷,却因政府的措施失当而最终走向了清廷的对立面。保路运动由最初的部分绅商维护自身利益而发起,而以广大民众的参加而蓬勃发展。长达六年的浙江路权之争,成为决定人心向背的重要转折点。革命爆发后,浙江绅民各阶层迅速走向清廷的对立面或脱离清廷阵营。浙江辛亥革命能够迅速蔓延并成功,除了革命派、知识分子等的策动之外,中下层民众的广泛支持至为关键,而浙省各地能够和平光复则有赖于立宪派人士等旧势力从中斡旋。各个阶层与现存秩序的离异以及相同奋斗目标的形成,正是在历经浙路风潮等民族主义运动之后所逐渐达成的。浙江保路运动最后虽取得了胜利,但距辛亥革命的爆发也仅有一个多月的时间;浙江保路运动虽然不是辛亥革命的直接导火索,但正如郭沫若所说,"四川保路运动是沪杭甬争路事件的复写与扩大"。[①] 所以,浙江保路运动是全国保路运动的先声,在全国的辛亥革命运动中也具有重要意义。

(原文载于《浙江社会科学》2011 年第 11 期。)

---

① 郭沫若:《少年时代》,人民文学出版社,1979 年,第 250 页。

陈群元

陈群元,1973 年出生,台北人,台湾辅仁大学日本语文学系学士、中国文化大学史学研究所硕士、日本国立筑波大学国际政治经济学硕士、日本国立筑波大学国际政治经济学博士。现为浙江大学历史学系讲师。曾任日本国立筑波大学人文社会科学研究科国际日本研究专攻研究员(非常勤职)。主要研究方向为近代日本政经外交史、中日关系史以及中国外交史,当前的研究兴趣集中于 20 世纪二三十年代的中日政治、经济外交关系。在《近代史研究》、《近代中国》(台湾)、《中国历史学会史学集刊》(台湾)、《史学汇刊》(台湾)、《政治经济史学》(日本)、《国际政治经济学研究》(日本)等刊物以及《近代中国、东亚与世界》、《蒋介石与世界国际学术研讨会论文集》等论文集上发表论文 10 余篇;另有翻译论文一篇收录于《日中战争の军事的展开》。

中国驻清津领事馆的设置问题

一　前　言

　　朝鲜咸镜北道的首府清津,是朝鲜半岛北部重要的港湾工业都市。在日本统治时期与雄基(现在的先锋)、罗津并称为"北鲜三港"的清津,本来只是一个小渔村,由于拥有优秀的地理条件,在日俄战争时成为日军的登陆地,后来在日本政府的要求下,于 1908 年开港通商。之后,由于清津发展迅速,因此人口大幅增加。至 1928 年,清津府的总人口已达到23407 人,其中包含了 867 名华侨。① 伴随着此一变化,中国驻元山领事馆的业务量也逐渐增大,替该馆业务的执行带来了明显的影响。于是中国外交部在 1928 年开始考虑设置驻清津领事馆,并且在次年向日本政府传达了此一意向。②

　　然而,关于中国驻清津领事馆的设置交涉,却因为一些意外的发生而未能顺遂,终使得该馆的设置问题成为悬案。在这过程当中,国民政府外交部在 1930 年 6 月,片面地让驻清津领事馆开馆,并且让该馆实质性地执行业务。此一情况,一直持续到 1936 年 7 月的清津事件发生为止。③

　　像这样般地,一个未能获得驻在国政府承认的领事馆,竟然能够存在六年之久,并且实质性地执行业务,实可说是相当的特殊。因此,研究此

---

　　①　朝鲜总督府:《昭和三年朝鲜总督府统计年报》,朝鲜总督府,1930 年,第 31 页。

　　②　朝鲜总督府外事课:《清津ニ中国领事馆设置ニ关スル经纬》,1936 年 7 月 21 日,朝鲜总督府记录物:《自称清津中国领事馆检索关系》,韩国国家记录院本院藏,国家记录院管理号CJA0002343,文件号 83,M/F 号 881701。

　　③　外务省:《外务省执务报告:东亚局第一卷,昭和十一年(一)》,クレス出版,1993 年,第631 页。

一个案,对于战前的中日外交史来说,当有着重要的意义。目前关于该馆的设置问题,各方皆未有研究,故本文除了摸索此一问题的经过外,也将探究该馆的设置,为何会无法顺利进行。并且,对于其存在的六年之间,日方不过问其开馆与执行业务的理由,也将一并地加以探讨。

在使用的史料方面,由于中方相关史料不多,因此本文以日本外务省档案、朝鲜总督府档案,配合国民政府外交部档案,来对此一领事馆的设置问题,作出多重角度的解析。

二 中国驻清津领事馆设置问题的起源

1928 年 10 月 1 日,朝鲜总督府为被称是"北朝鲜交通大动脉"的咸镜线铁路的开通,举办了庆祝典礼。[①] 在典礼当中,时任中国驻京城(现在的首尔)总领事的王守善,与驻元山副领事马永发,就驻元山领事馆的业务执行部分,进行了意见交换。由于驻元山领事馆的管辖区域,包含了咸镜南、北道、江原道等广大地域,业务执行上的不便,让驻元山领事馆颇为困扰。鉴于清津方面的华侨增加情况,王守善向外交部报告了在清津设馆的必要性。[②]

由于国民政府北伐等情况,外交部在一时之间未能积极处理清津设馆的要求。但在北伐结束后七个月,驻日公使汪荣宝在 1929 年 8 月 8 日,向日本外务省正式提出了清津设馆的要求。汪荣宝表示,连同三日前曾先向日方告知的驻台北、驻台南领事馆设置的部分,中方还希望设置驻清津领事馆,盼日方能予以同意。[③] 事实上,当时外交部的构想,不仅只是在于清津设馆,而是着眼于驻朝鲜各馆的调整。其计划在设置驻清津

---

① 《大難工の咸鏡線けふ愈よ全通式》,《大阪朝日新闻》,1928 年 10 月 1 日。

② 朝鲜总督府外事课:《清津ニ中国领事馆设置ニ関スル経緯》,1936 年 7 月 21 日,朝鲜总督府记录物:《自称清津中国领事馆检索关系》,韩国国家记录院本院藏,国家记录院管理号 CJA0002343,文件号 83,M/F 号 881701。

③ 朝鲜总督府外事课:《清津ニ中国领事馆设置ニ関スル経緯》,1936 年 7 月 21 日,朝鲜总督府记录物:《自称清津中国领事馆检索关系》,韩国国家记录院本院藏,国家记录院管理号 CJA0002343,文件号 83,M/F 号 881701。

领事馆的同时,撤废驻仁川领事馆,并将驻仁川领事馆的业务,转移至驻京城总领事馆。①

由于外务省与朝鲜总督府之间,并不存在着从属关系,所以外务省在9月2日透过拓务省,将中国有意在清津设馆一事的外务省方面意见,转达给朝鲜总督府。外务省表示,虽然清津因为尚无外国领事馆的设置,在条约上可不必接受中方的要求,但在顾虑到设馆问题与中日通商条约相关条目的关系,以及为了避免给即将召开的中日通商条约改订会议带来影响,外务省对中方的要求有给予许可之意,希望能获知朝鲜总督府方面的意见。② 对此,相对于并无特别意见的朝鲜总督府,朝鲜军方面则以军事上的见解为由,希望能够不予同意。若不得已,则希望能以在接近中朝边界的帽儿山(现在的临江),设置日本驻安东领事馆的领事分馆,来作为和中方谈判时的交换条件。③

朝鲜军所相中的帽儿山,当时正处于奉系张学良的势力范围内。在帽儿山开设领事分馆,自1923年起,即是日本方面——特别是朝鲜总督府方面的期望。朝鲜总督府的目的,是为了要镇压当地的朝鲜独立运动。因当地朝鲜独立运动的镇压问题,中日双方早已纠纷不断。随着日方在1927年强行开馆,此一纠纷变得更为激烈。被日方任命的分馆主任,也在随后奉日方命令离开当地,并于1928年3月返国。在拓务省致电朝鲜总督府前二日的8月31日,未能得到中方承认的驻帽儿山领事分馆方才关闭。④ 从上述情况可以得知,驻帽儿山领事分馆的开设目的与驻清津领

① 《汪中国驻日公使致币原外务大臣:民字第171号》,1929年8月8日,朝鲜总督府记录物:《自称清津中国领事馆检索关系》,韩国国家记录院本院藏,国家记录院管理号 CJA0002343,文件号83,M/F号881701。

② 《小村拓务次官致儿玉朝鲜政务总监:管一第409号》,1929年9月2日,朝鲜总督府记录物:《自称清津中国领事馆检索关系》,韩国国家记录院本院藏,国家记录院管理号CJA0002343,文件号83,M/F号881701。

③ 朝鲜总督府外事课:《清津二中国领事馆设置二关スル经纬》,1936年7月21日,朝鲜总督府记录物:《自称清津中国领事馆检索关系》,韩国国家记录院本院藏,国家记录院管理号CJA0002343,文件号83,M/F号881701。

④ 以上部分参见尾形洋一:《一九二七年の临江日本领事馆设置事件—中国东北における反日运动の转机—》,《东洋学报》(东京)第60卷第1,2号,1978年11月;芳井研一:《环日本海地域社会の变容—「满蒙」·「间岛」と「里日本」》,东京青木书店,2000年,第7章。

事馆不同。日方之所以要开馆,有着执行领事业务之外的特殊需求。且早已存在的中日纠纷,也意味着朝鲜军的建议条件,事实上是颇难达成。

朝鲜军之所以不愿意让中方设馆,主因是在于军事地理上的敏感考虑。朝鲜军指出,在完成吉会线①之后,清津因为会成为终点港,其重要性将会大幅地增加,在有事之际,将成为军需品的"补给原点",并且会设立各种的兵站设施。② 此一理由,相当明确地说明了清津在军事上的重要性。当时的日本陆军,早已将苏联视为头号的假想敌,若考虑到对苏战的部分,则朝鲜军的反对并不难以理解。之后,虽然吉会线的建设发生了变化,使得清津最终未能成为终点港,但随着图们江东部线在 1933 年的开通,清津直接连结了"满洲国"的首都新京(现在的长春),使得其重要性又再次增高。③

在了解了朝鲜总督府与朝鲜军方面的意见之后,外务省决定在帽儿山开设领事分馆,并在洮南与郑州开设领事馆,以此作为和中方交涉时的交换条件。1930 年 2 月 21 日,外务省就中方要求在台北、台南与清津开设领事馆一事,以外相币原喜重郎的名义,正式给予了汪荣宝"我方原则上无异议"的回答。但表示希望在中方开设各馆之际,日方能同时在帽儿山、郑州、洮南开馆,要求中方尽快予以回复。④ 外交部在收到汪荣宝的报告后,于 27 日向河南、辽宁省政府征询意见。由于此一消息被中方报纸刊载,因此外务省方面也掌握了此一情况。⑤ 之后约三个月的期间,外交部并未给予外务省任何回复,但在 4 月 24 日,外交部升任马永发为驻

---

① 所谓吉会线,是指计划由中国吉林开通至朝鲜咸镜北道会宁的铁路。之后,由于发生种种变化,该铁路最后并未通到会宁。见芳井研一:《環日本海地域社会の変容—「滿蒙」・「間島」と「裏日本」》,东京青木书店,2000 年,第 8、10 章。

② 《儿玉朝鲜政务总监致小村拓务次官:官秘第 42 号》,1929 年 10 月 29 日,外务省记录:《在本邦各国公馆关系杂件 中华民国ノ部》第 1 卷,日本外务省外交史料馆藏,M.1.5.0.3—8。

③ 芳井研一:《環日本海地域社会の変容—「滿蒙」・「間島」と「裏日本」》,东京青木书店,2000 年,第 255 页。

④ 《币原外务大臣致汪中国驻日公使:通一普通第 18 号》,1930 年 2 月 21 日,朝鲜总督府记录物:《自称清津中国领事馆检索关系》,韩国国家记录院本院藏,国家记录院管理号 CJA0002343,文件号 83,M/F 号 881701。

⑤ 《重光驻中国公使致币原外务大臣:第 160 号》,1930 年 2 月 26 日,外务省记录:《在支帝国公馆关系杂件 设置关系》第 1 卷,日本外务省外交史料馆藏,M.1.3.0.2—1。

清津领事,而马永发也随即进行了开馆的准备工作。①

然而,由于清津的开馆,将伴随着驻元山领事馆降格为副领事馆,因此引起了元山一带侨民对驻元山领事馆降格的反对。马永发虽然予以制止,但反对的气氛在其后依然存在。②

5月9日,朝鲜军向朝鲜总督府提供清津即将开馆,以及与驻仁川领事馆即将撤废的情报。③ 此一消息随即透过拓务省,于14日传达至外务省。④ 19日,外交部以驻日临时代理公使江洪杰的名义,向外务省递送了一份文件。文件的内容,证实了朝鲜军的情报,表示将增设驻清津领事馆与撤废驻仁川领事馆,并且也说明了管辖区域与人事上的异动。最后,还要求外务省将此一消息,转达给朝鲜总督府方面。⑤ 很明显地,这份文件并不是答复,而是一份正式的通告。

外务省在研究其内容后,以币原的名义在22日予以回复。日方虽然明言先前一直未能收到中方的回答,但此次的通知,已让日方了解到中方已经接受日方的条件,当可着手进行帽儿山等地设馆的准备事宜,还请江洪杰将此一了解转达给中国政府。⑥ 虽然外务省并未明言是否应允中方在清津开馆,但关于日方各馆的开设可加以着手一节,仍可解读成交换条件已被视为成立。不过,在未获得中方的再确认之前,外务省方面仍是相

----

① 《马驻清津领事兼元山副领事致外交部:收文字第14850号》,1936年7月20日,国民政府外交部档案:《驻清津领事馆馆员被日方逮捕案》,台湾"中央研究院"近代史研究所档案馆藏,原档编号355/32。

② 朝鲜总督府外事课:《清津二中国领事馆設置二関スル経緯》,1936年7月21日,朝鲜总督府记录物:《自称清津中国领事馆检索关系》,韩国国家记录院本院藏,国家记录院管理号CJA0002343,文件号83,M/F号881701。

③ 朝鲜总督府外事课:《清津二中国领事館設置二関スル経緯》,1936年7月21日,朝鲜总督府记录物:《自称清津中国领事馆检索关系》,韩国国家记录院本院藏,国家记录院管理号CJA0002343,文件号83,M/F号881701。

④ 《吉田外务次官致小村拓务次官:亚一机密第285号》,1930年5月22日,朝鲜总督府记录物:《自称清津中国领事馆检索关系》,韩国国家记录院本院藏,国家记录院管理号CJA0002343,文件号83,M/F号881701。

⑤ 《江中国驻日代理公使致币原外务大臣:午字第128号》,1930年5月19日,外务省记录:《在支帝国公馆关系杂件 设置关系》第1卷,日本外务省外交史料馆藏,M.1.3.0.2-1。

⑥ 《币原外务大臣致江中国驻日代理公使:亚一普通第60号》,1930年5月22日,外务省记录:《在支帝国公馆关系杂件 设置关系》第1卷,日本外务省外交史料馆藏,M.1.3.0.2-1。

当地谨慎。外务省当日请拓务省转达朝鲜总督府,表明希望朝鲜官厅方面,暂时不要和中国派驻的驻清津领事接触。[1]

26日,江洪杰通知外务省,由于获得了日方的同意,外交部将选任驻台北总领事的人选。[2] 江洪杰在和接待他的亚细亚局长有田八郎见面时,表示对币原覆信中,关于中方先前一直没有答复一节有所困扰,希望日方能加以删除。但有田则以事实如此,且此节有无并不影响复信主旨为由,拒绝江的要求。这件事情,让外务省方面的戒心大为提高。币原外相立即去电驻南京领事上村伸一,令其前往外交部,直接将22日回复中方的函件内容以及外务省的意向确实传达。[3]

接到命令的上村,随即于30日面见亚洲司长胡世泽以及国际司长稽镜。其中,稽镜表示22日的币原回函,其内容已经由驻日使馆得知,但目前仍必须和张学良方面积极交涉,指出张学良方面对于在帽儿山与洮南开馆一事,抱持着反对的意见,明言其解决将"不免会有相当之曲折"。对于郑州开馆的部分,则表示现状上难以达成。[4]

由于张学良在1928年12月29日的易帜,使得当时的中国成功地被国民政府统一。但这只是表面上的情况,帽儿山、洮南与郑州,在当时都并非是南京国民政府的直辖区域。事实上,蒋介石与李宗仁、阎锡山、冯玉祥等地方实力派的不合,在北伐结束后发展成一连串的军事冲突,并且在1930年5月中旬,正式爆发中原大战。在中原大战的初期,河南成为主要的战场,张学良则采取中立的态度。[5] 稽镜的说明,即是根据这样的

① 《吉田外务次官致小村拓务次官:亚一机密第285号》,1930年5月22日,朝鲜总督府记录物:《自称清津中国领事馆检索关系》,韩国国家记录院本院藏,国家记录院管理号CJA0002343,文件号83,M/F号881701。

② 《江中国驻日代理公使致币原外务大臣:午字第192号》,1930年5月26日,外务省记录:《在支帝国公馆关系杂件 设置关系》第1卷,日本外务省外交史料馆藏,M.1.3.0.2-1。

③ 《币原外务大臣致上村驻南京领事:第77号》,1930年5月29日,外务省记录:《在支帝国公馆关系杂件 设置关系》第1卷,日本外务省外交史料馆藏,M.1.3.0.2-1。

④ 《上村驻南京领事致币原外务大臣:第448号》,1930年6月1日,外务省记录:《在支帝国公馆关系杂件 设置关系》第1卷,日本外务省外交史料馆藏,M.1.3.0.2-1。

⑤ 关于中原大战较新的代表著作,参见陈进金:《地方实力派与中原大战》,台湾"国史馆",2002年。

背景而来。

然而,即便有着这样的背景,外交部在处理上的问题点仍是不能加以忽视。如同前述,外交部在取得 2 月 21 日的外务省回复之后,曾寻求张学良方面的意见,当时张学良方面的回答,正如同稽镜的说明。① 虽然外交部已经了解了这样的情况,却仍突然通告外务省,表示要开设各领事馆,可见外交部并未尊重外务省的交换条件。事实上,就在上村与两位司长会面的次日晚上,马永发抵达清津,并随即开始着手开馆的工作。② 其本人以 6 月 2 日,作为其所认知的到任之日。③

三 关于领事馆设置问题的中日交涉

对于这样的发展,外务省方面的不满终于爆发。6 月 4 日,币原外相向上村领事发出训令,表示由于中方的做法并未顾及日方的立场,因此日方只能视中方已经同意日方开馆的要求,命令上村要求外交部,向张学良方面发出日方开设驻帽儿山领事分馆、驻洮南领事馆所需要的相关命令。④

接到币原命令的上村,随即于 5 日面见外交部长王正廷。上村向王正廷表示,日方将中方任命领事的举动,视为中方已同意日方的要求,因此日方已经开始进行相关领事官员的任命手续事宜。对此王正廷表示,"中方在开始时有些误解……若依 2 月 21 日日方公文的中文译本来看,则日方同意中方要求的事情明确,而日方的要求,则理解为在日方提出帽

---

① 《上村驻南京领事致币原外务大臣:第 448 号》,1930 年 6 月 1 日,外务省记录:《在支帝国公馆关系杂件 设置关系》第 1 卷,日本外务省外交史料馆藏,M.1.3.0.2—1。

② 朝鲜总督府外事课:《清津二中国领事馆设置二关スル经纬》,1936 年 7 月 21 日,朝鲜总督府记录物:《自称清津中国领事馆检索关系》,韩国国家记录院本院藏,国家记录院管理号 CJA0002343,文件号 83,M/F 号 881701。

③ 《马驻清津领事兼元山副领事致外交部:收文字第 14850 号》,1936 年 7 月 20 日,国民政府外交部档案:《驻清津领馆馆员被日方逮捕案》,台湾"中央研究院"近代史研究所档案馆藏,原档编号 355/32。

④ 《币原外务大臣致上村驻南京领事:第 78 号》,1930 年 6 月 4 日,外务省记录:《在支帝国公馆关系杂件 设置关系》第 1 卷,日本外务省外交史料馆藏,M1.3.0.2—1。

儿山等地开设领事馆的要求时,希望中方能够给予同意。因此外交部询问沈阳方面的意向,并在另一方面进行清津等地的领事馆开设手续"。对于王正廷的说法,上村指出他当时曾亲向稽镜等人说明,表示中文译本所造成的问题的责任,应该由外交部自行负责。①

对于上村的抗议,王正廷表明必将尽力实现日方的要求,并且说明了各个地方的情况。他指出张学良方面忧心洮南设馆会造成当地官员与日本警察发生冲突,但若努力进行说服的话,情况"应能解决"。而郑州设馆的部分,则乐观地表示"只要时局平定,就能毫无问题地解决"。但在帽儿山设馆的部分,王正廷明言,"由于过去的记忆犹新,因此要让沈阳方面接受,应颇为困难"。对于王正廷的说明,上村再次强调中方的责任,他认为中央本该致力说服张学良方面,而张学良方面也该服从中央的命令,且帽儿山设馆问题若能依照中央的命令来处理,则在张学良方面的面子上,以及在与日方的关系上,皆是最佳的处理。但王正廷对于帽儿山设馆一事,始终未改其悲观看法,表示认为难以说服张学良方面。②

上村的主张对当时的国民政府来说,可说是难以达成的要求。虽然张学良在张作霖遭到暗杀后的对日态度,以及中原大战的爆发是重要的背景原因,但王正廷提及的帽儿山设馆纷争的记忆,确也是不能忽视的直接因素。但如同前述,尽管外交部早已了解到张学良方面的意向,却仍实行了清津设馆的计划。因此,不论王正廷所说的误译问题之真伪,外交部的处理,确实是带有明显的强行突破之感。况且正如同上村反驳所言,在他交付币原公函给外交部之时,曾亲自向外交部方面说明过公函的内容。

无论如何,这次的会谈让中日双方了解彼此的立场与看法。外务省从王正廷的说明中,了解到南京方面并无反对开馆的意思,因此仍持续地进行交涉。

13日,上村向外务省报告他与外交部常务次长王家桢的会面内容。奉

---

① 《上村驻南京领事致币原外务大臣:第460号》,1930年6月6日,外务省记录:《在支帝国公馆关系杂件 设置关系》第1卷,日本外务省外交史料馆藏,M.1.3.0.2—1。
② 《上村驻南京领事致币原外务大臣:第460号》,1930年6月6日,外务省记录:《在支帝国公馆关系杂件 设置关系》第1卷,日本外务省外交史料馆藏,M.1.3.0.2—1。

系出身的王家桢,在会谈中以非正式谈话的形式,说明他对此一问题的观察。他向上村表示,由于张学良方面对于日本领事馆警察的种种做法一直深感困扰,因此普遍地认为日方设馆会有滋生事端的可能,所以张学良方面应该不会轻易地同意设馆。对此,上村辩解日方配置警察的目的,单纯是为了要保护日侨,且中日双方合作良好,亦有益地方治安的维持。对于预定返回东北一趟的王家桢,上村请他将其主张转达给张学良方面。①

18日,重光葵公使关于上村与王家桢面会的追加报告抵达了外务省。虽然受限于史料,无法确认这份报告中提到两人的会面,是否就是上村于13日报告的那一次,但王家桢所说明的中方立场与想法,明显地更为具体。王家桢指出,由于日本警察包庇不法日本业者、"满铁"对日本与中国乘客有差别待遇、日方粗暴地对待"满铁"附属地内的中国人,以及张学良方面的对日恶感相当强烈之故,他认为日方的设馆要求,终会因张学良方面对日的恶感与领事馆警察的不佳风评而难以实现。② 王家桢曾负责张学良方面的对日交涉,因此他的观察与预测,意味着在帽儿山与洮南设馆有着极大的困难度。

另一方面,关于外交部在领事馆设置的交涉立场上,此时也更形明确。外交部在17日,曾发送一通电报给驻日公使馆,其内容是外交部拒绝公使馆的某种建议,并询问公使馆是否有将外交部的立场传达给日本方面。受限于史料,公使馆的建议内容无从得知。但外交部的立场,则是指外交部认为领事馆的设置,可以"相互主义"的原则来加以实行,但绝不能以"交换条件"的方式来加以处理。郑州设馆既然已经承诺日方,则无须将其作为议题,命令公使馆就清津与台北设馆的部分,持续与日方交涉。③ 此份电报,外务省透过某种管道而取得。

虽然受限于史料,外交部此份电报的内容并无法完全加以解读,但外

---

① 《上村驻南京领事致币原外务大臣:第447号》,1930年6月13日,外务省记录:《在支帝国公馆关系杂件 设置关系》第1卷,日本外务省外交史料馆藏,M.1.3.0.2-1。
② 《重光驻中国公使致币原外务大臣:公第603号》,1930年6月18日,外务省记录:《在支帝国公馆关系杂件 设置关系》第1卷,日本外务省外交史料馆藏,M.1.3.0.2-1。
③ 《外交部致驻日公使馆》,1930年6月17日,外务省记录:《在支帝国公馆关系杂件 设置关系》第1卷,日本外务省外交史料馆藏,M.1.3.0.2-1。

交部与驻日公使馆在领事馆设置问题交涉上,确实曾存在过不同的意见。在 28 日上村与胡世泽、稽镜的会面中,这种外交部内意见不一致的情况,更是明显地显露出来。

胡世泽在会谈中对上村表示,郑州设馆一事并无问题,但帽儿山设馆的部分,则因为过去的中日纠纷而十分困难。洮南设馆的部分,也因为该地"虽然曾被声明为开埠地,但并未实施"之故而有所困难,正与张学良方面进行交涉。对于清津设馆的部分,胡世泽说明,清津设馆是驻仁川领事馆闭馆后将其转移而来,若清津设馆未获承认,则打算让该馆重回仁川。胡世泽还表示,由于中方最重视的是在台北开馆,因此示意台北与郑州两馆的开设可作为交换条件。对此上村表示,按照当时中国的情势,郑州开馆暂时不可能实现,希望双方能在帽儿山与洮南设馆的部分共同努力。对此,胡世泽明言张学良方面极度厌恶日方配置警察,因此设馆一事尚难以达成。虽然胡世泽对上村做出了如上表示,但稽镜却在与上村的会谈中,否定了胡世泽的说法。稽镜表示,清津设馆既然是从驻仁川领事馆转移而来,就不会再考虑重回仁川。并且,他还基于所谓"相互主义"的原则,向上村表明不赞同将郑州与台北设馆作为交换,主张双方彼此让步来解决各馆的设置问题。[①] 如同上述情况所显示的,当时外交部方面的意见,其实仍未能完全地统合。

7 月 2 日,日本驻奉天总领事林久治郎与王家桢进行了一次会谈。王家桢表示,帽儿山设馆的部分,因为过去的纠纷之故,仍然颇为困难。而洮南设馆的部分,则具体地说明了张学良方面的忧虑,指出"东北政府内部仍有人怀疑日本对东蒙古地方的野心",因此尚未能取得同意。对此,林久治郎则辩称日本并无其他目的,请王家桢设法说服张学良方面。[②]

币原外相接到林久治郎的报告之后,在 7 日训令林久治郎,直接和张

---

① 《上村驻南京领事致币原外务大臣:第 519 号》,1930 年 6 月 28 日,外务省记录:《在支帝国公馆关系杂件 设置关系 帽儿山分馆关系》第 3 卷,日本外务省外交史料馆藏,M.1.3.0.2-1-1。
② 《林驻奉天总领事致币原外务大臣:第 287 号》,1930 年 7 月 2 日,外务省记录:《在支帝国公馆关系杂件 设置关系》第 1 卷,日本外务省外交史料馆藏,M.1.3.0.2-1。

学良方面接触以进行帽儿山、洮南设馆的说服工作。^① 对此,林久治郎虽然未对受命进行说服工作一事表达意见,但他向币原外相说明了张学良方面的现状,以及在中原大战中的中立态度,表示他并不认为王家桢的说服工作会得到成功。^② 21 日,王家桢往访林久治郎,说明东北政务委员会断然反对日方在帽儿山与洮南设馆,并且也已经做出了决议,指出设馆应无实现的可能。^③

28 日,重光葵与王正廷会面。对于领事馆的设置问题,王正廷表示中方"毫无'讨价还价'的考虑",表述了与稻镜同样立场的意见。不过,王正廷并未具体地回答帽儿山设馆的部分,但对于洮南设馆,则表示将来总会有所办法。^④

在另一方面,朝鲜总督府对于马永发的到任,一直根据外务省的要求来加以处理。在考虑到帽儿山设馆仍需要相当时间的情况下,朝鲜总督府在 28 日下令咸镜北道知事,务使地方上的要人们不承认马永发的驻清津领事身份。^⑤

事实上,马永发的行动始终都在朝鲜总督府的监视之下。虽然朝鲜总督府并未直接干涉他的行动,却也一直回避他以领事身份所进行的接触。^⑥ 着手开馆工作的马永发,在 6 月 15 日"以廉价"租借了因俄国革命后的情势而关闭的俄国领事馆楼房。朝鲜军称其建筑样式与所在位置,

①《币原外务大臣致林驻奉天总领事:第 84 号》,1930 年 7 月 7 日,外务省记录:《在支帝国公馆关系杂件 设置关系》第 1 卷,日本外务省外交史料馆藏,M.1.3.0.2—1。

②《林驻奉天总领事致币原外务大臣:第 300 号》,1930 年 7 月 10 日,外务省记录:《在支帝国公馆关系杂件 设置关系》第 1 卷,日本外务省外交史料馆藏,M.1.3.0.2—1。

③《林驻奉天总领事致币原外务大臣:第 114 号》,1930 年 7 月 21 日,外务省记录:《在支帝国公馆关系杂件 设置关系》第 1 卷,日本外务省外交史料馆藏,M.1.3.0.2—1。

④《重光驻中国公使致币原外务大臣:公第 747 号》,1930 年 7 月 29 日,外务省记录:《在支帝国公馆关系杂件 设置关系》第 1 卷,日本外务省外交史料馆藏,M.1.3.0.2—1。

⑤《儿玉朝鲜政务总监致古桥咸镜北道知事:官秘第 47 号》,1930 年 7 月 28 日,朝鲜总督府记录物:《自称清津中国领事馆检索关系》,韩国国家记录院本院藏,国家记录院管理号 CJA0002343,文件号 83,M/F 号 881701。

⑥ 朝鲜总督府外事课:《清津ニ中国领事馆设置ニ关スル经纬》,1936 年 7 月 21 日,韩国总督府记录物:《自称清津中国领事馆检索关系》,韩国国家记录院本院藏,国家记录院管理号 CJA0002343,文件号 83,M/F 号 881701。

能从高处一览清津港湾,从军事的立场给予了高度的评价。① 但由于驻清津领事馆未能获得日方的承认,导致预定开馆的日期出现了多次的变更。②

在这样的情况下,马永发在清津遂默默地执行着领事馆的业务。遇到问题时,便以个人的身份和朝鲜官厅进行接触。和他相识的《北鲜日报》日人社长,曾以中国在清津设馆的必要性为主题,在记事中刊载他的照片与履历。马永发之后曾向外交部报告,因为此一报道,使得他的派驻获得了当地民众的同情,而未曾遭到批判。③

8月9日,重光葵拜访王正廷。王正廷对日方设馆的问题表示,虽然帽儿山设馆遭到张学良方面的强烈反对,但他将努力于洮南设馆问题的解决。④

从以上的过程中不难得知,虽然帽儿山设馆相当困难,但外交部方面仍不断地给予外务省一个印象,那就是洮南设馆在相对上较有实现的可能。不过,返回南京后的王家桢,仍在27日向上村表示,关于洮南设馆一事,张学良方面担忧日本警察权的扩大,并且深深忧虑会"助长日本浪人、退伍军人等对蒙古的策动等情况"。⑤

无论如何,只要中原大战未能出现决定性的发展,则蒋介石方面和张学良方面的关系也就无法加以明确。如此一来,各领事馆的设置问题,也就无法得到解决。因此,关于各领事馆开设的中日交涉,遂一时性地停滞下来。

---

① 《简井咸镜北道警察部长致田中朝鲜总督府警务局长:咸北高秘丙第 5564 号之 19》,1936 年 7 月 29 日,韩国总督府记录物:《自称清津中国领事馆检索关系》,韩国国家记录院本院藏,国家记录院管理号 CJA0002343,文件号 83,M/F 号 881701。

② 朝鲜总督府外事课:《清津ニ中国领事馆设置ニ関スル経緯》,1936 年 7 月 21 日,韩国总督府记录物:《自称清津中国领事馆检索关系》,韩国国家记录院本院藏,国家记录院管理号 CJA0002343,文件号 83,M/F 号 881701。

③ 《马驻清津领事兼元山副领事致外交部:收文字第 14850 号》,1936 年 7 月 20 日,国民政府外交部档案:《驻清津领事馆员被日方逮捕案》,台湾"中央研究院"近代史研究所档案馆藏,原档编号 355/32。

④ 《重光驻中国公使致币原外务大臣:公第 786 号》,1930 年 8 月 9 日,外务省记录:《在支帝国公馆关系杂件 设置关系》第 1 卷,日本外交史料馆藏,M.1.3.0.2－1。

⑤ 《上村驻南京领事致币原外务大臣:第 639 号》,1930 年 8 月 27 日,外务省记录:《在支帝国公馆关系杂件 设置关系》第 1 卷,日本外务省外交史料馆藏,M.1.3.0.2－1。

四 交涉的新开展与之后的停滞

在中原大战的战况方面,蒋介石方面虽然在开始时陷入了苦战,但逐渐地在各方面取得了优势。9月18日,张学良宣布支持蒋介石,并在之后派遣大军入关。11月4日,阎锡山、冯玉祥下野,中原大战也因此而闭幕。12日,张学良前往南京,就内战后的处理问题,与蒋介石方面达成了共识。

对于这样的新情势,重光葵在12月13日致电币原外相,表示鉴于蒋张方面的关系,虽然在帽儿山与洮南开馆一事,目前尚难以达成,但建议可先就郑州设馆的部分,和中国方面交涉。① 对于重光的建议,币原外相在12月16日予以回复。表示可暂时搁置帽儿山设馆的部分,而以同意台北与清津的设馆作为交换条件,来和中方进行郑州与洮南设馆的交涉。②

翌日,汪荣宝公使拜访币原外相。会谈之中,汪荣宝再次确认了中方对郑州开馆并无异议的部分,并且说明了依据11月的蒋张协议,洮南设馆"并无异议",但洮南作为自开商埠地,仍需要一些准备的时间。对此,币原以济南同样是自开商埠地为由,质问所谓"准备时间"部分的理由。对于币原的诘问,汪荣宝表示在张学良返回东北之后,仍需要和东北政务委员会再度商议。币原接着追问所需要的时间,汪荣宝则回答需向中央请示。③

之后,江洪杰在20日面见亚细亚局长谷正之,说明由于准备上的需要,洮南开馆尚需时日,但并不需要很长的时间。对此,谷正之答称,只要

---

① 《重光驻中国公使致币原外务大臣:公第1216号》,1930年12月13日,外务省记录:《在支帝国公馆关系杂件 设置关系》第1卷,日本外务省外交史料馆藏,M.1.3.0.2—1。
② 《币原外务大臣致重光驻中国公使:公第453号》,1930年12月16日,外务省记录:《在支帝国公馆关系杂件 设置关系》第1卷,日本外务省外交史料馆藏,M.1.3.0.2—1。
③ 《币原外务大臣致重光驻中国公使:公第462号》,1930年12月19日,外务省记录:《帝国ノ对支外交政策关系一件》第2卷,日本外务省外交史料馆藏,A.1.1.0.10。

洮南能够开馆,则清津亦得以开馆。① 自此次会谈之后,关于清津设馆的日方交换条件,遂正式地转换成问题相对较少的洮南设馆。但此次条件的转换,外务省事前并未征询朝鲜总督府以及朝鲜军方面的意见。

其后,重光葵在年末,将一份备忘录交给了王正廷。其内容为日本承认中国驻台北总领事馆的开设,并且开始着手日本驻郑州领事馆的开设工作。对于这样的发展,王正廷向日方表示了感谢之意。② 于是,中国驻台北总领事馆与日本驻济南领事馆,遂分别在 1931 年 2 月 3 日以及 4 月 6 日开馆。

然而,作为清津设馆条件的洮南设馆部分,其进展仍是处于停滞的状态。1930 年 12 月 27 日,王家桢向上村伸一说明了他的观察,指称洮南设馆仍是相当地困难。③ 事实上,东北当地的民间组织,在 12 月下旬发起了反对日本在东北设馆的运动。27 日的东北当地报纸指称,洮南与临江(即日本驻帽儿山领事分馆的所在地)外交协会分会,表明了坚决反对日方设馆之意,并且委托辽宁外交协会以及东北要人们,向外交部交涉此事。④ 之后,反对运动益形活跃。据外务省方面的调查,此一连绵数月的反对运动,其实是出自于东北官民间的合作。例如驻间岛领事冈田兼一,即在 1931 年 4 月 4 日向外务省提出报告,指出根据间谍工作入手的"延珲和汪四县行政监督公署训令第七六号"文件,张学良在与外交协会相商后,下令各省主席极力阻止日方的设馆计划。并且,该份文件也提及,张学良是遵从外交部第 107 号的指示。⑤ 虽然能够旁证该份文件的其他文

---

① 《小村拓务次官致儿玉朝鲜政务总监:管一第 409 号》,1930 年 12 月 27 日,朝鲜总督府记录物:《自称清津中国领事馆检索关系》,韩国国家记录院本院藏,国家记录院管理号 CJA0002343,文件号 83,M/F 号 881701。

② 朝鲜总督府外事课:《清津二中国领事馆设置二关スル经纬》,1936 年 7 月 21 日,朝鲜总督府记录物:《自称清津中国领事馆检索关系》,韩国国家记录院本院藏,国家记录院管理号 CJA0002343,文件号 83,M/F 号 881701。

③ 《重光驻中国公使致币原外务大臣:公第 1294 号》,1930 年 12 月 31 日,外务省记录:《在支帝国公馆关系杂件 设置关系》第 1 卷,日本外务省外交史料馆藏,M.1.3.0.2—1。

④ 《林驻奉天总领事致币原外务大臣:第 620 号》,1930 年 12 月 27 日,外务省记录:《在支帝国公馆关系杂件 设置关系》第 1 卷,日本外务省外交史料馆藏,M.1.3.0.2—1。

⑤ 《冈田驻间岛领事致币原外务大臣:机密第 338 号》,1931 年 4 月 4 日,外务省记录:《在支帝国公馆关系杂件 设置关系》第 1 卷,日本外务省外交史料馆藏,M.1.3.0.2—1。

书尚未能够寻获,但根据此一时期日本驻东北各馆的报告,至少仍是可以确认一部分的东北官员,确实是与反对运动有关。

之后,中日关系变得更为复杂,东北当地的中日关系,也明显地出现了恶化。万宝山事件与起因于该事件的朝鲜排华暴动、发生于洮南的中村事件的曝光,这些接连出现的情况,都对洮南设馆一事产生了影响,使得其进度停滞。

在7月上旬的朝鲜排华暴动中,京城、平壤、仁川、新义州以及元山等地的侨民受害甚大。各领事馆的总收容人数,达到了1.68万人之多。[①]清津地方的侨民被害状况,在马永发的努力之下,算是相对较小。由于外交部在7月10日令马永发兼任驻元山副领事,因此马永发在13日前往元山去处理善后。元山中华商会将此一派任视为契机,向外交部请愿让马永发常驻元山,而获得了外交部的许可。虽然马永发自此常驻元山,但驻清津领事馆仍有馆员处理业务。该馆和地方当局的接触,也仍一贯地以私人身份进行。[②]

然而,由于在洮南设馆并不顺遂,外务省在九一八事变爆发前夕告知拓务省,虽然此案仍须和中方交涉解决,但或将视情况要求中方官员自清津撤退。不过,随着九一八事变的爆发,清津设馆的交涉也随之中断。[③] 随着日本于1932年扶植成立"满洲国",关于洮南与帽儿山设馆的中日交涉已无必要。之后,中方多次要求日方承认驻清津领事馆,却始终都被日方拒绝。

五 成为悬案的中国驻清津领事馆承认问题与其结束

1933年5月缔结的塘沽停战协定,大致结束了九一八事变爆发以来的

---

① 罗家伦主编:《革命文献》第33辑,台北中国国民党中央委员会党史史料编纂委员会,1964年,第672页。

② 《马驻清津领事兼元山副领事致外交部:收文字第14850号》,1936年7月20日,国民政府外交部档案:《驻清津领馆馆员被日方逮捕案》,台湾"中央研究院"近代史研究所档案馆藏,原档编号355/32。

③ 朝鲜总督府外事课:《清津二中国领事馆设置二関スル经纬》,1936年7月21日,朝鲜总督府记录物:《自称清津中国领事馆检索关系》,韩国国家记录院本院藏,国家记录院管理号CJA0002343,文件号83,M/F号881701。

中日军事冲突。由于中日关系出现缓和,因此清津设馆的问题,又再次得到了交涉的机会。1933 年 9 月 15 日,朝鲜总督府外事课因为要制作"朝鲜在留外国人与领事馆员名簿",要求中国驻京城领事馆给予协助。对此,时任驻京城总领事的卢春芳,在 11 月 7 日要求追加中国驻清津领事馆员的部分。① 对于卢春芳的要求,朝鲜总督府外事课长田中武雄以清津设馆问题尚未解决为由,在 22 日予以拒绝。② 但卢春芳仍于次日致函田中,除了强调驻清津领事馆存在的必要性之外,还表示咸镜北道的地方当局,有事即与该馆联系处理,因此该馆存在的问题,不过只缺乏形式上的解决而已。③ 对此,田中再次回复,日方并未对清津设馆一事给予承认。④

对于卢春芳的主张,田中认为那只是中方的借口。⑤ 但清津地方当局,确实是以友好的态度来和清津馆员接触。例如在迁移华侨墓地时,地方当局即应馆方的要求,协助处理土地的问题。只不过,这些情况都是馆员以个人的身份,来要求地方当局的协助。⑥ 因此,即便卢春芳的说法并非全是借口,他此次的动作,仍明显带有意图。其目的应是想要让驻清津领事馆的存在,成为既成的事实。事实上,外交部方面基于九一八事变后

---

① 《卢驻京城总领事致田中朝鲜总督府外事课长》,1933 年 11 月 7 日,朝鲜总督府记录物:《自称清津中国领事馆检索关系》,韩国国家记录院本院藏,国家记录院管理号 CJA0002343,文件号 83,M/F 号 881701。

② 《田中朝鲜总督府外事课长致卢驻京城总领事》,1933 年 11 月 22 日,朝鲜总督府记录物:《自称清津中国领事馆检索关系》,韩国国家记录院本院藏,国家记录院管理号 CJA0002343,文件号 83,M/F 号 881701。

③ 《卢驻京城总领事致田中朝鲜总督府外事课长》,1933 年 11 月 30 日,朝鲜总督府记录物:《自称清津中国领事馆检索关系》,韩国国家记录院本院藏,国家记录院管理号 CJA0002343,文件号 83,M/F 号 881701。

④ 《田中朝鲜总督府外事课长致卢驻京城总领事》,1933 年 12 月 31 日,朝鲜总督府记录物:《自称清津中国领事馆检索关系》,韩国国家记录院本院藏,国家记录院管理号 CJA0002343,文件号 83,M/F 号 881701。

⑤ 《田中朝鲜总督府外事课长致富永咸镜北道知事》,1934 年 2 月 12 日,朝鲜总督府记录物:《自称清津中国领事馆检索关系》,韩国国家记录院本院藏,国家记录院管理号 CJA0002343,文件号 83,M/F 号 881701。

⑥ 《马驻清津领事兼元山副领事致外交部:收文字第 14850 号》,1936 年 7 月 20 日,国民政府外交部档案:《驻清津领馆馆员被日方逮捕案》,台湾"中央研究院"近代史研究所档案馆藏,原档编号 355/32。

的东北情势变化,认为洮南与帽儿山的设馆问题早已解决。① 卢春芳动作的背景,即是出自于这样的情况认识。1934 年 2 月 12 日,田中通知咸镜北道知事富永文一,重申 1930 年 7 月 28 日下达的命令,要求地方当局确实执行,不得和清津馆方有正式交涉的情况。② 此后,日方也一贯地保持着相同的态度。

不过,1934 年 8 月中旬浮现的,关于驻海州日本领事馆的设置计划消息,之后却和清津设馆的问题相联结。8 月 12 日的《大阪每日新闻》,报道了外务省在 1935 年度的预算中,加入了准备在海州设馆的部分。对此,驻青岛总领事坂根准三,在 17 日向外务省要求确认。③ 对于坂根的探询,外务省在 29 日给予回复,否认其为事实。④ 但是,外务省在 28 日,将东亚局第一课课员曾弥益所做的一份名为《关于海州开埠的调查》的文书,发送给驻华公使有吉明以及驻北平公使馆一等书记官若杉要。这份文件从国际法、中方的法律与态度,来检讨在海州设馆的可能性,其结论认为,海州设馆并不容易。⑤ 然而,东亚局第一课仍在 12 月完成了名为《海州开埠问题与国人存在事实的关系》以及《海州在住国人调查》等两份报告,考察了日本侨民人数的变迁以及中国当局的态度。⑥ 从《海州开埠问题与国人存在事实的关系》中可以得知,东亚局的目的,是为了要找出

---

① 《许驻日大使致外交部:第 513 号》,1936 年 7 月 24 日,外务省记录:《在支帝国公馆关系杂件 设置关系》第 1 卷,日本外务省外交史料馆藏,M.1.3.0.2—1。

② 《田中朝鲜总督府外事课长致富永咸镜北道知事》,1934 年 2 月 12 日,朝鲜总督府记录物:《自称清津中国领事馆检索关系》,韩国国家记录院本院藏,国家记录院管理号 CJA0002343,文件号 83,M/F 号 881701。

③ 《坂根驻青岛总领事致广田外务大臣:机密第 463 号》,1934 年 8 月 17 日,外务省记录:《在支帝国公馆关系杂件 设置关系》第 1 卷,日本外务省外交史料馆藏,M.1.3.0.2—1。

④ 《广田外务大臣致坂根驻青岛总领事:亚一机密第 117 号》,1934 年 8 月 29 日,外务省记录:《在支帝国公馆关系杂件 设置关系》第 1 卷,日本外务省外交史料馆藏,M.1.3.0.2—1。

⑤ 《广田外务大臣致有吉驻华公使等:亚一机密合第 1265 号》,1934 年 8 月 28 日,外务省记录:《在支帝国公馆关系杂件 设置关系》第 1 卷,日本外务省外交史料馆藏,M.1.3.0.2—1。另外,曾弥益撰写的文件原名为《海州開埠ニ関スル調査》。

⑥ 外务省东亚局第一课:《海州開埠問題卜邦人存在ノ事実卜ノ関係》,1934 年 12 月 12 日,外务省记录:《在支帝国公馆关系杂件 设置关系》第 1 卷,日本外务省外交史料馆藏,M.1.3.0.2—1。外务省东亚局第一课:《海州在住邦人調査》,1934 年 12 月,同前档卷。

可在海州设馆的借口。但是,其结论仍是认为在海州设馆并不容易。①

东亚局的这些动作,事实上是海州设馆准备工作的一环。虽然几份调查报告都有着相同的结论,但在1935年4月5日同样由东亚局第一课所完成的《关于在华领事馆再开与新设的昭和十年度应采取措置之计划案》中,外务省仍表示会加以努力。② 也就是说,此时的外务省早已决定了推动海州设馆的方针。虽然无法确认具体的时间,但外务省至迟在1934年12月上旬,即出现了将海州设馆,作为承认中方在清津设馆条件的想法。但因海州设馆的准备一直停滞不前,所以外务省后来并未将此一想法告知中方。③

就这样,日方始终没有承认中国驻清津领事馆的开设以及驻清津领事的派驻。按照当时的国际法,虽然领事官的任命可由派驻国政府径行决定,但若得不到驻在国政府的承认,则被任命之官员,不得开始执行业务。④ 因此,关于中国驻清津领事馆的开馆,就国际法来说,中方的立场明显地处于不利的地位。虽然日方曾考虑过要关闭该馆,但却始终都没有向中方提出过要求,对于该馆的业务执行,也未曾加以干涉。在1935、1936两年的天长节中,朝鲜当局甚至还招待该馆的实际负责官员——孙秉干随习领事(1933年12月19日到任)。这样的情况,让驻清津领事马永发产生了日方或许默认该馆存在的臆测。⑤ 1936年夏天发生的清津事件,即在这样的特殊背景之下展开。

1936年7月16日,朝鲜军以该馆涉嫌从事军事谍报活动为由,对该

① 外务省东亚局第一课:《海州開埠問題卜邦人存在ノ事実トノ関係》,1934年12月12日,外务省记录:《在支帝国公館関系雑件 設置関系》第1卷,日本外务省外交史料馆藏,M.1.3.0.2−1。
② 外务省东亚局第一课:《在支領事館再開又ハ新設等二付昭和十年度中二執ルヘキ措置二関スル計画案》,1935年4月5日,外务省记录:《在支帝国公館関系雑件 設置関系》第2卷,日本外务省外交史料馆藏,M.1.3.0.2−1。
③ 《在清津支那領事館二関スル件》,1934年12月5日,外务省记录:《在本邦各国公館関系雑件 中華民国ノ部》第1卷,日本外务省外交史料馆藏,M.1.5.0.3−8。外务省:《外务省执务报告:东亚局第一卷,昭和十一年(一)》,クレス出版,1993年,第631页。
④ 松原一雄:《现行国际法》上卷,东京中央大学,1929年,第545页。
⑤ 《马驻清津领事兼元山副领事致外交部:收文字第14850号》,1936年7月20日,国民政府外交部档案:《驻清津领馆馆员被日方逮捕案》,台湾"中央研究院"近代史研究所档案馆藏,原档编号355/32。

馆进行逮捕行动。在这一事件当中,日方始终采取了以往未曾承认过该馆的立场,而一贯地否定孙秉干等馆员的中方官员身份。事件后来在外交部的努力以及外务省好意的斡旋下,于8月上旬落幕。但作为孙秉干等人的释放条件,驻清津领事馆于8月9日关闭,其馆员与其家属也在次日登船返国。① 于是,中国驻清津领事馆,在经过了长达六年的实质活动之后,暂时地从历史的舞台上消失。

六　结　论

中国驻清津领事馆的设置问题,其实有着极为复杂的过程。虽然领事馆设置的原始目的很单纯,但环绕着领事馆设置问题的中日双方对策,却明显地不是如此。

对于中国外交部的设置要求,日本外务省接受了朝鲜军的意见,以日本驻帽儿山领事分馆的开设,来作为同意设馆的交换条件。虽然此一要求合乎国际法上的设馆惯例,但在帽儿山设馆的目的,却是着眼于压制朝鲜人的抗日运动,而不是为了行使纯粹的领事业务。

关于帽儿山设馆一事,日方和中方(别是张学良方面)之间,其实早已存在着深刻的对立。东北官民们不仅对此事抱持着强烈的反感,更是敏感地对日方抱持着高度的警戒。因此,日方的这个交换条件,自一开始就很难达成。

然而,外交部的处理,其实也存在着相当的问题。虽然在日方提出交换条件之后,外交部曾经询问张学良方面的意见,并且也已经了解到其反对的立场,但外交部却完全不回答外务省的探询,反而片面地进行了开馆的动作。并且在未完成国际法程序的情况之下,径行开馆并执行业务。

对于这样的情况,外务省虽然并不承认该馆的法定地位,却因为存在着对中方实现其交换条件的期待,而暂时不问其存在与活动。该馆也因

---

① 外务省:《外务省执务报告:东亚局第一卷,昭和十一年(一)》,クレス出版,1993年,第629—634页。

为意识到自身法律地位上的问题,因此慎重地执行其业务,不以领事馆等官方名义,来和日本官方接触。

这样的发展,让中国驻清津领事馆的设置问题,逐渐地往悬案化的方向发展。驻帽儿山领事分馆以及后来成为其代案的驻洮南领事馆的设置,都因张学良方面的强烈反对而未能实现。但随着九一八事变发生以及"满洲国"的出现,关于日本在东北设馆的中日交涉,其必要性自然消灭。这样的新情势,让中国驻清津领事馆存在,正式地成了悬案。

塘沽停战协定缔结之后,外务省虽然一度欲以驻海州领事馆的设置,来作为中国驻清津领事馆的承认条件,但这样的构想最后并未向中方提出。直到 1936 年 7 月的清津事件发生前,中国驻清津领事馆因未受到日方的干涉,一直都能持续地执行业务。并且在此期间,日方当局还曾在重要的节庆中,邀请与招待该馆的负责官员。这种几近于默认的特殊状态,让中国驻清津领事馆的地位更形混沌。

综合来说,中国驻清津领事馆的法律地位,确实有着国际法上的问题之处。领事馆之所以能存续六年,其直接原因是日方不加干涉的态度以及领事馆方面的慎重活动。而其背景,则是中日领事馆设置问题的交涉,后来竟演变成长期化的情况。在九一八事变发生之前,中国驻清津领事馆之所以能够存续,是因为领事馆的交涉,迟迟未能取得结果。在九一八事变发生之后,其原因则是在于日方交换条件的实质消灭,以及日方虽有新设条件之意愿,却一直未能确立新交换条件之故。

事实上,中国驻清津领事馆的设置问题,具体地显示出了战前中日关系的特殊性质。虽然日方并未以单纯的交换条件来对应中方的要求,中方却也在未能事先统合内部意见的情况之下,采取了一些无视国际惯例的做法。双方自一开始就以自身的利益为重心,对于对方的立场,并未积极地去加以理解。原本单纯的领事馆设置问题,后来会变得如此复杂,其实双方都负有一定的责任。

(原文题名为《清津中国领事馆の設置問題》,于 2008 年 3 月发表于日本《国際政治経済学研究》第 21 号,收入本论文集作者略有修改。)

梁敬明

梁敬明,1965 年出生,浙江玉环人,浙江大学历史学博士。现任浙江大学历史学系教授。兼任浙江省中国乡村社会史研究会副会长。主要研究方向为中国现代史和中国乡村社会史,近期研究课题包括"工商化村落转型实态研究"、"浦江郑氏家族史研究"等。已发表论文《浙江区域史研究与新史料的发掘》、《清末兰溪的地权分配》(合写)、《家族资源及其现代价值——以浙江省浦江县郑氏家族为例》、《中国乡村史研究:学术史的回顾与思考》等;正式出版论著有《当代中国史事略述》(合著,浙江人民出版社,2003 年)、《走近郑宅:乡村社会变迁与农民生存状态(1949—1999)》(中国社会科学出版社,2005 年);另主编有《浙江省土地志》(方志出版社,2001)。

鱼鳞图册研究综述：
兼评兰溪鱼鳞图册的重要价值

　　史学研究之一要务便是史料的发掘、考订、整理。研究者除了充分利用国家档案外，尤需悉心发现散藏的各类资料。鱼鳞图册作为与黄册并列的重要资料，现存者大抵为散乱的零册断篇，研究者无不感叹资料之稀缺，难以作系统的研究。兰溪鱼鳞图册是一份具稀缺性和完整性于一体的土地档案，对中国土地制度史、中国古代晚期历史(明清史)乃至中国近现代社会经济史等领域的研究都有着重要的价值和意义。

一

　　鱼鳞图册是中国古代官府编造以作赋课租税的地籍清册，是明清土地制度中的一项基本制度，所含信息包括地形、四至、田土形态、面积、科则(等级)和业主姓名等要素(有时兼列佃户姓名)。有关鱼鳞图册问题，涉足者寥寥，明清史研究者时有提及，但作专题研究的很少。

　　有关鱼鳞图册的研究当以 1933 年 8 月梁方仲发表于《地政月刊》第 1 卷第 8 期的《明代鱼鳞图册考》为最早。[①] 全文分鱼鳞图册之内容、鱼鳞图册与黄册之关系、鱼鳞图册名称之由来、鱼鳞图册之来源、明代攒造鱼鳞图册之经过、杂论六部分，初步考释了鱼鳞图册的基本情况。文章凝练，包括注释合计 5000 余字。此后近 30 年时间，国内学术界很少有人问

---

　　① 见梁方仲：《梁方仲经济史论文集》，中华书局，1989 年。此文为梁氏于清华研究院经济系研学时所发。

津。① 而韦庆远注意到,"在研究明王朝使用黄册来作为征调服役的根据时,就不能不接触到当时对最主要的生产资料——土地的管理方法的问题,也就需要结合鱼鳞图册制度来进行分析"。② 因此,在1961年出版的《明代黄册制度》一书中,他对鱼鳞图册以及黄册与鱼鳞图册的关系作了专门的探讨,分析了鱼鳞图册制度产生的前提和明初在全国范围内的推行问题;认为"明初在全国范围内系统的绘制鱼鳞图册是封建统治阶级管理地政工作的一个很重要的发展";指出黄册与鱼鳞图册是"互相补充和互相配合的关系",是明代赋役制度的两块基石;同时,肯定了鱼鳞图册的史料价值。③ 进入80年代,从唐文基在《社会科学战线》1981年第3期发表《明代鱼鳞图册始造于洪武元年》始,断续有学者发表文章,但至今总量不过10余篇。④ 成果数量虽然有限,但研究者的严谨、细腻使成果具有较高的质量。其中栾成显利用中国社会科学院所藏三册鱼鳞图册进行的解剖性研究,以及章有义利用图册资料对土地占有关系的深入研究,应是鱼鳞图册资料利用性研究的成功范例,后文将会述及。

国外有关鱼鳞图册的研究,大抵以日本为主。⑤ 日本学者中最先提出研究鱼鳞图册的是著名明史专家清水泰次,1934年他就强调在研究中国江南土地制度时应对鱼鳞图册加以考察,他还对鱼鳞图册的有关文献记载以及东京大学东洋文化研究所所藏鱼鳞图册实物作了介绍,并就鱼

---

① 《文物参考资料》1958年第4期有关文物工作报道中有一则"安徽省歙县发现明代洪武鱼鳞册"的消息。
② 韦庆远:《明代黄册制度》,中华书局,1961年,"前言"。
③ 韦庆远:《明代黄册制度》,中华书局,1961年,第72—79页。
④ 刘敏:《明代"鱼鳞图册"考源》,《学习与思考》1982年第1期;周积明:《"鱼鳞图册"始于何时》,《江汉论坛》1982年第10期;栾成显:《鹤见尚弘关于清代鱼鳞图册的研究》,《中国史研究动态》1983年第3期;王剑英:《黄册和鱼鳞图册》,《文史知识》1984年第3期;栾成显:《龙凤时期朱元璋经理鱼鳞册考析》,《中国史研究》1988年第4期;章有义:《康熙初年江苏长洲三册鱼鳞簿所见》,《中国经济史研究》1988年第4期;栾成显:《日本所藏鱼鳞图册及其研究》,《中国史研究动态》1989年第2期;栾成显:《弘治九年抄录鱼鳞归户号簿考》,《明史研究》1991年第1辑;栾成显:《徽州府祁门县龙凤经理鱼鳞册考》,《中国史研究》1994年第2期;冯丽蓉:《明清无锡〈鱼鳞图册〉简介》,《史林》1994年第4期;曹余濂:《明代"赋役黄册""鱼鳞图册"考略》,《档案与建设》1999年第3期。
⑤ 本文有关日本研究状况的介绍主要依据:栾成显:《日本所藏鱼鳞图册及其研究》,《中国史研究动态》1989年第2期;鹤见尚弘:《中国明清社会经济研究》,姜镇庆译,学苑出版社,1989年。

鳞图册的由来、性质、作用等进行了探讨。1935 年,仁井田陞发表《中国土地账籍鱼鳞图册的研究动向》,1936 年又发表《中国土地账籍鱼鳞图册史的研究》,他的文章对当时有关鱼鳞图册的研究作了评介,另外还对鱼鳞图册的由来、编造情况等提出独立的见解。1963 年村松祐次发表《关于国立国会图书馆收藏的鱼鳞册》,对日本国立国会图书馆收藏的各种鱼鳞图册作了介绍,还探讨了鱼鳞图册的性质、作用和利用价值等。鹤见尚弘则应是日本学术界有关鱼鳞图册研究最有成就的一位学者,其对鱼鳞图册资料的重视程度也是他人所无法比拟的。自 20 世纪 60 年代以来,鹤见尚弘对鱼鳞图册进行了种种创造性的研究,取得显著成果。他首先就鱼鳞图册作为史料的可靠性进行了论证,其次还根据图册资料进行一系列统计和分析,再次他把鱼鳞图册的研究和土地制度等研究结合起来,使图册的史料价值得到真正发挥。我们还需注意美籍华人学者何炳棣有关鱼鳞图册研究的成果,他在《中国古今土地数字的考释和评价》一书中,既对鱼鳞图册的起源作了介绍,又专章考实明初鱼鳞图册编制的情况。可以说,何氏虽未直接利用鱼鳞图册史料进行研究,但他遍寻史籍中有关鱼鳞图册的记录而展开的有关鱼鳞图册本身(如从经界到鱼鳞、鱼鳞图一词的最早出现、鱼鳞图册的独特优点、两浙特别是婺州一地在鱼鳞图册推行过程中的重要地位、明朝鱼鳞图册的全面推行、鱼鳞图册的"丈量"情况等)的研究已经达到相当的水准。[1] 另一位美籍华人学者赵冈也相当重视鱼鳞图册资料,在 1982 年出版的《中国土地制度史》中,他对此已有所论及。[2] 他最近的《简论鱼鳞图册》一文,则专题探讨了鱼鳞图册制度的沿革、图册的结构、丈量土地的方法、图册的可信度等问题,着重说明实亩与税亩的关系,得出税亩总额实际大于实亩总额的重要结论。[3]

统观已有研究成果,主要包括:图册的本题研究,如鱼鳞图册的缘起与延续,鱼鳞图册制度在明代的普遍实施;图册编造过程、成册年代、图实

---

① 何炳棣:《中国古今土地数字的考释和评价》,中国社会科学出版社,1988 年。
② 参见赵冈、陈钟毅:《中国土地制度史》,台北联经出版事业公司,1982 年。
③ 赵冈:《简论鱼鳞图册》,《中国农史》2001 年第 1 期。

相符与否等问题的考实;围绕田土存在形式、土地所有状况、户籍变迁情况等的初步研究。

关于图册缘起与延续,梁方仲《明代鱼鳞图册考》早已明了,即"南宋已甚通行","元时亦有"。后之研究者存有分歧,实属未曾接触梁文,或因史料发掘上的问题。① 现明确鱼鳞图册源于南宋的土地经界法,明时广泛推广,清袭明制,并沿用至民国。② 关于明代的实施情况,始于何年有不同的见解,有洪武二十年说,有洪武十三年说,有洪武二年说,有洪武元年说,还有宋龙凤时期说。③ 关于明朝鱼鳞图册是否在全国实施也颇有分歧。④ 另关于鱼鳞图册名称的来历,梁文列举"以其比次若鱼鳞状得称"、"以所绘若鱼鳞状得称"、"以排列先后之序常得变动得称"三种说法,认为三者"可并存不悖"。一般认为图册因绘田块图形排列似鱼鳞而得名。

有关图册的考证查实,主要是针对某一具体的资料而言。栾成显利用中国社会科学院历史研究所收藏的三册鱼鳞簿资料撰写的三篇文章,都有相当篇幅的考实内容。《龙凤时期朱元璋经理鱼鳞册考析》结合方志、族谱等,从纸质、形制、计量单位、官印、所载人名、文书对比、文献记载几个方面,考证了该资料所属年代,认为这是朱元璋在正式建立明朝前,于宋龙凤甲辰年前后在徽州地区实行田地经理时的鱼鳞册实物,是迄今为止发现年代最早的一本鱼鳞册;《弘治九年抄录鱼鳞归户号簿考》与《徽州府祁门县龙凤经理鱼鳞册考》也分别对簿册所记录的时间、地点及所载内容进行考证。鹤见尚弘有关鱼鳞图册的研究也有大量的考证工作,这可从《国立国会图书馆所藏一种康熙十五年丈量的一本长洲县鱼鳞册》、

---

① 参见刘敏:《明代"鱼鳞图册"考源》,《学习与思考》1982 年第 1 期;周积明:《"鱼鳞图册"始于何时》,《江汉论坛》1982 年第 10 期。

② 王剑英认为:"到明朝灭亡,黄册以及鱼鳞图册就一起告终了",此论当有误。见王剑英:《黄册和鱼鳞图册》,《文史知识》1984 年第 3 期。

③ 参见栾成显:《龙凤时期朱元璋经理鱼鳞册考析》,《中国史研究》1988 年第 4 期;《徽州府祁门县龙凤经理鱼鳞册考》,《中国史研究》1994 年第 2 期。

④ 一般认为明代全面实施鱼鳞图册制度,何炳棣提出质疑。参见何炳棣:《中国古今土地数字的考释和评价》,中国社会科学出版社,1988 年。

《清初苏州府鱼鳞册考察》、《关于南京图书馆所藏康熙十五年丈量的长洲县鱼鳞册一种》等文章中得到反映。[①] 其他研究者也进行了类似性质的考证性工作。

鱼鳞图册史料价值的真正体现,就是要利用它从根本上展开诸如土地制度等问题的研究,这方面的工作尚属初步。研究者利用十分有限的鱼鳞图册资料,已经取得一些重要成果。章有义利用中国社会科学院经济研究所所藏江苏长洲三册鱼鳞簿,结合各时期基本史料,对相关地区的土地占有关系进行了深入的研究,得出一些重要的结论。如从长洲鱼鳞簿中所见地权分配情况,推论其对于整个苏州地区所具有的一定的代表性。进而得出:苏州"由康熙初年(五年至十五年)至 1949 年,二百七八十年间,地主(包括富农)同农民占地的比率几乎稳定在 65:35。看来,人们设想的地主所有制支配下地权不断集中的必然性,在这里没有得到证实";"在地权比较集中的苏州,小土地所有者的土地尚且占有不容忽视的比重,其他地区更可想而知。这就提醒我们,在研究中国封建土地关系时,不应无视小土地所有者即自耕农的问题。可以说小土地所有一直占有相当大的比重乃是中国封建土地制度的一个特色。如果把地主和佃农的关系当作土地关系的全部,那就未免之片面,过于简单化了。即使就租佃关系而言,也可能发生在小土地所有者和无地户之间,甚至小土地所有者之间。某些地区地权比较分散而租佃关系却比较发达,原因就在这里"。[②]

综上所述,我们可以用"十分有限"来概括鱼鳞图册的研究现状。分析原因,一是对图册史料价值认识的不充分。有关鱼鳞图册研究本身就很有限,介绍鱼鳞图册地位和图册史料价值的文章更是缺乏。兰溪鱼鳞图册深藏数十年,没有发挥其作为史料的重要价值,究其原因不外乎对其价值认识的严重不足。当然,还有知其价值而不知材料之所存的问题。二是研究工作的艰巨性。即便对鱼鳞图册的价值有充分的理解,但要投

---

① 见鹤见尚弘:《中国明清社会经济研究》,姜镇庆译,学苑出版社,1989 年。
② 见章有义:《康熙初年江苏长洲三册鱼鳞簿所见》,《中国经济史研究》1988 年第 4 期。

身其中进行研究,不仅要有扎实的功底,还需足够的勇气。鱼鳞图册包含土地问题中最基本的一些要素,材料细碎;而且这种材料的运用,还需要具备一定的规模(比如完整的一都或一图)。也就是说,要把具一定规模的细碎材料综合到一起,在反复解读、比较的基础上加以统计、归纳,同时借助其他材料,才能得出结论。从研究者们来之不易的成果和艰辛的劳动中,多少可以找到人们望而却步的原因。而在当今学术成果评价的所谓"数字化"时代,这种情况就更容易理解了。三是文献典籍少有鱼鳞图册的记载。鱼鳞图册起于宋,盛于明,续至清乃至民国,为政府重要行为,但史籍少有记载,各级志书的交代也不甚明了。四是图册的缺失、零散和不完整,这是最主要的原因。鱼鳞图册的存量总情(发现和未发现的)无法统计,但从研究者过去的发掘中或可知其大概。目前国内所藏主要在一些研究机构(如中国社会科学院历史研究所、中国社会科学院经济研究所等)、图书馆(如北京图书馆、南京图书馆、上海图书馆、浙江图书馆等)、博物馆和文物管理部门(如中国历史博物馆、苏州博物馆、辽宁历史博物馆、无锡博物馆等)。由于计量上的问题(计算单位不统一,种、部、册等概念模糊),即便已发现的图册的存量也难以了然。[1] 流传国外的主要在日本,据介绍大概有17种175册(日本国立国会图书馆,9种137册;东京大学东洋文化研究所,5种20册;东洋文库,1种16册;筑波大学,2种2册)。[2] 这些鱼鳞图册完整性较差,最多的也仅1图,难见1都,更难见一县之详情。

---

[1] 有关鱼鳞图册存量,根据研究者们已经接触到的、明确的、以作研究之用的数字仅在20种100册左右,实际应该要大的多,这纯属发掘上的问题。有人认为仅中国社会科学院历史研究所所存徽州文书中就有数千部万历年间的鱼鳞图册,参见林甘泉、童超、周绍泉:《中国土地制度史》,台北文津出版社,1997年,第284页;另休宁县档案馆所藏从清顺治四年(1647)至民国时期的鱼鳞图册总数达8万件,参见周绍泉:《徽州文书与徽学》,《历史研究》2000年第1期。这里存在计算方法的问题,部、件规模指称如何,周文明确"一页为一件计",这有待进一步核实。
[2] 见栾成显:《日本所藏鱼鳞图册及其研究》,《中国史研究动态》1989年第2期。

二

兰溪市位于浙江省中西部，金华、衢、兰三江汇合处，素有"三江之汇，七省通衢"之誉。兰溪自唐代建县以来，文献比较丰富，其中尤有若干未被学术界发现、利用的资料。今存兰溪市财税局的清代同治年间编造、民国实验县时补造的鱼鳞图册，即是一份具稀缺性和完整性于一体的档案资料。

兰溪在历史上曾多次攒造鱼鳞图册。南宋嘉定年间（1208—1224），婺州知州赵夫在本州推行经界，最初就是在兰溪试办的。① 时"知婺州赵恩夫行经界于其州，整有伦绪，而恩夫报罢。士民相率请于朝，乃命赵师岩继之。后二年，魏豹文代师岩为守，行之益力。于是向之上户析为贫下之户，实田隐为逃绝之田者，粲然可考。凡结甲册、户产簿、丁口簿、鱼鳞图、类姓簿二十三万九千有奇，创库匮以藏之，历三年而后上其事于朝"。②

明洪武、万历两朝，曾进行大规模土地调查。万历《兰溪县志》载："明洪武十九年遣官经量田土，时监生铁某、李某躬临本县，将各都各乡田土一一经量，编画鱼鳞图籍以记之。"③然至清康熙初年，明代鱼鳞图册因年久而严重散佚。康熙六年（1667），兰溪再次清丈田土，填造鱼鳞图册，归户办粮。清咸丰十一年（1861），太平军占领兰溪，县衙被焚，鱼鳞图册也再度被毁。在镇压太平军后，清政府饬令即刻"勒限赶造"。④ 这次自同治四年至同治十年（1865—1871）的重攒鱼鳞图册情况，我们可以从光绪《兰溪县志》中查知："夫清赋于四年冬举行，五六两年四乡鳞册告成，七年城局校缮徵册。"随后，由于和原额相较缺漏甚多，故又进行复勘："七年会总对校，得熟产徵额三万二千两有奇，而合荒熟及有主、无主总算较诸原

---

① 《宋史》作嘉定八年，据何炳棣考证，此次经界完成于嘉定十七年（1224），见何炳棣：《中国古今土地数字的考释和评价》，中国社会科学出版社，1988年。
② 《宋史》卷173，《食货上一》，中华书局点校本。
③ 万历《兰溪县志》卷1，台北成文有限公司影印本。
④ 《清朝文献通考》卷3，《田赋三》，浙江古籍出版社，1988年影印本。

额竟缺万余两,细加查询,知土称田之斗石亦有广狭之分。内有二亩六七分为一石者,有二亩八九分为一石者,又有全三亩者。地山塘无斗石可计,地有计斗石者,亦有不计斗石者。率皆约略指报,复拟章由县饬各图董事,亲履按号查补,并搜出斗石匿漏,增田地额各三百余顷,山亩缺额尤多。八年,总局协同各图经办董事身亲登山越二年之久,虽巉岩石无级可登,莫不攀萝躐巅造极,共增山额三千三百余顷,而塘亩亦会同复勘,增额二百余顷,十年仍复汇总校对。"[1]这次重新丈量编造鱼鳞图册,以斗、石计量,凡田、地、山、塘均挨号编字绘图,注明四至,并发给业主凭条作为土地所有证。重编鱼鳞图册共 889 本,按图编 159 号,一式两份,一份存县,一份交各都图册书(地籍员)保管。

1933 年,国民政府定兰溪为实验县。9 月 6 日胡次威就任兰溪实验县县长,遂决定增设土地科(科长为陈开泗),举办土地陈报和清丈。整理土地本以正式测量清丈为基本,但测丈需时既久,费用尤巨,而人才更成问题。十分凑巧,陈开泗在奉命整修县府房舍过程中,从一间小屋内发现了县府保存的一份鱼鳞图册。因历史变迁加之保管不善,图册遭鼠害、虫蛀、霉变,缺漏严重,经清理登记,这份图册已失 200 余册。随后,成立土地推收处,任命各都图册书等为推收员,又从杭州、金华招收百余高中生,合计 300 多人,分组日夜工作,以县府保存的鱼鳞图册为基础,利用各都图册书手中所掌握的鱼鳞图册,进行核对、复丈,补编鱼鳞图册残缺部分。[2] 全部工作历时八个月完成。因乡村基层行政组织的变动,核编后的鱼鳞图册由原来的 889 本拆并为 820 本,换上封面,重新装订而成。[3] 1942 年,兰溪县城被日军占领,县府迁移,鱼鳞图册等重要册籍先雇挑夫运至浙南景宁存放,后转到本县甘溪乡东坞村。抗日战争胜利后运回县城,由县田赋粮食管理处保管。

中华人民共和国建立初期,鱼鳞图册曾作征收农业税的依据之一,土

① 光绪《兰溪县志》卷 2,光绪十五年(1889)刻本,"清赋纪略"条。
② 凡本次补编过程中有改动处,均在改动栏中加盖"兰溪县政府土地推收处验讫"印章。
③ 有关兰溪本次鱼鳞图册补造详细情况,可参见陈开泗:《回首八十年》,《金华文史资料》第 3 辑,浙江人民出版社,1982 年。

地改革时颁发了土地所有权证，鱼鳞图册遂被取代。今存兰溪市财税局的资料，即为清同治年间编造、民国实验县时补造的鱼鳞图册。该项资料现有 746 册，缺 74 册，①分藏 10 箱，载有清同治年间兰溪城区及乡区 35 都（相当于现在的乡镇）159 图（相当于现在的行政村）的田土、山林、地形、地貌等情况。

以第 265 册（十四都四图坐字）为例，其封面如右。

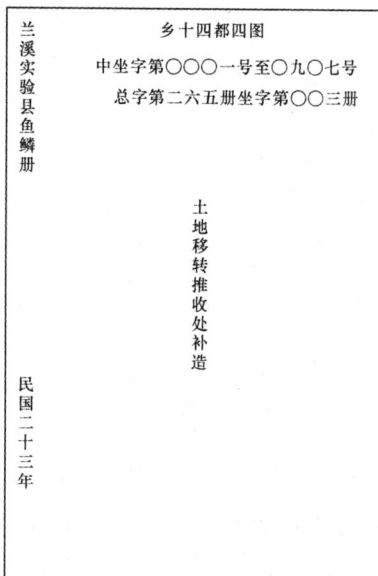

图册长约 25 厘米，宽约 17 厘米。书页系竹纸，雕版填写本，每张折成双面合 2 页，每页载 3 号。所有田地山塘滩（坎）均依次挨号编字绘图，注明业主、四至，分别有主、无主，其中田又分荒、熟两种。所有 35 都 159 图据千字文排列顺序，自金字起德字止，合计 169 字，其中羽、帝、皇、吊、代、罪、王、毁、伤、悲 10 字因避讳或不吉利不用，实用 159 字；城区 1 都 10 图（10 坊）10 字，乡区 34 都 149 图 149 字。其具体所载内容及格式，以 14 都 4 图坐字 2 号为例，抄录如下页图。

其中，除数字与字号以外，均为雕版灰蓝色印刷字体。每号内有"复对"、"校"等朱印，且有的业户名及户籍、结实等项内容，有用墨笔改动之处。可见或经认真校对，或前后有变化。注记部分很值得注意，反映出业主、地目、座落（土名）、等级、数量等变更情况。

作为土地底账，鱼鳞图册尽管在土地改革后失去历史上赋税依据的作用，但对解决历史遗留问题，查实土地权属关系，解决田土山林纠纷等，

右侧封面图：

```
兰溪实验县鱼鳞册              乡十四都四图
                    中坐字第〇〇〇一号至〇九〇七号
                    总字第二六五册坐字第〇〇三册

                          土地移转推收处补造

民国二十三年
```

---

① 1958 年兰溪县土壤普查时，因工作需要，曾外调一部分鱼鳞图册，后未能及时归档，以至散失。缺失的 74 册为：6 都 3 图潜字号 7 本，8 都 2、3 图火字号 15 本，9 都 3 图人字号 5 本，9 都 6 图文字号 5 本，10 都 1 图乃字号 8 本，11 都 1 图衣字号 6 本，11 都 2 图裳字号 2 本，13 都 3 图周字号 1 本，15 都 4 图垂字号 1 本，16 都 1—4 图章、爱、育、黎字号共 23 本，32 都 1 图呈字号 1 本。

```
            升 五 田
               北
            西 下 东
               南

          西        东      业户名    坐字二号    结实〇二厘
          至        至
          拱        一      唐章心              土名坐落
          字        为
          为        界      住十四都            石青山脚
          界      南        四图三泉庄
          北      至
          至      三
          一      为
          为      界
          界
```

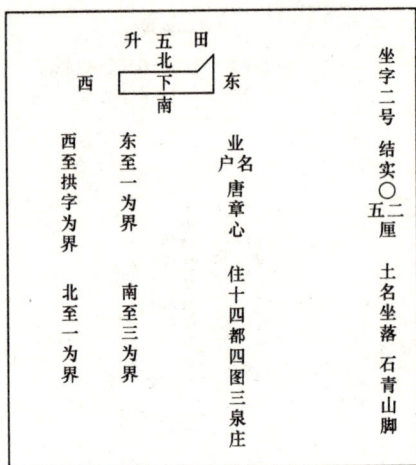

仍有重要的参考价值。而比照前述鱼鳞图册资料的存量和研究状况等事实,兰溪鱼鳞图册除作为古籍善本的文物价值外,更具极高的史料价值。

兰溪鱼鳞图册重要的史料价值,首先在于它所具备的资料的稀缺性和完整性的统一。鱼鳞图册资料总体的稀缺毋庸置疑,更勿论其完整,一般仅见 1 图,最大的不过 1 都的材料。章有义利用的也只有 3 个图资料(长洲县下 21 都 20 图、西 18 都 31 图、下 21 都 3 图);栾成显、鹤见尚弘等的研究均未超出都的范围。图册资料的稀缺和不完整正是学者们深感苦恼的事情。栾成显感叹:"至今保存下来的鱼鳞图册很少,零散而不完整","只就一个都保的鱼鳞册资料而进行统计与分析,其资料并不完全,因而在某些方面不免带有局限性,只是相对的。尽管如此,从鱼鳞图册这类原始档案中挖掘出来的东西,当更接近于历史的真实。特别是在数据资料十分难得的情况下,它就更显得宝贵"。[①] 村松祐次早就指出:"要想系统地归纳对鱼鳞册的观点","其数量太少";鹤见尚弘更是深感由于资料的极度匮乏而致无法施展。[②] 兰溪鱼鳞图册现存全档凡 746 册,这是一份时间跨度很长、内涵相当丰富,并记录了兰溪全县自清同治至中华人民共和国成立近百年各类土地变迁信息的档案。就规模和完整性而言,如果不是绝无仅有,至少也应是非常罕见。这样一份具稀缺性和完整性于一体的资料,如果经过整理、编辑,并成为学术界共享的资源,不仅对历史学,而且对地理学、经济学、社会学甚至生态学等领域的研究都有重要的价值。

其次,正是基于它的完整性,我们有可能设定、复原、重现兰溪一地某

---

① 见栾成显:《龙凤时期朱元璋经理鱼鳞册考析》,《中国史研究》1988 年第 4 期。

② 参见鹤见尚弘:《中国明清社会经济研究》,姜镇庆译,学苑出版社,1989 年,第 78—79 页。

些特定时段的土地面貌与土地占有状况。鹤见尚弘"一直痛感,在社会经济史研究方面,即使是前近代也有必要进行定量分析,或者将陷于独断,缺乏说服力。但是,实录、政书、地方志等所登载的计量史料,与其说正确地反映地方实情,还不如说是由地方官和胥吏们在书房里编造的产物,后者性质更强,竟有将过去的数值原封不动地照抄的情况。再加上通常指出的那样,还有度量衡不统一的问题,因此,无批判地使用这些数字是不允许的"。① 由于史料的严重缺陷,社会经济史,特别是土地制度史的研究显得十分苍白和无奈,要想准确地、全面地反映一地特定历史阶段的土地面貌、土地关系等情况是不可能的。兰溪鱼鳞图册尽管和其他图册资料一样,存在研究者们已经指出的一些如图实相符、业主变化等问题,但其总体的准确性应是肯定的,也即该史料大致反映兰溪特定年代的土地信息。

再次,如能和地方的、民间的文献等材料相结合,则可以研究区域社会——经济长期的变迁。如和族谱相结合,则可以明了人地关系、人口变迁情况;和方志相结合,辅之以社会调查,则可反映区域社会变迁情况,比如可以研究兰溪农民千年生存状态等变化情况。

(原文载于《中国经济史研究》2004 年第 1 期。收入王家范主编:《明清江南史研究三十年(1978—2008)》,上海古籍出版社,2010 年。)

---

① 鹤见尚弘:《中国明清社会经济研究》,姜镇庆译,学苑出版社,1989 年,第 210 页。

集体化及其困境:一种区域史的分析思路

作为一种制度安排,集体化是中国历史上一次大规模的、自觉的改造农村社会的尝试。然而,环环紧扣、急速铰进的集体化之链(农业生产互助组——初级农业生产合作社——高级农业生产合作社——人民公社)无法承受历史和现实的张力,导致国民经济和人民生活的严重困难。本文以浙中金衢丘陵盆地区的一个乡镇——浦江县郑宅镇为例,[①]对集体化时期的经济—社会变动进行较为深入的剖析,力图从乡村社会变迁角度去理解当代中国历史。

一 农民的两种积极性

土地改革运动结束后,是直接引导农民走社会主义道路,还是"巩固新民主主义秩序"? 在老的解放区,特别是东北,由于土改开展比较早,这个问题很快就提上工作日程。到 1951 年,争论的结果是否定私有制而向

---

① 郑宅镇历史悠久,因姓得名。如从北宋元符二年(1099)郑氏家族迁居于此算起,距今也有 900 余年。今郑宅镇辖区在清代分属感德、灵泉二乡,民国时期属黄宅区玄鹿乡、青萝乡。1949 年 5 月浦江全县解放,今辖区郑宅片为玄鹿区玄鹿乡,堂头片属黄宅区圣云乡;次年 10 月,玄鹿乡分建为郑宅、孝门、前店三乡。1956 年 4 月,全县分为 6 区 36 乡镇,堂头设为乡;6 月,郑宅、孝门、前店三乡合并为郑宅乡,属玄鹿区。1958 年 10 月以区建社,郑宅片为浦东公社郑宅管理区,堂头片为黄宅公社堂头管理区。1960 年 1 月,浦江县并入义乌县。1961 年 10 月调整人民公社组织规模,为浦东区郑宅人民公社、黄宅区堂头人民公社。1966 年 12 月,恢复浦江县建制。1969 年 6 月撤销区一级行政结构,分别为浦江县郑宅人民公社、堂头人民公社。1980 年 9 月恢复区建制,仍分属浦东区、黄宅区。1983 年 9 月政社分设,又改为郑宅乡、堂头乡。1985 年 8 月,郑宅乡经浙江省人民政府批准设立为建制镇。1992 年撤区扩镇并乡时,郑宅、堂头合并为现今的郑宅镇。本文以 1992 年行政性调整之前的郑宅镇区域为研究对象。

集体化过渡,即所谓的"趁热打铁",①就是趁土地改革后广大农民对共产党的充分信任——"热",把他们组织起来、走互助合作的道路——"打铁"。"热"是没问题的,"那时候,共产党在贫苦农民中的威信如日中天,党无论采取怎样的步骤引导农民走向社会主义,开始往往都是一呼百应"。② 但"打铁"的时机是否成熟,打成什么样的铁,这是需要慎重抉择的。从农业合作制的理论和苏联农业合作化的实践看,除了把握生产力与生产关系相适应的原则外,关键的也是基本的问题,是如何正确认识和评价农民的两种积极性——发展个体经济的积极性和劳动互助合作的积极性。

从理论上讲,当时的认识是清晰的。1951年9月,中共中央召开第一次互助合作会议,毛泽东主持起草了《关于农业生产互助合作的决议(草案)》。12月15日,中共中央通过这个文件并发给各级党委试行。这个决议草案主要包括三方面的内容:第一,正确估计了土地改革后农民发展个体经济和劳动互助合作的两种积极性;第二,总结了农业互助合作的三种主要形式:临时性的或季节性的互助组,常年互助组和以土地入股为特点的农业生产合作社;第三,要求在互助合作运动过程中防止"左"的和"右"的两种错误倾向。总之,要贯彻自愿和互利的原则,采取典型示范,逐步推广,由小到大,由少到多,由低级到高级,逐步引导农民走集体化道路。③

我们进一步探讨一下"两种积极性"问题。

发展个体经济的积极性。实际上,当时这方面的经验材料是非常丰

---

① 1951年,围绕山西省发展农业生产合作社问题,党内发生了一场争论,薄一波对此有专门的回顾。薄一波指出,这场争论的实质"是涉及当时老区农村或土改后的农村要不要开始起步向社会主义过渡的问题","是1950年围绕东北农村土改后出现新富农问题发生的那场争论的继续"。他认为,在立即向社会主义过渡的问题上,刘少奇主张"巩固新民主主义制度",毛泽东主张趁热打铁,改变私有制。刘少奇在认识和工作方法上有缺点,但他的意见"在主导方面是正确的","他提出不能过早地采取否定私有制的步骤,符合二中全会决议和《共同纲领》,符合当时我国的实际情况"。薄一波:《若干重大决策与事件的回顾》上卷,中共中央党校出版社,1991年,第184—211页。

② 高化民:《农业合作化运动始末》,中国青年出版社,1999年,第3页。

③ 《中共中央关于农业生产互助合作的决议(草案)》,1951年12月。见国家农业委员会办公厅编:《农业集体化重要文件汇编(1949—1957)》上册,中共中央党校出版社,1981年,第37—44页。

富的。就是在中共中央第一次互助合作会议上,熟谙农村情况的农民作家赵树理对《关于农业生产互助合作的决议(草案)》初稿中对只强调土改后农民互助合作的积极性,明确表示不同意见,他以农村实例说明土改后农民最热心的是个体生产的积极性。① 薄一波在回顾农业社会主义改造时,也分析了土改后农民的两种积极性,他指出,农民"既有互助合作的积极性,又有个体经营的积极性,但真正具有互助合作积极性的人为数当时并不很多,而相当多的农民都愿意先把自己的一份地种好",即便到1955年,在"个体经营的积极性还远没有发挥完毕"时,"就把增产希望完全寄托在发挥合作经营一种积极性方面",也是"不太现实的"。② 从逻辑上分析,作为土地的主人,得到土地后的农民应该非常迫切地希望从"自己的"土地中得到属于他们的"真实的"回报。当然,出于对"革命"的陌生感,面对土改运动,面对土改后的收获,农民表现出的兴奋是被压抑的,表面上看是紧张、不安甚至惶恐。1952年12月28日,中共玄鹿区委在《玄鹿区农业生产全面总结》中提到,在农业增产后,农民怕露富、暴富而"盲目叫苦"。③

劳动互助合作的积极性。在传统农业社会,劳动互助是农业生产力水平较低情况下农户间保证农业生产良性运行的调适性行为。根据中共浙江省委农村工作委员会的调查,浙江解放以前就有劳动互助的习惯,一般称为"换工"、"调工"、"匀工"、"打拌工"等,与革命根据地的"变工"性质相似,实际是乡村社会成员间(农户间)在农忙季节为了解决人力、畜力、农具等的不足而采取的一种"穷帮穷"的办法。④ 这种意义上的劳动互助在解放初仍然得到提倡。⑤ 即便在合作化的初级阶段,农民自愿建立起来的临时性或季节性的互助组,甚至常年互助组,仍然是传统劳动互助的延伸。但在后来,这种简单合作的趋势被肆意地夸大了、拔高了。

而在实践上,关于"两种积极性"、"三种主要形式"和"两种错误倾向"

---

① 参见薄一波:《若干重大决策与事件的回顾》上卷,中共中央党校出版社,1991年,第192页。
② 薄一波:《若干重大决策与事件的回顾》上卷,中共中央党校出版社,1991年,第365页。
③ 《玄鹿区农业生产全面总结》,浦江县档案馆,档案号31—1—9。
④ 浙江省农业合作化史编委会:《浙江省农业合作化史资料》第1册,第4—9页。
⑤ 浙江省档案馆、中共浙江省委党史资料征集研究委员会征研二室编:《中共浙江省委文件选编》(1949年5月—1952年12月),第136页。

的正确认识都被轻易地放弃了,简单地认为:第一,我国绝大多数农民有着强烈的互助合作的要求;第二,社会主义工业发展和人民生活的改善,都要求通过合作化的途径来加速农业的发展;第三,农村两极分化对贫农地位的威胁,使开展农业生产互助合作成为一项迫切的任务;第四,农村自发的资本主义趋势,将破坏国家有计划的经济建设。[①] 因此,迅速地开展了合作化运动,向着集体化迈进。

二 集体化之路

尽管土改中对土地和生产资料实行"抽有余而补不足"的办法,但作为普通农民,他们所占有的土地和生产资料终究是有限的。土改后,浦江全县只有耕牛 12496 头,平均每 5 户农户才拥有 1 头耕牛。[②] 如果农户间不发生协作关系,完全独立地以户为单位从事农业生产,那么对于相当一部分的农户,劳动力、畜力和劳动工具必然地是紧张的。这时候,我们应该相信农民的自我调适能力。仅此而言,每户农户都拥有足够的劳动力、畜力和劳动工具,是不可能的,似乎也是没有必要的。

为着实现"由个体逐步走向集体"的"必由之路",[③]新政权在农民的自我调适能力还来不及发挥作用的情况下,就立即引导农民走互助合作的道路。浙江省和全国一样。1951 年 4 月,在全省土改工作基本完成的情况下,开始推动各地的劳动互助。[④] 正是在这样的背景下,浦江县的劳动互助也逐步开展起来了。同月,马剑区潘周家村的省劳动模范潘大标、横溪区前吴乡的吴沂苟,根据"土地私有,自愿结合,等价交换,民主管理"的原则成立互助组。至年底,全县建立临时互助组 445 个、常年互助组 227 个,参加互助组的农户有 5297 户,占总农户数的 8%。[⑤]

---

① 参见陈明显主编:《新中国四十五年研究》,北京理工大学出版社,1994 年,第 107—109 页。
② 何保华主编:《浦江县志》,浙江人民出版社,1990 年,第 122 页。
③ 浙江省农业合作化史编委会:《浙江省农业合作化史资料》第 1 册,第 5 页。
④ 参见金延锋主编:《当代浙江简史》,当代中国出版社,2000 年,第 116 页。
⑤ 何保华主编:《浦江县志》,浙江人民出版社,1990 年,第 122—123 页。

郑宅地区的集体化发轫于1951年底开始组织的互助组。12月,前店乡二村中农、劳动模范洪兆钧建立本地区第一个农业生产互助组。[①]与过去"换工"、"调工"等简单的互助劳动不同,这是一个正式的生产与分配单位——"组"。1952年春,郑宅、孝门、前店三乡迅速掀起建立互助组的热潮。以前店乡为例,据1952年8月14日的统计,全乡有35个常年互助组,19个临时互助组。参加互助组的农户占总农户数的61%,参加互助组的人口占总人口的60.2%。[②]为进一步推动农业生产互助合作,玄鹿区和郑宅、孝门、前店三乡政府还分别举办互助合作训练班,成立互助合作代表会。[③]从全县情况看,至1953年底,共有互助组4088个(其中常年互助组2023个),有37037户农户参加,占总农户的58.60%。[④]

互助组仅仅是集体化的起点。1952年1月底,浙江省第一个初级农业生产合作社——许桂荣农业生产合作社在新登县新堰村成立。[⑤]3月22日,浦江县第一个初级农业生产合作社——黄有塘农业生产合作社在浦阳镇成立。[⑥]从1953年冬到1955年冬,浙江全省主要是大力发展初级化,同时进行高级社的试点。[⑦]到1955年4月份,初级社增加到5.09万个,加上4800个自发社,共达5.5万个社,入社农户上升到占总农户数的30%。由于产生了一系列问题,1955年4月,中共浙江省委采取"全力巩固、坚决收缩"的方针。7月31日,毛泽东严厉批评农业合作化过程中"小脚女人"的"右倾"错误,指出浙江省的"坚决收缩"方针很不妥,是犯了"右"的错误。9月份之后,全省各地普遍掀起农业合作化高潮。到年底,初级社发展到10.5万个。至此,浙江省基本上实现了半社会主义的农业合作化。1955年12月以后,浙江的合作化运动由办初级社为中心进入

---

① 《前店乡互助合作情况月报表》,浦江县档案馆,档案号31-1-9。

② 《前店乡互助合作情况月报表》,浦江县档案馆,档案号31-1-9。

③ 《玄鹿区互助合作骨干训练统计表》,浦江县档案馆,档案号31-1-19。

④ 何保华主编:《浦江县志》,浙江人民出版社,1990年,第123页。

⑤ 浙江省农业合作化史编委会:《浙江省农业合作化史资料》第1册,第363页。

⑥ 浦江全县集体化发展情况,参见何保华主编:《浦江县志》,浙江人民出版社,1990年,第123—124页。

⑦ 以下有关浙江省农业合作化情况,参见沈吾泉主编:《中国农业全书·浙江卷》,中国农业出版社,1997年,第374—388页。

以办高级社为中心的阶段。浙江省的高级农业合作社是从 1952 年开始试办的。1952 年 4 月,浙江省第一个高级社——五洞闸集体农庄,在慈溪县岐山乡成立。① 1954 年,全省试办了 104 个高级社。由于批判"右倾保守"和"坚决收缩",从 1955 年冬季开始,在大办初级社同时,出现了办高级社的高潮。到 1956 年 12 月,全省高级社已发展到 24809 个,入社农户 493.7 万多户,占总农户的 98.85%。

我们再来看看郑宅地区集体化推进的情况。与建立互助组相比,郑宅地区农民对于初级社和高级社的积极性显然大打折扣,反应似乎要"迟钝"许多。到 1954 年春,浦江全县有 21 个初级社,入社农户 338 户,这个数字是低于全省水平的。6 月 7—11 日,浦江县互助合作代表会议召开。会后,各区均试办初级农业生产合作社。四个多月后,整个郑宅地区才出现第一个初级社。10 月 20 日,郑宅乡第一农业生产合作社建立。11 月,孝门乡第一农业生产合作社建立。而前店乡第一农业生产合作社,直到1955 年 1 月才建立。② 至 1955 年春,全县初级农业生产合作社发展到537 个,有社员 14128 人,占总农户的 21.5%。但是,部分社的生产管理出现混乱。3 月,浦江县贯彻中共浙江省委"全力巩固,坚决收缩"的整顿合作社方针,整顿巩固一批农业生产合作社。7 月,郑宅乡有 3 个初级农业生产合作社,孝门乡有 4 个初级农业生产合作社,前店乡有 6 个初级农业生产合作社。③ 但是,集体化的滚滚车轮牵引着广大农民向着"理想的彼岸"飞奔。10 月,浦江县贯彻中共中央《关于农业合作化问题的决议》,批判"坚决收缩",全县初级社恢复到 1011 个,参加农户 24220 户,占总农户的 37.40%。1955 年冬,农业合作化趋向高潮。到 1956 年 7 月,郑宅、孝门、前店三乡合并为新的郑宅乡,共有初级农业生产合作社 17 个。④

与全省的情况一样,1955 年底以后,浦江县一边批判"坚决收缩",一

① 浙江省农业合作化史编委会:《浙江省农业合作化史资料》第 1 册,第 364 页。
② 《农业生产合作社基本情况定期报告表》,浦江县档案馆,档案号 31—1—31。
③ 《农业生产合作社基本情况定期报告表》,浦江县档案馆,档案号 31—1—31。
④ 《郑宅乡农业生产合作社户数、人口、大型农具、运输工具及房屋统计报告表》,浦江县档案馆,档案号 31—1—40。

边采取"初级升高级,小社并大社"和"全面规划"的办法,把初级社成批地转办为高级社。1956 年 7 月,合并后的郑宅乡有高级农业生产合作社 26 个。[①] 年底,浦江全县有高级社 388 个、初级社 25 个,入社农户占总农户的 90% 以上,基本完成了对农业的社会主义改造。

集体化继续往前高速滑行,广大农民又被卷入另一场新的、波澜壮阔的运动中去。1958 年 8 月,中共中央作出《关于在农村建立人民公社问题的决议》。9 月底,浦江全县实现"人民公社化",全县分为 7 个人民公社、42 个管理区。郑宅乡改为浦东人民公社郑宅管理区,下设生产队。人民公社内部无偿调用土地、农具和物资;生产瞎指挥,"大兵团作战"、"大办食堂",搞"供给制"分配,取消自留地,农民的生产积极性受到严重挫伤。

三　困境之一:政治分析

把农民组织起来、走集体化道路,这既有经济考虑,也有政治考虑,而实践证明更多的是政治的考虑。无论是出于对社会主义大农业的热忱向往,出于对当时已经出现的农村社会的"两极分化"的担忧,还是出于为了使"统购统销"政策顺利执行、以便从农村获得更高的农业剩余去支持更加亟待发展的城市重工业的考虑,[②]从根本上讲,是出于政治的考虑:放弃"巩固新民主主义秩序"理论,尽快确立社会主义制度。而且,无论上述考虑在当时有多么充分的理由,历史地分析,这些理由如果不是不切实际的或违背客观规律的,也是片面的或被误读的。

如果是出于对社会主义大农业的热忱向往,那么这只能是一种向往而已。在当时的生产力条件下,短时间内是不可能具备实现社会主义大农业的条件的。

如果是出于对当时已经出现的农村"两极分化"的担忧,那么这种担

---

① 《郑宅乡农业生产合作社户数、人口、大型农具、运输工具及房屋统计报告表》,浦江县档案馆,档案号 31—1—40。

② 周晓虹:《传统与变迁:江浙农民的社会心理及其近代以来的嬗变》,三联书店,1998 年,第 164 页。

忧实际上是没有必要的。土改后农民生活水平的上升，这应该被看成是农村生产力恢复和发展的结果。至于农民在生产和生活上出现的严重困难，那也只是少数的或者是暂时的。在浦江，开始出卖房屋或出租土地的，仅仅是少数或患病或受灾的农户。[①] 甚至，一部分农户出卖土地并不是由于贫困所致，而是为了扩大再生产的需要；或者，这种土地关系的局部微调对于发展生产，倒反而是有好处的。[②]

如果是出于为了使"统购统销"政策顺利执行、以便从农村获得更高的农业剩余去支持更加亟待发展的城市重工业的考虑，那么我们除了表示某种程度的理解外，更多的是为新政权在"农村包围城市"、实现革命胜利后放弃农村的冷酷而感到深深遗憾。

如前所述，互助合作初期农民高涨的积极性，实际是传统劳动互助的延伸。但是，这种简单合作的趋势被肆意地夸大了。那么，又如何理解后来在初级社特别是高级社阶段从农民身上表现出的令人困惑的"个体生产的积极性的烟消云散"（心甘情愿地把土地证交了出来）和"互助合作的积极性的如日中天"（哭哭啼啼要求加入合作社）的两种极端，有学者认为，经济动机是农民群众争先恐后地进入集体化的主观原因，政治压力是导致农民选择集体化的客观动力，而合作化时期自上而下的行政强制、盲目攀比和宣传鼓动是迫使农民参与集体化的外部因素。[③] 这种分析无疑是精辟的。不过，需要补充一点，上述三种因素的作用应该是过程性的。

确实，在集体化运动中，农民不由自主地放弃了"农民的理性"；千百年来严重缺乏政治意识和政治参与能力的农民，竟然很快（被迫）懂得了政治，懂得了政治背后的实惠——我们可以称之为"异化的经济动机"。进入初级社后，农民不再如互助组那样关心互助合作的经济价值和意义，相反，去追求既现实、但最终又是超现实的政治价值和意义。在郑宅地区，我们没有找到这样的材料，但前面提到的许桂荣农业生产合作社，却

---

① 何保华主编：《浦江县志》，浙江人民出版社，1990年，第122页。
② 参见董国强：《对五十年代农村改造运动的再探讨》，《中共党史研究》1997年第4期。
③ 周晓虹：《传统与变迁：江浙农民的社会心理及其近代以来的嬗变》，三联书店，1998年，第167—173页。

是一个典型的例子。在互助组阶段,许桂荣互助组成员团结一致、克服困难、战胜灾害,农副业获得增收。① 1952年1月成立初级社,年终上报材料表明成绩十分喜人。1953年1月6日,中共浙江省委作出《关于给予新登县城岭区以"农业生产互助合作模范区"奖励的决定》,这项奖励的对象包括许桂荣农业生产合作社。但是,不久就发现了问题。1月中旬,省委农村工作委员会派工作组到该区调查,发现许桂荣农业生产合作社虚报产量,同时,省纪律检查委员会、《浙江日报》连续收到该区一些干部揭发和批评区委书记错误的检举信。② 干部浮夸了,农民跟着也浮夸了。显然,在集体化成绩背后隐藏着太多的问题。当时被树为合作化的典型,多少都存在诸如此类的问题。1953年4月3日,中共浙江省委农村工作委员会印发的《关于对新昌县杨德喜农业生产合作社初步检查报告》,就指出该社存在没有掌握按劳分配原则、财务管理不健全、社员不安心农业生产、政策不兑现、放松冬季生产等问题。8月30日,省农林厅报请省人民政府批准发出《关于撤销许桂荣模范农业生产合作社奖励的通报》。③

那么,为什么会出现浮夸。干部浮夸的动机比较容易理解,当然是出于"政绩"需要。农民浮夸的动机是什么?可以说,这是基于现实的、小农生存意识或所谓的"小农式狡诈"意义上的一种"理解"。简单讲,他们懂得"搞政治"的好处。这种"异化的经济动机"是现实政治驱使的结果——在劳模、典型、经验背后,是实际的经济利益。比如杨德喜初级农业生产合作社,1952年、1953年连续两年被评为省模范合作社,得到的奖励是:水车1部,耕牛1头,打稻机1部,喷雾器1部,土棉布1匹,毛巾1打。对于45户农民,这是多么的实惠啊!而杨德喜本人更是风光,1952年冬作为农民代表,参加省各界人民代表会议;1953年1月,出席省第三届农业劳动模范代表大会,并出席华东爱国增产劳模代表会议,还获得锦旗;

---

① 《新登县许桂荣模范互助组的成长》,1951年12月。浙江省农业合作化史编委会:《浙江省农业合作化史资料》第1册,第271—274页。

② 浙江省农业合作化史编委会:《浙江省农业合作化史资料》第1册,第371页。

③ 浙江省农业合作化史编委会:《浙江省农业合作化史资料》第1册,第373页。

1954年,光荣地加入中国共产党,并被选为省首届人民代表大会的代表。[1] 又如,1952年2月,海宁县许村区提出"去年互助组,今年合作社,明年集体农庄"的口号,号召"啥人觉悟高,先到社会主义",批判单干是"资本主义"、"前途危险",并以优待奖励的办法刺激农民办合作社。于是,农民为了争光荣、争贷款、争奖励,就在互助组基础上办起了合作社。[2] 结果可想而知。

何况,在集体化运动中,阶级划分后的政治成分发挥了特殊的作用。在互助组阶段,先进入互助组的主要是贫农、一些中农,还有少数雇农,这部分是因为贫农的条件决定他们有更强烈、更迫切的互助合作的要求;同时,能否进入互助组、先入还是后入,成为政治、身份、地位的一种评价,"成分"与"先进"、"落后"直接等同。根据前店乡1952年8月14日的统计,54个互助组的391户农户中,贫农240户、中农134户、雇农11户。[3] 当然,地主和富农是不被允许进入的。这种情况在建立初级社的过程中更加充分地表现出来。[4]

集体化过程中农民复杂的动机和心态,以及由此而可能导致的大部分农民生产积极性的挫伤和农业生产效率的下降,不是已经埋下乡村社会和农民生活出现困境的伏笔了吗?

四　困境之二:经济分析

对集体化时期农村经济进行定性分析是比较容易的,但定量分析就要困难得多了。尽管我们已经掌握了农村经济发展态势的一些基本数据,但与历史演变的复杂性相比,仅靠这些数据去反映、揭示乡村社会变迁的机理,显然是远远不够的,区域研究尤其如此。在集体化时期,郑宅

---

① 《农民集体的组织者、农业生产的开拓者——省劳动模范杨德喜》,《浙江省农业合作化史资料》第1册,第330—331页。

② 浙江省农业合作化史编委会:《浙江省农业合作化史资料》第1册,第336—337页。

③ 《前店乡互助合作情况月报表》,浦江县档案馆,档案号31-1-9。

④ 周晓虹:《传统与变迁:江浙农民的社会心理及其近代以来的嬗变》,三联书店,1998年,第171页。

地区同样走过了一段"没有发展的增长"的历程,①区域经济和人民生活处于"困境"之中。国民经济调整后的农村经济情况将另文专题研究,这里仅就 1952—1961 年间的情况作一些分析。通常,我们把 1952—1961 年的 10 年,分成 1952—1957 年和 1958—1961 年两段。

第一阶段,1952—1957 年。

1949—1952 年,郑宅地区的农业迅速地发展起来。以水稻为例,据 1952 年统计,玄鹿区水稻平均亩产 376.1 斤,比解放以前的 339 斤增加了 37.1 斤。当然,从根本上讲,这种发展还是属于恢复性发展的范畴。但是,随后集体化的迅速推进,并没有带来预期的农业的大发展。非常遗憾,我们没有找到 1952—1957 年郑宅地区可资此项讨论的完整的农业发展的统计资料,但依据浦江县的相关统计资料应该也是可行的。

1949—1961 年浦江县主要粮食作物耕种面积与产量统计表

年份	粮食及大豆合计			早 中 稻			大 麦		
	面积	亩产	总产量	面积	亩产	总产量	面积	亩产	总产量
1949	57.71	206	11896	26.45	324	8558	5.49	80	439
1950	57.13	224	12797	26.44	351	9270	4.82	90	434
1951	64.13	228	14619	25.07	389	9758	7.24	104	753
1952	60.43	239	14460	25.28	398	10058	5.33	109	583
1953	64.00	230	14692	25.39	372	9449	6.09	136	825
1954	68.23	229	15625	26.60	381	10135	6.36	124	787
1955	68.03	243	16499	26.47	382	10111	5.85	128	751
1956	68.25	244	16667	24.97	328	8189	4.97	141	700
1957	64.39	264	17029	23.84	366	8733	4.57	127	581
1958	63.19	345	21783	21.22	439	9318	4.87	160	780
1959	55.50	341	18942	21.36	352	7525	3.48	123	427
1960	35.48	264	9351	13.79	376	5185	2.1	207	434
1961	36.07	252	9077	12.95	341	4417	3.03	146	444

(面积:万亩;亩产:斤;总产量:万斤)

(资料来源:根据《浦江县志》综合而成。何保华主编:《浦江县志》,浙江人民出版社,1990 年。)

---

① [美]黄宗智:《长江三角洲小农家庭与乡村发展》,中华书局,2000 年,第 238 页。

根据上表计算,1952 年与 1949 年相比,浦江全县粮食和大豆合计平均亩产增加 16.02%,年均增长 5.34%。但 1957 年与 1952 年相比,粮食亩产增产幅度明显减小,全县粮食和大豆合计平均亩产增加 10.46%。而早中稻平均亩产却出现下降趋势,减产 8.04%,年均减产 1.61%。平心而论,在农业技术水平和条件有所改善的情况下,集体化的大力推进不仅没有给浦江带来预期的农业的大发展,农业生产反而出现迟滞状态,这不能不令人深思。

而且,粮食供需也出现紧张局面。[1] 从这一时期农业种植结构的变化,可以看出粮食供应和农业生产的实际情况。1957 年 7 月 1—8 日,全县甚至发生农民要求供应粮食事件 21 起,有 2 个区公所和 6 个乡政府的工作受到干扰。[2] 粮食供应和农业生产的紧张情况从另外的渠道也凸现出来,郑宅地区的各个农业生产合作社不得已地采取了偷产、瞒产、漏产等形式,多少保障农民自身的利益、特别是粮食的需求。据 1957 年的一份材料显示,偷产、瞒产、漏产的花样有 20 多种,比如,湿谷折燥谷以提高含湿率、降低成头,好谷当瘪谷、次谷分掉,小队集体瞒报、编造两个方案,等等。这不也从另一个侧面反映出集体化存在的问题吗?[3]

第二阶段,1958—1961 年。

1958 年 8 月,"大跃进"、人民公社化运动掀起。浦江县也提出了不少不切实际的指标,竞相放"高产卫星",还进行双季稻、玉米的"移苗并丘",造成减产。浦东人民公社《1959 年粮食规划表》显示,1959 年,全社粮食种植面积计划达到 32000 亩,粮食平均亩产计划实现 4631 斤,总产量比 1958 年翻两番。[4] 从 1959 年 2 月 28 日中共浦东人民公社委员会《向省委检查团关于当前工作的汇报》中还可以发现,全社 1959 年农业生产计划要求确保亩产 2300 斤、力争 2600 斤(有趣的是,汇报时又修改为确保亩产 3000 斤、力争 4000 斤)。不过,这份材料也透露出"吹牛"同时

---

① 我们一直认为,这一时期的粮食是不应该出现紧张局面的。
② 何保华主编:《浦江县志》,浙江人民出版社,1990 年,第 31 页。
③ 《郑宅乡各农业社开始实报产量》,浦江县档案馆,档案号 31—1—44。
④ 《1959 年粮食规划表》,1958 年 12 月 14 日,浦江县档案馆,档案号 31—1—56。

的重重顾虑——"思想上的阻力和客观上的困难",当然主要是"客观上的困难",比如,农具的严重缺乏问题。由于前一年大办钢铁过程中,不少农具如锄头等当做废铁卖掉了,加上铁匠也被调作他用(比如兴修水利等),打制新的工具都来不及,等等。①

郑宅管理区(公社)的农业生产同样出现了很不正常的现象。东明生产队是大跃进时期的一个典型,据称,该生产队 1958 年粮食平均亩产 624 斤,1959 年平均亩产增加到 824.4 斤,比 1958 年增加 35%;1958 年有 1.875 亩玉米,平均亩产 1824 斤,居全县第一;有 0.875 亩(春花)小麦,平均亩产达到 985 斤。1959 年,出现草子亩产 24000 斤。1960 年,1.05 亩草子支部试验田亩产 55000 斤。青年试验场共 29.25 亩,粮食平均亩产 2003.6 斤。② 另据 1959 年 3 月 3 日《浦东报》第 6 号报道:"东明生产队 639 亩花草,大部分生得比尺高,社员决心亩产 2 万斤,争 3 万斤,主要经验四条:插种早,种子多,品种好,肥料施得足。现在每亩花草已经施上人粪、草木灰等 300 担以上,所以丘丘花草一类苗,亩亩生得都很好。"③浮夸是何其严重啊!

与"口号增产"相反,1958 年后,浦江粮食总产量连续下降。1960 年,农业总产值比 1958 年下降 44%。至 1961 年,浦江县的粮食产量仅 9077 万斤,比 1957 年下降 45%,全县人均收入下降到 33.20 元,口粮仅 330 斤。1960 年,浦江出现饿、病、流、荒,全县有数千人患浮肿病。11 月,要求小学超龄学生回家参加农业生产。浦江全县共裁减小学 108 所,学生 1 万余人。④ 郑宅管理区各大队的情况同样严重,从粮食总产量看,尤以 1960 年的形势最为严峻。⑤

1961 年后,浦江县贯彻中共中央关于纠正农村人民公社平调风和"共产风"的指示以及《农村人民公社条例(修正草案)》,先后退赔平调款

① 《向省委检查组关于当前工作的汇报》,1959 年 2 月 28 日,浦江县档案馆,档案号 31—1—67。
② 《模范地执行党的政策》,浦江县档案馆,档案号 31—1—83。
③ 《浦东报》,浦江县档案馆,档案号 31—1—68。
④ 何保华主编:《浦江县志》,浙江人民出版社,1990 年,第 32 页。
⑤ 《郑宅管理区各大队三年来基本情况调查表》,1961 年 6 月 23 日,浦江县档案馆,档案号 43—2—1。

633 万余元;将 7 个人民公社划小为 24 个公社,下分 420 个生产大队、3022 个生产队;恢复自留地,允许发展家庭副业;改进劳动管理和收益分配,实行评工记分;有些公社还划分自留山。[①] 同时,国家也调拨粮食,部分地解决农民的生活问题。1962 年初,郑宅公社 20 个大队中的 16 个大队由国家解决了 11 万斤粮食,其中预借粮 21905 斤、供应粮 88095 斤,解决了 1505 户 5676 人粮食问题。[②] 这样,农业生产才逐步得到恢复,农民生活逐步得到改善。

五 困境之三:人口分析

1959—1961 年,这是集体化时期乡村社会和农民生活处于极度困境的一个时期,我们通常称之为"三年困难时期"。在"大跃进"、人民公社化运动中,由于忽视客观经济规律,以高指标、浮夸风和"共产风"为主要标志的"左"倾错误严重泛滥,"加上当时的自然灾害和苏联政府背信弃义地撕毁合同,我国国民经济在一九五九年到一九六一年发生严重困难,国家和人民遭到重大损失"。[③]"三分天灾,七分人祸"的提法,就是一种归纳。但是,随着历史的推移,天灾人祸之间并不简单是"三"与"七"的比例关系。我们曾经把"什么东西都长不大"、"种什么不长什么"的原因归之于自然灾害,现在看来,还是"人祸"。农业有严格的自然规律的要求,在生产力水平低下的情况下,打破这一规律所导致的恶性循环,带来的只能是灾难。

毫无疑问,"极度困境"通过人口的非正常变动暴露无遗。就全国而言,许多地区遭受了前所未有的严重的饥馑,生活困苦,体质减弱,生育兴趣与生育能力下降,自然地,人口出生率大幅度降低,死亡率大幅度上升。原国家统计局局长李成瑞在 1997 年发表的《"大跃进"引起的人口变动》

---

① 何保华主编:《浦江县志》,浙江人民出版社,1990 年,第 133 页。

② 《生活安排情况》,1962 年 3 月 21 日,浦江县档案馆,档案号 43—2—5。

③ 中共中央文献研究室:《〈关于建国以来党的若干历史问题的决议〉注释本》,人民出版社,1985 年,第 24 页。

一文中,综合国内外学者的研究成果,认为 1958—1963 年非正常死亡人口的估算数字约为 2158 万。①

虽然,这一时期人口非正常死亡的准确数据还有待进一步的统计和研究,但就事实而言,经济相对落后的中西部地区,其严重程度是大大超过东部地区的。无论是浙江省,还是浦江县,还是郑宅区域内,情况显然要"好一些"。从档案材料和田野访谈中,我们发现郑宅区域饿死人的情况似乎是不存在的。即便如此,人口非正常减员仍然是真实的。由于缺少 1957 和 1958 年的详细数据,我们暂时只能对郑宅地区 1957—1961 年的人口变动情况作简单的分析。1959—1961 年,郑宅地区人口出生率较低,人口总数有所下降。1959 年,郑宅地区有 11228 人;1960 年,有 11124 人;1961 年,有 10853 人。如果不考虑人口出生率、死亡率,特别是自然增长率,仅就总人口数,1960 年比 1959 年减少 104 人,1961 年比 1959 年减少 375 人、比 1960 年减少 271 人。如果考虑自然增长率,那么人口减少的数字会更大。1962 年,经过国民经济调整,人口才逐步恢复到原来较为正常的增长状态。1962 年比 1961 年增加了 707 人,1963 年比 1961 年增加了 1071 人、比 1962 年增加了 364 人,1964 年比 1963 年增加了 409 人。不过,需要注意的是,1962 年人口的迅速增加部分地是国民经济调整过程中,精简城镇人口、减少职工队伍的结果。1962 年 5—8 月,郑宅地区精简回乡的城镇人口有 304 人,其中从浦江以外回到郑宅的有 177 人。② 顺便提一句,20 世纪 60 年代初国民经济调整过程中的精简城镇人口、减少职工队伍问题,对于考察当代中国乡村社会变迁和农民生存状态有着特殊的价值和意义。"一五"计划时期,为了支持国家工业化建设,数以千万计的农民响应号召,进入城市;国民经济调整中,精简城镇人口、减少职工队伍,同样是数以千万计的农民,同样是响应号召,无条件地回到农村。尽管我们迄今仍一如当年那样声称,精简城镇人口、减少职工队伍是"为了贯彻执行国民经济以农业为基础和大办农业、大办粮食的

① 参见李成瑞:《"大跃进"引起的人口变动》,《中共党史研究》1997 年第 2 期。
② 《郑宅公社回乡人员人数与安置情况统计表》,浦江县档案馆,档案号 43—2—5。

方针"，是为了"加强农业战线的劳动力"，职工也是"自愿回乡参加农业生产"，①但到底是为了支持和加强农业生产，还是国家把压力转移到农村（实际是农民的身上）？答案应该是不难寻找的。

郑宅地区 1951—1964 年历年户数、人口数统计表

年份	总户数（户）				总人口（人）			
1951	合计	郑宅	孝门	前店	合计	郑宅	孝门	前店
	2887	939	1196	752	11780	3864	4849	306
1952	/	/	/	/	11704	3793	4847	3064
1956	2908				11084			
1959	/				11228			
1960	2940				11124			
1961	2879				10853			
1962	2972				11560			
1963	2948				11924			
1964	2968				12333			

（资料来源：浦江县档案馆，档案号：31—1—4、31—1—9—68、31—1—90。）

上述关于郑宅地区人口变动情况的分析，只能说是一种基本的、总体趋势的估计，要得出准确的变动数据，是需要材料前提和人口学的人口分析方法的介入，这个问题留待以后专题解决。另外，如果从浦江全县看，或许会更清晰一些。下表直观地反映了浦江县 1957 年以后人口急剧变动的情况。

---

① 我在浦江县档案馆查阅到的所有当年郑宅公社返乡职工所带的介绍信，在格式与措辞上似乎有统一的口径，都提到是为了响应"大办农业、大办粮食"的号召，都是为了"加强农业战线的劳动力"，都是"坚决要求"或"自愿要求"回乡的。浦江县档案馆，档案号 43—2—1、43—2—5。

浦江县 1957—1964 年历年户数、人口、出生率、死亡率、自然增长率统计表

年份	总户数(万户)	总人口(万人)	出生率(‰)	死亡率(‰)	自然增长率(‰)
1955	6.96	26.65	33.9	9.6	24.3
1956	6.62	27.08			
1957	6.70	27.90			
1958	6.68	27.08			
1959	6.91	27.25			
1960	5.59	22.90			
1961	5.87	22.60	7.5	7.8	−0.3
1962	5.89	23.00			
1963	5.93	24.10	40.7	7.7	33.0
1964	5.92	24.87			

(资料来源:据《浦江县志》"建国后历年户数人口表"和"建国后人口自然增长概况表"综合而成。何保华主编:《浦江县志》,浙江人民出版社,1990 年。)

与此可以互相验证的,还有一些基本的事实。比如,1959—1960 年,浦江县有部分人口外流江西等地,后多数返回本县;1961 年 1 月,义乌县人民委员会派出浮肿病防治小组到浦江地区巡回治疗,并进行妇女病、小儿营养不良普查;1962 年,城镇居民下放支农,浦江地区减少非农业人口 3950 人。[①]

(原文载于《浙江社会科学》2004 年第 1 期。)

---

① 何保华主编:《浦江县志》,浙江人民出版社,1990 年,第 33、98 页。

江南(浙江)区域史研究论纲[*]

一　国际学术视野中的江南史研究

宋元以降,随着政治、经济、文化中心的南移,江南呈现空前的繁荣,逐步成为中国最有活力、最为发达的地区。由此,自20世纪50年代以来,海内外学术界在关于中国历史走向或长期演变趋势的讨论中,往往把江南作为考察和验证的中心,并将江南意义上的中国与世界(西方)的历史进程进行比较,形成了一些整体性的判断,深刻地影响着人们对于历史和现实的认知。

众所周知,作为"五朵金花"之一的"资本主义萌芽"讨论,实际上可视为明清江南史研究的变异。之后,在学术脉络上具延续特征的"早期工业化"等问题探讨,更是明确以江南区域为中心。最近十数年,"加州学派"主要基于江南研究所取得的重要成果,挑战了以往对于中国历史走向和长期演变趋势所形成的"共识",引起海内外学术界激烈的讨论。

检视国际视野中的江南史研究,以"大关怀"、"大问题"、"大观念"的讨论而生发,虽曾为"显学",期间的得失却是值得反思、总结。尤其在学术研究理路上,问题的预设,验证的取向,乃至在"江南经验"与"中国经验"关系处理上存在的问题,这些无不警示学界,在预设等背后抑或存在着"陷阱",须审慎对待,认真清理,并寻找新的出路。

---

　　* 本文为论纲提要。关于江南(浙江)区域史研究的学术史回顾等相关问题,参见拙作《浙江地域史研究と新史料の発掘》,收录于(日)高田幸男、大澤肇主编:《新史料からみる中国现代史:口述、電子化、地方文献》,东方书店,2010年。

二 江南史背景下的浙江区域史研究

浙江区域史研究有一段较长的学术史。20 世纪之交,随着国家意识的复苏,地方自治的推行和学术意识的张扬,人们重新审视国家的、地方的历史和传统,并开始以新的视角进行梳理。自 20 年代始,一批勾勒浙江区域历史演进的专史著述陆续问世。抗战时期,浙江区域史研究整体受到严重冲击。战后,学术研究有所恢复。1947 年 10 月 4 日,谭其骧在《东南日报》发表了《浙江省历代行政区域——兼论浙江各地区的开发过程》,可谓浙江区域史研究具有里程碑意义的重要成果。1949 年中华人民共和国成立以来,尤其是最近 30 年间,随着新的考古发现、史料整理以及学术自身的推进,浙江区域史研究呈现全新的面貌,成果数量和质量同步快速上升。

浙江区域史研究与江南史研究有着密切的联系,或者说是其重要的组成部分。关于江南区域的界定,学界曾有专门的讨论,有大、小之分,或广义、狭义之别。就浙江而言,尽管在传统的江南史,尤其是明清江南史的研究中,人们仅仅把浙北杭州、嘉兴、湖州纳入"江南"范畴,但是最近的迹象表明,人们期望在更大范围内把浙江纳入江南史研究视域中。这一取向,既是学界拥有全局关怀的区域史研究意识增强的结果,也是基于对浙江丰富的存量史料及由此决定的广阔的学术空间判断的结果。同时,过去半个多世纪,尤其是最近 30 多年浙江超乎寻常的变动所提供的丰富的经验材料,也激发了人们深入探究浙江区域历史文化和现实变动逻辑的兴趣。

三 浙江大学的江南(浙江)区域史研究

在江南(浙江)区域史领域,浙江大学有着优秀的学术传统和深厚的学术积累。浙江大学史地系时期,竺可桢、张其昀、谭其骧等前辈大家,均注目江南(浙江)区域史,成果卓著。如前所述,1947 年谭其骧的《浙江省历代行政区域——兼论浙江各地区的开发过程》,可谓浙江区域史研究具有里程碑意义的重要成果。

中华人民共和国成立以来,特别是最近 30 多年,从杭州大学历史学系,到浙江大学人文学院历史学系,在江南(浙江)区域史研究中,包括徐规、倪士毅、杨渭生、何忠礼、包伟民等的两宋浙江史研究,蒋兆成的明清浙江史研究,郑云山、汪林茂的晚清浙江史研究,金普森、杨树标的民国浙江史研究,包伟民的江南市镇研究,梁敬明的浙江乡村社会史研究等领域,形成了自身的优势和特色。

值得一提的是,目前浙江大学历史学科一批基础扎实、视野开阔、充满激情和活力的年轻学者,已经在江南(浙江)区域历史文化相关领域取得了重要的成果,受到学术界的重视,预示本领域的研究将具备强劲的发展潜力。具体如陈志坚的杭州初史研究,陶磊的吴越历史文化研究,陈建梅的江南历史地理研究,杜正贞、吴铮强的浙江地方文书整理和研究,鲍永军、徐立望、张凯的江南学术史研究,以及王海燕、杨雨蕾的江南与海外关系研究等。近年从海外归来的孙竞昊、吴艳红等教授,具备将中西两种学术理路结合的经验和网络,对于明清以来江南城市化和商品化等问题有深入的研究。

经过几代人的努力,浙江大学的历史学科对于江南(浙江)区域历史研究理论和方法的推进,对于资料的爬梳和整理,特别是在开发方志、笔记、信札,以及族谱、碑刻等新史料方面,为江南(浙江)区域史研究奠定了扎实的基础。

四　江南(浙江)区域史研究的思考

从学术史的角度分析,现阶段江南区域史的研究正处在"交集点"上——学界深知本领域研究对于重新认识中国历史走向或长期演变趋势,乃至"中国经验"、"中国道路"的重要价值,也清楚多学科交叉研究的意义,更期望取得新的突破和超越,但在路径、问题、理论、方法等方面面临诸多困惑,即存在一个"如何将江南史研究进行下去"的问题。

　　从历史研究的本质特征出发,也鉴于前述以往江南区域史研究中预设等背后存在着"陷阱"的缺憾,应以"呈现"为研究起点,以"呈现"间接回应以往研究的观点和结论,进而讨论"江南经验"、"江南道路",及其对于"中国经验"、"中国道路"的价值和意义。

张凯

张凯,1981 年出生,湖北武汉人,首都师范大学历史系硕士、中山大学历史系博士。现为浙江大学人文学院历史学系讲师。主要研究方向为清代以来的学术与史学:以近代蜀学与江浙学术的关联为中心,考察晚清民国学术的渊源脉络;晚清民国的社会与文化:以江浙士绅为中心,考察清末民初浙江宪政运动、司法实践与社会变迁的互动。

"今""古"之争:四川国学院时期的
廖平与刘师培

　　近代学人中,刘师培、廖平二人素以多变著称,廖平的"六变"不待多说,刘师培的三次政治转向也常为世人诟病。虽说刘师培秉承家传、一心向学,但稍加考察,不难发现,1908 年入端方幕府之后,其学术由原来意气之争式的与今文学立异、格义中西甚至中西附会,转向回归朴学。辛亥入川,刘师培的政治立场有危及其性命之虞,使他不得不暂时远离政治。相反,廖平是时正处于"四变"时期,在四川保路风潮中表现积极,还被四川军政府任命为枢密院院长。一入民国,廖平的政治形象可谓相当正面。刘师培、廖平二人在 20 世纪 10 年代初,学术上,一回归朴学,一神化孔子;政治上,则一损一荣。截然相反的旨趣与境遇,或使现存并没有太多关于两位今古文大师正面交锋的记录。目前学界的研究也多集中于介绍廖平、刘师培的今古文学成就,[①]或强调刘师培对今文学的批评。[②] 本文则旨在近代"兴蜀学"的脉络中,探讨廖平、刘师培在四川国学院的论学经历,以期澄清刘师培学术转向的实情,进而勾勒经今古文学在民初的渊源流变。

---

　　① 参见黄开国:《廖平评传》,百花洲文艺出版社,1993 年;陈其泰:《廖平与晚清今文学》,《清史研究》1996 年第 1 期;赵沛:《廖平的兼治三传与〈三传折中〉》,《南开学报》(哲学社会科学版)2007 年第 1 期;陈克明:《试论刘师培的经学思想》,《中国文化》1997 年第 15、16 期;陈奇:《刘师培的后期经学》,《贵州师范大学学报》(社会科学版)1999 年第 1 期。

　　② 参见陈奇:《刘师培力攻今文析》,《贵州社会科学》1989 年第 2 期;谢桃坊:《批评今文经学派——刘师培在四川国学院》,《成都大学学报》(社会科学版)2008 年第 2 期。

一

刘师培入川时的尴尬身份与险恶遭遇,应当令他身心困顿,但或许正因为"川人到南人程度,尚待十年之后",①故四川学界对兼有清代汉学殿军、新学巨子美誉的刘师培礼遇有加,政治风潮一过,谢无量便邀其主四川国学院,可以想见巴蜀学人对刘氏的双重身份多么认同,吴虞更是急不可待地向刘师培请益治汉学之法。刘师培曾作《南北考证学》,谓"近代之儒所长者,固不仅考证之学。然戴东原有云:有义理之学,有词章之学,有考证之学。则训诂、典章之学,皆可以考证一字该之",且"著作必原于考据,则亦可以考据该近代之学"。若就地域而言,"虽学术交通,北学或由北而输南,南学亦由南而输北,此学派起源夫故彰彰可证者也,黄、惠、江庄谓非儒术之导师欤?且南、北学派虽殊,然研覃古训,咸为有功于群经"。刘氏由此慨叹,"近儒考据之精所由,非汉、魏一下所能及也"。② 言近代考据之盛,自是赞近儒学术之精进。而以南北言考据学,东部学人习以为常。但历经晚清近 40 年的"蜀学"复兴之路,巴蜀学人的自信心可谓空前高涨,不久就有学人质疑刘师培"南北考证学"的划分,为"蜀学"争名分:

> 今汽船云集沪上,铁道辐辏汉口,沪汉者天下之枢也。故地气自西徂东则钟于吴越,自东至西则钟于楚蜀,旧邦既焕新猷,旧学亦开新派。吴则刘子,越则太炎,其考证用古文法式,而理论则近于今文,又湛于佛。昔宋学藉玄理而昌明,二子其有意乎?楚南则湘绮提倡今文家说,及主讲尊经书院,其道乃大行于吾蜀。吾师富顺宋先生于微言大义,独有会心,其宗旨在以教养致富强。夫然后通经乃能致用,襄及中江刘退溪,资州郭景南,拳拳服膺焉,资州饶焱之则得其小学,此富顺学派也。并研廖氏亦别有会心,其宗旨以皇帝王霸循环逆数为归宿,或咎其符命,

---

① 吴虞:《吴虞日记》上,四川人民出版社,1984 年,第 49 页。
② 刘师培:《南北学派不同论南北考证学不同论》,《国粹学报》1905 年第 7 号。

不尽然也。其门人之笃信好学者，唯青帅王佐，廖学又逾岭而南，康梁实为巨子，与章刘旗鼓中原，遂影响于革命保皇二党，此井研学派也。夫章刘王宋廖康皆思以其道易天下，太史公所谓此务为治者也，岂从前考证家所能及耶？……窃疑两汉经学有东西无南北，今之新考证家亦复如是！无山脉河流之扞格，而有船舶汽车之交通，理论渐趋统一而事实随之，汉代所以威震华夷也。愿以质之刘子。①

杨赞襄乃宋育仁之高徒、国学院史学教员，他极力主张，学术之分在晚清以降当以"东西"代"南北"，"东"自然是汉学大本营"吴越"，"西"则是以今文学开新考证学之"楚蜀"，甚至就"理论"而言，吴越也要纳入今文的范围，所谓"理论渐趋统一而事实随之"。这言外之意自然是要以巴蜀为代表的今文学为学术正统、为主流，而"吴越巨儒"仅为附庸而已。

此篇原属旧作，于是时发表定当意有所指，就文中所提及的蜀学巨子宋育仁、廖平而言，宋育仁长期在川外游历，那么"东""西"之争落实在国学院中便是"古文学"大师刘师培与"今文学"大师廖平之角力。国学院院长吴之英亦执意挽留刘师培与廖平相抗：

> 盖王骀鼓舌论道之日，正支离攘臂分米之年。不意张生肆挥今文，竟与通校《五经》之刘驹余，同此玄解，美夫造物者之于我拘拘也。

> 唯幼舆断谋东归，意将长寄邱壑，方谈天人之际，胡叟宁何远适邪？正赖惠施，深契庄子。傥违支老，更愁谢公。足下肯曲此达情，浼之赞助否？望深望切。②

吴之英善说礼制，对廖平创分今古颇不以为然，曾作长诗与廖平论辩今古，"礼制何必说古今，历代损益圣贤心"，"每思君法我欲去，又憾我法

① 杨赞襄：《书刘申叔南北考证学不同论后》，《四川国学杂志》第 3 号，1912 年 11 月。
② 吴之英：《答刘师培书》，《吴之英诗文集》，四川大学出版社，2008 年，第 268 页。

君不与,拟革君法用我法,古人心情在何许",①因此希望刘师培能扭转国学院中"肆挥今文"的学风。当时,廖平在国学院内发挥今文学,高谈"天人之际"。不过此二者仍有分殊,如廖平作《尊孔篇》,曾言:"此乃私家撰著,不必引为学堂课本。盖宗旨虽极正义,入理至为深邃,恐程度不合,反生疑怪。为中外提倡微言,发明哲理,阅者以哲学视之可也。"②是故,微言之学,廖平多在国学会定期讲论,而在国学学校讲堂讲群经大义则多以《经话》为依据,"其说经之书,初谓之《经话》,如《今古学考》诸作,皆自《经话》中录出,遂成卷帙。所自著书,学人有持以问者,见辄改,数十年著书百余种,早年所定稿,亦时以晚说人之,数行之间,每有同异。刊定旧稿,于说之已变者时存而不改,曰以存入门之迹,故读其书、听其言,不易得其一是之书"。③ 刘师培则主讲音韵训诂与《春秋左氏学》,"诸生六十人,人习一经,习《春秋左氏传》者计十有一人",有萧定国、向华国、皮应熊、唐棣农、魏继仁、李燮、李茵、华翥、杨斌、鄢焕章、马玺滋等。"讲授之余,课以札记。有以疑义相质者,亦援据汉师遗说,随方晓答",④其主张治汉学唯在谛古言、审国故。不仅如此,在辨明经史关系、天人性命之说、经今古文起源等重大问题上,廖、刘二人更是"持各有故,言各成理"。

二

作为清代经学的殿军人物,廖平与刘师培皆批评清代汉学以《说文》与两《经解》为主流、陷入小学家窠臼。廖平认为两《经解》卷帙虽繁,但皆《五礼通考》《经籍纂诂》之子孙,清代各经新疏及某经正义稿,大要不能脱小学家窠臼。刘师培则直言"清代汉学未必即以汉儒治经之法治汉儒所治之经",⑤认为前世为类书者(如《太平御览》、《艺文类聚》),散群书于

① 吴之英:《寄廖季平》,《吴之英诗文集》,四川大学出版社,2008年,第67—72页。
② 廖平:《尊孔篇》,《四益馆杂著》,《六译馆丛书》,四川存古书局,1921年。
③ 蒙文通:《廖季平先生传》,《新四川月刊》第1卷第1期,1939年5月。
④ 刘师培:《〈春秋左氏传答问〉序》,《刘申叔遗书》,江苏古籍出版社,1997年,第311页。
⑤ 刘师培:《左盦外集·近代汉学变迁论》,《刘申叔遗书》,江苏古籍出版社,1997年,第1541页。

各类之中；清世为义疏者（正义之类），又散各类书于经句之下。不过，刘师培仍坚持"读书从识字始"，"先识字，次字义，次成句，次成文。习为本国文字也，训诂为中国文字之本。习洋文不知训诂，必取洋字以眩奇，滔滔不返，中国文字之亡无日矣。以许氏《说文解字》为本，辅以王氏说文句读，亦不至繁博而无实用"。① 在国学院为诸生讲解《说文解字》，现存《答四川国学学校诸生问〈说文〉书》一文应当是讲课之后，回答学生关于《说文》的若干疑义，如"音近谊通之说"、"古字通用定例"、"同部之字均从部首得形，所从之形亦或谊殊部首"、"许书读若例"、"大徐新附得失"、"重编许书以六书为纲"等，而且此时刘师培一改前期音近义通之说，且目同音通用之字为伪迹，对于新增事物，主张于《说文》中取义训相当之古字名之，而反对添造新字新词，这与之前刘氏提倡减省汉字，改用拼音字，统一国语的主张，判若云泥。② 现存一份蒙文通于 1913 年四川国学院考试"经学"的试卷。考题为院长刘师培所命："大徐本会意之字，段本据他本改为形声，试条考其得失。"蒙文通答卷 3000 余字，工笔正楷，一笔不苟，得分 98。刘师培批语："首篇精熟许书，与段、徐得失融会贯通，区别条例，即昭且明。案语简约，尤合著书之体。次亦简明，后幅所得各例，均能详人所略。"③刘师培的赞赏对蒙文通而言无疑是莫大的激励，但廖平却在此时责骂他"郝、邵、桂、王之书，枉汝一生有余，何曾解得秦汉人一二句，读《说文》三月，粗足用可也"。④ 因为在廖平看来，"经学自小学始，不当以小学止也"，"小学即通则当习经，盖小学为经学梯航。自来治经学家未有不通小学者，但声音训诂亦非旦夕可以毕功。若沉浸于中则终身以小道自域，殊嫌狭隘"。⑤

---

① 刘师培：《刘申叔集外佚文》，梅鹤孙著，梅英超整理：《清溪旧屋仪征刘氏五世小记》，上海古籍出版社，2004 年，第 106 页。

② 刘师培：《答四川国学学校诸生问〈说文〉书》，《刘申叔遗书》，江苏古籍出版社，1997 年，第 1732—1736 页；钱玄同：《〈刘申叔遗书〉序》，《刘申叔遗书》，江苏古籍出版社，1997 年，第 29 页。

③ 李有明：《经史学家蒙文通》，载政协四川省文史资料研究委员会、四川省文史馆编：《四川近现代文化人物》，四川人民出版社，1989 年，第 157 页。

④ 蒙文通：《廖季平先生传》，《新四川月刊》第 1 卷第 1 期，1939 年 5 月。

⑤ 廖平、吴之英：《经学初程》，《六译馆丛书》，四川存古书局，1921 年。

不过,为了尊孔,廖平着力对文字源流的考察,于 1912 年写成《中国文字问题三十题》一书,认为文字也是孔子所创造,此说乃是廖平天人学说中一大关键。在 1913 年出席北京全国读音统一会上,初出此说,有学者当即认为"非有古用字母之实迹,不足以厌服人心"。① 廖平当时无以应答,遂与二三同学研究,得证十六条。这一对文字起源问题的考察,支持了天人学说以及经史分流说。既然文字为孔子创设,那么所谓古史记载自然在孔子之后,"古史不传,今所诵习六书文字之说,统出孔后,全属经说","惟孔子空言垂教,俟圣知天,全属思想,并无成事","六经立言非述旧,空文非古史","其论孔学大要,在经史之分,语、文之别"。② 倡导"天人之学"的廖平在时势的迫压之下,积极地维护或创造经学式的恒常道理,故用最权宜的手法重构大量文本。为了以经学响应世事之需求,经学意识高高地凌驾在史学意识之上,反对把经书本身的内容当成古史来研究,用大量文字批驳"六经皆史说"是要不得的,"龚定庵、章实斋之流,以经为古史最谬"。他一方面接收了综览全局式的经学研究的成果,一方面又发展出极强的用世意志,把前者放在一个哲学的框架上重新加以解释。他一方面是史学的,一方面是哲学的。他讲家法、重条例,比较能够忠实地重建古代文献的历史层次。廖平发现经书中的记载,越上古以前的政治、社会越完美,但实际上的史实,却是相反的情况:越古越是荒蛮而未开化。这种矛盾现象,廖平将之视为经史不同的明证。六经与历史时间的序列是颠倒的,因为"经学是以哲学为基础的"。

如果说此时正处于"四变"天人之学的廖平主张"经史分流",侧重孔子制作,主讲孔经哲学。那么出自《左传》世家的刘师培向来倾向于"六经皆史",即去除经的神秘性与神圣性,将经当做一般的,不具有权威的史料文献,亦即将经典"文献化"。③ 他虽在 20 世纪初激烈的抨击过今文家的改制说,不过,此时对于廖平"经史分流"的观念,刘师培给予了充分理解,

---

① 廖平:《文字源流考·叙二》,载李耀仙主编:《廖平选集》下,巴蜀书社,1998 年,第 577 页。

② 廖平:《孔经哲学发微·尊孔总论》,载李耀仙主编:《廖平选集》上,巴蜀书社,1998 年,第 303—305 页。

③ 许惠琪:《刘师培论"六经皆史"》,《中国文学研究》第 22 期,2006 年 6 月,第 200 页。

并未予以正面批评，在为《中国文字问题》作序时，虽指出廖平"或贸更前籍，赘附骈辨"，[①]但却支持廖平简化文字，务反俗词的主张。另外，为了给《左传》传经正名，刘师培在一定范围内对"六经皆史"说有所修正：主张《春秋》"非从史"，"《春秋》名一书二，前史后经，史出鲁臣所录，经为孔子所修"，[②]《左氏春秋》乃传主弼经而作，"经者制作之微言，传者经文之通释"。可见有学者称"在近代著名经学家中，只有刘师培曾与廖平相处过一段时间，相互之间有一定的了解，因而他对廖平在经学上的贡献所做的评价，比较客观、全面、具体"，确为的论。南桂馨也认为刘师培落入四川，与廖平、宋育仁等相往还，"稍渝其夙昔意见，于今文师说多宽假之辞，曰：季平虽附会周章太甚，然能使群经连环固结首尾相衔成一科学，未易可轻也"。[③]

或许正是出于了解，刘师培才肯定廖平学说"缄中纮外，持至有故，非蹩跬骈辩之方也"，而认为时人对廖平的轻慢乃"率彼蔓附，支引诸谊耳，顾于本端则弗审"，也就是说，世人对廖平之学只知末节而不明根本。[④]鉴于此，刘师培则抓住廖平四变时的核心问题——天人性命学说，接连撰文与廖平讨论"天人之学"与"性命之说"。廖平在《四益馆经学四变记》里以《大学》为人学，《中庸》为"天学"，人学为六合以内，"天学"为六合以外。孔子不言鬼神，这是其为学的次第问题，自其创立"天人之学"，遂可通于天地、鬼神、生死等玄妙问题。儒、释、道三家会通可使《素问》、《灵枢》、《楚辞》、《山海经》、《庄子》、《列子》、《穆天子传》及佛典等原本被指摘为

---

① 刘师培：《〈中国文字问题〉序》，《左盦外集》，《刘申叔遗书》，江苏古籍出版社，1997年，第1771页。

② 刘师培：《春秋左氏传古例诠微》，《刘申叔遗书》，江苏古籍出版社，1997年，第323—326页。

③ 南桂馨：《〈刘申叔遗书〉序》，《刘申叔遗书》，江苏古籍出版社，1997年，第32页。

④ 章太炎对廖平亦持类似态度，在《今古文辨义》（《亚东时报》1899年第18号）中曾批评廖氏"欲极崇孔子，而不能批郤导窾"，流弊甚大；但亦认可其"精勤虚受，非卤莽狂佞者比"。针对有人轻薄廖平学说，则申明"廖季平的经学，荒谬处非常多，独得处也很不少。在兄弟可以批评他，别人恐怕没有批评他的资格"（《留学的目的和方法》，载马勇编：《章太炎讲演集》，河北人民出版社，2004年，第23页）。

"诡怪不经"之言,皆可得到合理的解释,并证明为真。① 在 1913 年初刊的《孔经哲学发微》里,廖平就专节论述"天学神游说",强调"人事为学,天道为思",孔子则可"知天知人,观志观行"。② 刘师培在入川之前少有文字直接论述天人性命学说,但当廖平将《四变记》相赠时,他随即作《与廖季平论天书》,对"天人之学"提出质疑:

> 夫经论繁广,条流舛散,仰研玄旨,理无二适。盖业资意造,生灭所以相轮;觉本无明,形名所以俱寂。势必物我皆谢,心形同泯,理绝应感,照极机初,超永劫之延路,拔幽根于始造,非经纬地天,明光上下,逞变形之奇,知生类之众已也。至于《诗》、《易》明天,眈周抱一,邹书极喻于无垠,屈赋沈思于轻举,虽理隔常照,谭造宿业,使飞鸢之喻有征,远龙之灵弗爽,然巫咸升降,终属寰中,穆满神游,非超系表。何则? 轻清为天,重浊为地,清升浊降,轮转实均,是知宙为迁流,宇为方位,宙兼今古,宇彻人天。内典以道超天,前籍以天为道,玄家所云方外,仍内典所谓域中耳。以天统佛,未见其可。③

刘师培力图表明古代典籍繁多,学术源流杂乱,但孔学之真唯一。儒、释、道各有其所应对的"宇""宙"范围,以《诗》、《易》之"天"的观念去包涵佛理,使之同一,自是不通。二者"部居既别,内外有归",若是"引为同法",不但"无资崇孔",反而"括囊空寂,转蠹孔真",陷入夷夏化胡的怪论之中。廖平复信则重申"孔子制作,生民未有,六经五纬,道澈天人,墨列老庄,咸承派别","大义所揭,止于圣人,而微言之好,则极六合",倡天人学说乃"例以进化","敢言先觉"。④ 随即发表《孔子天学上达说》申明:

---

① 参见谢桃坊:《批评今文经学派——刘师培在四川国学院》,《成都大学学报》(社会科学版)2008 年第 2 期。

② 廖平:《孔经哲学发微》,载李耀仙主编:《廖平选集》上,巴蜀书社,1998 年,第 374—377 页。

③ 刘师培:《左盦外集·与廖季平论天书》,《刘申叔先生遗书》,江苏古籍出版社,1997 年,第 1731 页。

④ 廖平:《复刘申叔书》,《中国学报(洪宪)》第 2 期,1916 年 2 月。

"昔者方士糅合道释于六艺，识者莫不非之，今乃拾其余唾者，以前为野蛮之牵合，今则为文明之变通。"廖平倡天人学说，旨在驳斥"偏经废经之言"："讲时务者，方求切效于数年数十年内，今为此说，亦可谓迂阔不近事情，然分知行，辨大小。先师之说详矣，并行不悖，无所取舍，或近或远，各择善从之可也。"①

至于天命学说，早在《知圣篇》里廖平认为："孔子五十知天命，实有受命之瑞，故动引天为说。使非实有证据，则不能如此。受命之说，惟孔子一人得言之。"②正是基于孔子受命之说，廖平才会将孔学进一步放大之"天人之际"。刘师培在国学学校专门撰《定命论》，根据上古典籍，明儒墨"命"说之别，与廖平商榷：

> 人无智愚，咸有趋福避祸之心，顾成败祸福或出于不可知。中国古说计三家：一为墨家，以为鬼神福善祸淫；一为阴阳家，谓吉凶可依术数趋避。以今观之，人世祸福，恒与积行不相应。墨说之乖，不攻自破。阴阳家之说，《论衡》所驳，颇中其微。以事有前知证之，则孔子惟命之说，迥较二家优长。
>
> 孔言惟命，于命所自来，书缺有问。释教以积因说命，说至纤悉。孔子之说似弗与同。又深稽孔说，似以命由天畀，且畀赋出自无心。天道悠悠，实非浅学所窥。然果如孔说，则牛氏牾似稀，非若墨家之破也。③

实际上刘师培也承认"惟命"之说发自孔子，"古说不言命，言命乃孔子新说"，但后世歧说频出"后儒说无命，有鬼神，是主持《诗》、《书》旧说；说有命，无鬼神，是主持孔子新说。廖井研说六经皆孔子作，何孔子一口两舌耶？"廖、刘二人的分歧在于廖平志在倡言孔子以应付世变，故言"受命"、"天命"，刘师培则本于汉学求真求是之传，为中国学术前途考虑，故以世法言孔学："惟命之说为孔学真宗之一，并非浅近科学家所能道破，命

---

① 廖平：《孔子天学上达说》，《四川国学杂志》第 8 号，1913 年 4 月。
② 廖平：《知圣篇》，载李耀仙主编：《廖平选集》上，巴蜀书社，1998 年，第 187 页。
③ 刘师培：《定命论》，《四川国学杂志》第 10 号，1913 年 6 月。

与宇宙相始终,惟出世法,言孔学惟命之说当依据世法言之。"在国学院,他特向学生提出六个值得思考的问题:命当研究之原因、孔子论命与古说不同、命之有无、命所由来、命可改不可改、儒者论命之误,并略抒己见,启发后学的思考。

刘师培和廖平在诸多问题上的各持己见,焦点则在于经今古文问题,廖平专就礼制之别考察今古文学,主张今学礼制在《王制》,古学礼制在《周礼》,著为《今古学考》,纲举目张,"然后二家所以异同之故,灿若列眉"。今古文分歧纠葛,至此得以缕析区分,各归部居,不相杂厕。俞樾称《今古学考》为"不刊之书";康有为因读《今古学考》而引廖平为"知己";章太炎也说:"余见并研廖平说经善分别今古文,实惠栋、戴震、凌曙、刘逢禄所不能上","廖平之学与余绝相反,然其分别今古,确然不易!"①一开始,刘师培坚信"所谓今古文者,以其由古文易今文有先后之殊,非以其义例有不同也",但后来逐渐接受了廖平以礼制分今古的观念,并称赞廖平"长于《春秋》,善说礼制",通贯汉师义例,寻源竟委,泾渭分明;认为廖平批驳郑玄、杜林、范宁等人之谬说,击中要害,如泥墙崩塌,实乃深知经学家法义例之杰出人才,"魏晋以来未之有也"。不过,通过考察两周礼制之殊,刘师培也批评廖氏"以一王之制所以设规矩,备使用,弗容殊形异势",若依据前制,考察两周史事,推迹行事,可证廖平之说"匪谌"。②正是出于对东周、西周礼制的不同认识,廖、刘二人在汉代经今古文学起源问题上,解释各异且各自屡变不定,这让国学院诸生感觉"朝夕所闻,无非矛盾,惊骇无已"。蒙文通对此便记忆犹新:

> 时廖、刘两师及名山吴师并在讲席,或崇今,或尊古,或会而通之。持各有故,言各成理。③

经学胡因而成此今古两家,其说礼制又胡因而致今古之参

---

① 章太炎:《太炎文录初编·程师》,载《章太炎全集》4,上海人民出版社,1985年,第138页。
② 刘师培:《左盦外集·非古虚(下篇)》,《刘申叔先生遗书》,江苏古籍出版社,1997年,第1415页。
③ 蒙文通:《〈经史抉原〉序》,《经史抉原》,巴蜀书社,1995年,第46页。

错,初则以为孔子晚年、初年之说不同也,说不安,则又以为孔氏
之学与刘歆之伪说不同也,而《大戴》、《管子》乃有为古学作证
者,则又以为大统、小统之异,《小戴》为小统,《大戴》为大统……
此廖师说之累变而益幽眇者也。左庵师于此亦有二说:其以明
堂有今古两说者,盖一为鄹鄙之制,一为雒邑之制;其以疆里有
今古两说之异者,一为西周疆里,一为东周疆里。皆欲究此两家
不同之故。①

关于廖平对经今古文起源解释,随着其学术思想的变化,都会做出相
应的调整,这一点学界论之犹详。而对于刘师培,则可依循蒙文通的叙述
梳理四川国学院时期刘师培建构古文学"理论"的努力。②

《白虎通义》作为汉代经今古文礼制的集大成之作,自然成为以礼制
辨今古的必备要籍。刘师培早在1911年1月就在《国粹学报》发表《白虎
通义源流考》一文,而在四川国学院期间"朝夕与廖氏讨教,专心于《白虎
通义》、《五经异义》之书",深究今古文师说。《白虎通义源流考》一文也
随即重新刊布于《四川国学杂志》第7期,之后又载于川人康宝恕创办的
《雅言》杂志第1卷第4期,足见刘师培对此文的重视。由于《白虎通义》
见之史书的还有《白虎通》、《白虎通德论》以及《白虎议奏》诸多名称,其中
《白虎议奏》早佚,唐代李贤和清人朱彝尊均把《白虎议奏》与《白虎通义》
混为一谈。清人庄述祖《白虎通义考》首先指出它们是不同的二书,刘师
培则进一步认为《通义》是在《议奏》的基础上"撰集"而成的,"体宜于旧,
谓之撰,会合众家谓之集","嗣则《议奏》泯湮,唯存《通义》,而歧名孳生"。
《白虎通》则为《白虎通义》"文从省约",去"义"而存"通"。至于《后汉书·
班固传》所见《白虎通德论》一名,他认为是《白虎通》和《功德论》二书,"德
论"之上,脱"功"字。③ 从版本源流上认定"以礼名为纲,不以经义为区,

---

① 蒙文通:《井研廖师与汉代今古文学》,《经史抉原》,巴蜀书社,1995年,第121页。
② 关于刘师培学术思想的系统研究,可参见李帆:《刘师培与中西学术:以其中西交融之学
和学术史研究为核心》,北京师范大学出版社,2003年。
③ 刘师培:《白虎通义源流考》,《四川国学杂志》第7期,1913年3月。

此则《通义》异于《奏议》者也"。之后,刘师培又于1913年3月完成《白虎通义(定本)》。钱玄同曾称"《白虎通》全书有十卷,若次羽所藏为全璧,则真获得拱璧矣。缘此书在汉代经学书籍中为硕果仅存之唯一要籍,而左庵于此书,用功又极深,其每节下所记'案此节用今文○○说'云云,分析极为精当,虽寥寥数语,实是一字千金,于经学上有极大之功绩"。[①] 这正为刘师培以礼制治经古文奠定了良好的基础,在国学院时期遂集中考察了明堂之制与西汉周官师说。

1913年刘师培作《周明堂考》,考察周明堂之制镐洛本来不同,典籍备载,但自郑玄以镐京明堂之事移为洛邑明堂之事,"说与明堂解背",蔡邕又"以镐京明堂之制说洛邑明堂之事,又与作雏解文违,由是明堂之说解者益棻"。刘师培详考史事,以史证经,因事证明今古二说各有所本,明堂之制本有今古两说者,盖一为酆鄗之制,一为雒邑之制,"左氏先师自据镐京为说,奚得以洛制相诘乎?"[②]这也就暗示今古二家解经之歧说可以上古史事为解释,甚至今古之别正在于所本上古之制不同,而并非刘歆之过、大统小统之分。《周官》无疑是学者解经歧义相争的焦点,更是经今古文无法会通调和的症结。刘师培则认为王莽、刘歆解说《周官》,"旁推《王制》,互相证明",东汉古文经学家贾逵、马融、郑玄解说《周官》,贻误不少。特别是郑玄,承马融余绪,注说《周官》,"参综今学,附比移并,同事相违,疑炫难一,今古之樊,致斯亦抉。……六代暨唐,惟宗郑说,随文阐义,鲜关旨要。西京逸绪,蕴奥难见,顾鲜寻绎,莫能原察"。1913年他作《西汉周官师说考》,曾就《汉书·王莽传》所载,加以案语,伸王莽、刘歆之说,辨正郑玄之失。如《王莽传》记居摄三年王莽列爵分土事,东汉古文经学家认为,列爵分土,《王制》、《周官》说法不同。在他看来《王制》、《周官》的不同,在于时代的不同、区域广窄的不同而致,[③]"疆理既殊,礼文宜泮,各抒所知,著造传记","方舆广狭,经说骈歧,举大举小,孟荀疏原,荀主周官,

---

① 钱玄同:《致郑裕孚》,《钱玄同文集卷六·书信》,中国人民大学出版社,1999年,第210页。
② 刘师培:《周明堂考》,《四川国学杂志》第10期,1913年6月。
③ 陈奇:《刘师培的后期经学》,《贵州师范大学学报》(社会科学版)1999年第1期。

与圣同契,孟符王制,宜肇后师"。这原本由两周疆域之殊而导致的经说分歧,历经两汉"同事相违,疑炫难一,今古之樊,至斯亦抉"。① 而《西汉周官师说考》则要以疆域礼文之殊,比次班书,甄录贾马诸说,兼采《春秋》传记、《大戴礼记》、《周书》之属,以证周官师说同制,"橥杬古学,立异今文"。②

刘师培在四川国学院时期正视了廖平以礼制辨别今古的说法,在评价《今古学考》时称:"廖季平以前治汉学者,率昧师法。廖书断古文学为伪,诚非定论(今亦不主此说)。武断穿凿,阙迹尤多。然区析家法,灼然复汉学之真,则魏晋以来所未有也。"③就是在国学院与廖平朝夕讨教的经历,使刘师培治学道路逐渐转向以礼制讲经古文,在考证经籍、疏通史迹的基础上为经古文学立家法条例。对此,1930年代邵瑞彭就有见道之论:

> 辛亥入蜀居成都,蜀人为立讲堂,奉廖先为本师,而君贰之盍戬余段辄相谀讨。时廖先已摒弃今古部分之说,君反倦倦于家法,尤好《白虎通义》。每就汉师古文经说寻绎条贯,溯流穷原以西京为归宿,其所造述体势义例迥异曩日。三百年来古文流派至此确然卓立,呜呼!岂不盛哉?④

乾嘉以还,清儒治经,初谓训诂明而后义理明,并无不妥。如戴震,治学无所不通,最精熟者三:小学、测算、制度。至于《原善》、《孟子字义疏证》,由古训而明义理,可谓其至道之书。但正如钱穆所论"极其所至,训诂小学日明,经学大义日晦,精熟说文尔雅,岂遂通得语孟义理乎?"⑤这

---

① 刘师培:《西汉周官师说考序》,《刘申叔先生遗书》,江苏古籍出版社,1997年,第166—167页。

② 孙海波:《西汉周官师说考·提要》,《续修四库全书总目提要》第37册,齐鲁书社,2006年,第439页。

③ 万仕国编著:《刘师培年谱》,广陵书社,2003年,第217页。

④ 邵瑞彭:《礼经旧说题记》,《刘申叔先生遗书》,江苏古籍出版社,1997年,第99页。

⑤ 未学斋主(钱穆):《略论治史方法(中)》,《中央日报·文史副刊》第1期,1936年11月8日,第3版。

确实是清儒治学的困境,代有学者力图突破,晚清经今文学自然是清代汉学应时而变的产物,但经古文学自然不能依旧走老路,刘师培以礼制、疆域来解释经今古文,正是在为清代汉学建构"理论",这也是刘师培晚年学术研究殚精竭虑之处。

<h2 style="text-align:center">三</h2>

刘师培入川不到两年便于 1913 年 6 月北游晋、燕,虽说在川时间甚短,但却促使其学术重心有所转移。或可说,"入蜀之役"是刘师培学术道路上的重要转折点。① 刘师培向来以治"春秋左氏之学"为学术界所称道,而他本人晚年并不完全认同此点,反倒认为自己最得意的学问,全在"三礼"上。1914 年致廖平书信,称:

> 某不敏,进思黄发之驹,而退怀索居之耻,常恐陨殁,犬马齿穷,既竭吾才,仰钻官礼,深惟大义,欲罢不能。每用悼心,坐以待旦。②

"仰钻官礼,深惟大义"正是其晚年学术研究的真实吐露。1936 年冬,弟子陈中凡作《刘师培〈周礼古注集疏〉跋》一文,其中讲到 1919 年秋刘师培临死前曾在北平家中谈起自己的生平学问,感慨良深地说:

> 余平生述造,无虑数百卷;清末旅沪为《国粹学报》撰稿,率意为文,说多未莹;民元以还,西入成都,北届北平,所至任教国学、纂辑讲稿外,精力所萃,实在三《礼》;既广征两汉经师之说,成《礼经旧说考略》四卷,又援据《五经异谊》所引古《周礼》说、古《左氏春秋》说及先郑、杜子春诸家之注,为《周礼古注集疏》四十

① 章士钊更是认为"申叔固有家学,然太炎先生实在把他捧得太高","以彼 1903 年至上海,参加革命,至 1908 年而叛变,为端方侦探,至 1911 年而辛亥革命起,其间安得暇晷读书? 在成都、太原 3 年,是为其读书时间"。《〈刘申叔遗书〉卷帙之富》,《顾颉刚书话》,浙江人民出版社,1998 年,第 169 页。

② 刘师培:《左盦外集·与廖平书》,《刘申叔先生遗书》,江苏古籍出版社,1997 年,第 1731 页。

卷,堪称信心之作,尝移写净本,交季刚制序待梓。①

《礼经旧说考略》就《仪礼》17 篇章句,广泛征引两汉经师之说,如以辨析,提出自己的见解,或申说经义,或驳斥它说,或补经义之未言者。少量内容为勘正误字、脱文、衍文,范围不限于经本自身,延及后世注本、疏本及其他典籍。不拘今、古,不守一家。所引典籍,既有古文《左传》、《尚书》、《毛诗》,也有今文三家《诗》、《公羊传》、《穀梁传》;所引传注,既有古文家郑兴、郑玄、马融、许慎的说解,亦有今文的《公羊解诂》、《春秋繁露》、《白虎通义》。对于郑玄、马融之说多有笺正,于《春秋繁露》、《白虎通义》多有采录,特别是《白虎通义》,大部条目均申其说,致有论者有"以两京为归宿"之语。②《周礼古注集疏》,全书据其自述为 40 卷,《刘申叔先生遗书》收录的仅 13 卷。全书就《周礼》中的《天官》、《地官》、《春官》三篇逐句作疏,广泛征引东汉古文经学家郑众、贾逵、马融、郑玄、杜子春注说,反复辨析,断以己见。全书于郑众说解征引最多,对郑玄说解发表了不少相反的意见。虽申古文家说,对今文《穀梁传》、《礼记》说亦不排斥。③ 刘师培自述此书是其"信心之作",谓:"世有论予书者,斯其嚆矢矣。"

可见,"入蜀讲学为刘氏学问转变关键,其在川所出,国学杂志而外,其他关于《左传》之作不少,俱可以见其为学之概",其晚年殚心三礼,《礼经旧说考略》、《周礼古注集疏》二书尤为精粹。④ 刘师培亦自许"二书之成,古学庶有根抵,不可以动摇也"。刘氏所称"古学庶有根抵"之根抵,实即廖氏以礼制分辨今古,其用意也许在于拯汉学"支离破碎、不识大体"之弊,以建构"古学"新体系来回应今文学,以整合经今古文的方式开汉学之新路。刘氏早逝,廖平中风,两位大师之间的学术争锋自然戛然而止。但言礼制、家法条例来分辨今古的议题仍为二人后学所延续,陈中凡、蒙文通关于"今文学方士化"的讨论以及李源澄对"古文大师"刘师培的质疑无

---

① 陈钟凡:《周礼古注集疏跋》,《刘申叔先生遗书》,江苏古籍出版社,1997 年,第 274 页。
② 参见缪敦闵:《刘师培〈礼经旧说〉研究》,台湾暨南国际大学硕士学位论文,2000 年。
③ 陈奇:《刘师培的后期经学》,《贵州师范大学学报》(社会科学版)1999 年第 1 期。
④ 《刘师培遗著之发刊》,《大公报·图书副刊》第 13 期,1934 年 2 月 10 日,第 11 版。

不带有今古之辨的遗韵。[①] 蒙文通更是将刘师培也纳入到廖平开创的今文学派传承之下："惟左庵深明汉师经例,能知西汉家法,其言西汉古文学则是,而实抑古学为今学附庸。故左菴能扬西汉学,而未必即张大古文学。廖师实真能张古学者也。"[②] 在蒙氏看来:"自廖平之说出,能寻其义以明今文者,唯皮鹿门;能寻其义言古文者,唯刘申叔。"而"左庵之于廖氏,傥所谓'尽弃其学而学焉'者耶"! 廖平既发明今文学,又能张大古学,自然被认为近代经学的集大成者。

民国肇建,随着新学制的建立,学术分科化,传统经学遂为西方的学术分科解构。经史关系渐渐地由史属于经,而次于经,而等于经,五四之后则"经属于史",到了 30 年代为了建设"新史学"更要"不循情地消灭经学,用正确的史学来统一经学"。[③] 在经史嬗变的洪流中,廖平与刘师培争辩"今""古",试图为清代汉学建构"理论",以期"承前启后"、开儒学之新路。随后新文化派跃居主流,在强分"新旧中西"的叙事模式中,廖平、刘师培的学术定位也被限于"承前","启后"的主角自然非"新史学"莫属。但新文化派"以负贩为创新,也导致学术乃至思想文化不易上轨道"。[④] 鉴于此,寻求今古文大师廖平、刘师培二人殊途同归的学术旨趣,探讨其中的"变"与"不变",或许是理解传统、寻求中国学术本位的有效途径。实际上,20 世纪三四十年代,虽然治国学者群趋史学一途,今古之辩亦化为"史学"之争,"蜀学"传人蒙文通、李源澄亦由经入史,但今文家强烈的使命感使蒙、李二人秉持以经御史,以简执繁之意,通过"史学"阐扬经学在中国文化中的正统地位及其积极的历史意义。

(原文载于《四川大学学报》2009 年第 2 期,

收入本论文集时作者略有改动。)

---

① 陈中凡与蒙文通讨论"今文学方士化"的往来信函,皆收入《陈中凡论文集》(上海古籍出版社,1993 年);李源澄对刘师培的评论,详见《古文学大师刘师培先生与两汉古文学质疑》(《学艺》第 12 卷第 6 期,1933 年)。

② 蒙文通:《井研廖师与汉代今古文学》,《经史抉原》,巴蜀书社,1995 年,第 112 页。

③ 参见周予同:《经史关系论》,《离骚》创刊号,1937 年 12 月 20 日;《治经与治史》,朱维铮编:《周予同经学史论著选集》(增订本),上海人民出版社,1996 年。

④ 桑兵:《横看成岭侧成峰:学术视差与胡适的学术地位》,《历史研究》2003 年第 5 期。

图书在版编目(CIP)数据

浙大史学精粹. 中国近现代史卷 / 陈红民主编. —
杭州：浙江大学出版社，2013.11
ISBN 978-7-308-12325-9

Ⅰ.①浙⋯　Ⅱ.①陈⋯　Ⅲ.①中国历史－近现代－文
集　Ⅳ.①K207-53

中国版本图书馆 CIP 数据核字(2013)第 235797 号

浙大史学精粹——中国近现代史卷
陈红民　主编

责任编辑	葛玉丹(gydan@zju.edu.cn)
封面设计	项梦怡
出版发行	浙江大学出版社
	(杭州市天目山路 148 号　邮政编码 310007)
	(网址:http://www.zjupress.com)
排　　版	浙江时代出版服务有限公司
印　　刷	杭州日报报业集团盛元印务有限公司
开　　本	710mm×1000mm　1/16
印　　张	20
字　　数	305 千
版 印 次	2013 年 11 月第 1 版　2013 年 11 月第 1 次印刷
书　　号	ISBN 978-7-308-12325-9
定　　价	46.00 元